平等院鳳凰堂

「末法初年」とされた1052年（永承7），藤原頼通は父道長より伝来の宇治殿を仏寺として改修し平等院と号した．翌年には阿弥陀堂（鳳凰堂）が完成．末法思想の浸透と摂関家の隆盛を象徴する建築物である．

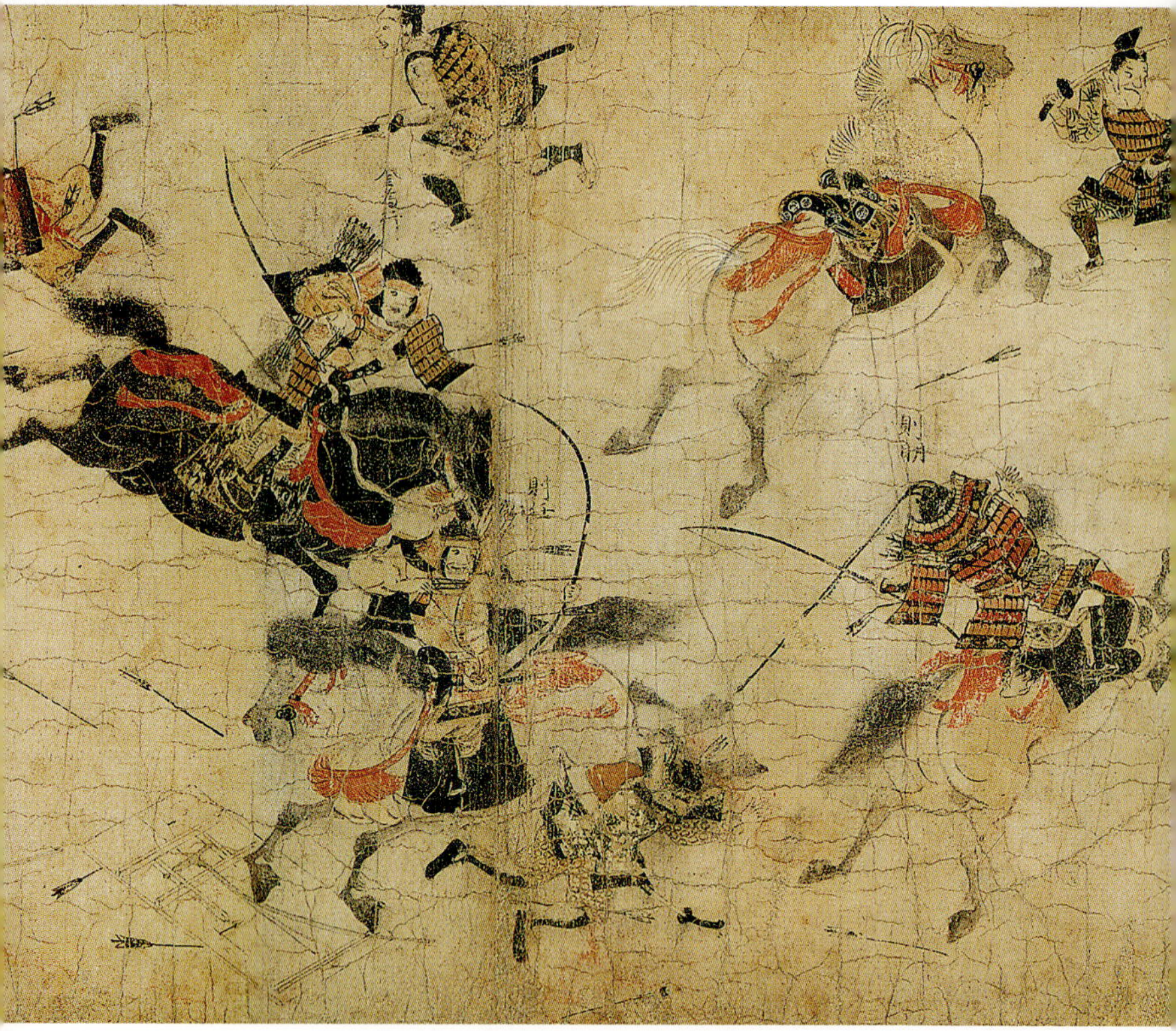

前九年合戦（『前九年合戦絵詞』）

俘囚の長・安倍頼時追討の宣旨をうけた源頼義は，安倍氏との長きにわたる抗争を続けた．場面は敵味方入り乱れる乱戦の中，馬上で弓を引き絞る安倍則任に金為行《こんのためゆき》が気を静めて狙いを見定めるよう助言している．

三条殿夜襲（『平治物語絵巻』）

1159 年（平治元）12 月 9 日深夜，熊野詣に出かけた平清盛の留守中に，藤原信頼・源義朝らの軍勢が三条殿（後白河上皇の院御所）を急襲．しかし対立する信西の捕縛に失敗，戻った清盛によって乱は平定された．

六角木幢《もくどう》（復元合成写真）
長野県千曲市の社宮司《しゃぐうじ》遺跡（12世紀中期）から出土した六角形の木製の仏塔．木製の幢としては全国初の例．木製六角寶幢．平安末期の末法思想の影響下にあって，当時の世相や救いを求める人々の心理が垣間見える．下は幢身に描かれた阿弥陀如来像（画像処理後）．

日本中世の歴史 2

院政と武士の登場

福島正樹

吉川弘文館

目　　次

図版目次

〔口絵〕

〔挿図〕

序章　中世のはじまりと院政

院政とはなにか

院政は、在位の天皇の親（父・祖父）にあたるものが、天皇にかわって天下を文配するという政治体制のことである。院政を行うのは、自らも天皇の位を得て、退位した上皇であることが原則であるが、在位の天皇の親であることが第一の条件といえる。院政を行う上皇は、「治天《ちてん》の君《きみ》」と呼ばれたが、その有する権能は天皇から与えられたものではなく、自らがその地位に就《つ》くことによって生ずるものである。

歴史上、天皇以外で政治的権限を握ったものに、古代では藤原北家《ほっけ》がその地位に就いた摂政・関白があり、中世では源頼朝の征夷大将軍がある。江戸時代に征夷大将軍となった徳川氏は「大君《たいくん》」と呼ばれた。

摂政は、その地位は天皇と同じといわれたが、征夷大将軍と同様、その地位は天皇から任命されるものであった。この点で院政を行った上皇は、摂政・関白、征夷大将軍などとは根本的に異なったものである。

本書では、この院政が開始されたいわゆる「院政時代」初期を扱うこととなるが、院政は以後も続くので、ここでひととおりの概観をしておこう。

院政の流れ

院政は、平安時代の第七二代白河《しらかわ》天皇が退位して上皇となった時に始まり、堀河《ほりかわ》・鳥《と》羽《ば》・崇徳《すとく》の三代（四三年余）の天皇の上に君臨した。次は第七四代鳥羽天皇で、崇徳・近衛《このえ》・後白河《ごしらかわ》の三代（二七年余）、その次は第七七代後白河天皇で、二条《にじょう》・六条《ろくじょう》・高倉《たかくら》の三代（一一年）の天皇の代であった。後白河はその後平清盛に幽閉されて政権を奪われ、清盛の女婿高倉上皇が、安《あん》徳《とく》天皇の時代に院政を行った。その間一年ほど、平氏の劣勢によって後白河の院政が再開した。その時の天皇は後鳥羽《ごとば》。後白河は建久《けんきゅう》三年（一一九二）三月にこの世を去るが、その時上皇は存在せず、その五年ほど後に第八二代後鳥羽天皇が退位し上皇となった建久九年に院政が再開される。土御門《つちみかど》、順徳《じゅんとく》、仲恭《ちゅうきょう》の三天皇（二三年余）の時代である。しかし、承久《じょうきゅう》の乱に敗北して退き、仲恭天皇も廃されて、後鳥羽の兄守貞《もりさだ》親王の子が後堀河《ごほりかわ》天皇として即位、父守貞親王は皇位に就いた経歴はなかったが天皇の父であることを理由に「上皇」の尊号を受け、院政をしくも一年余で没し、その後しばらくの間本格的な院政は行われなかった。

寛元《かんげん》四年（一二四六）、後深草《ごふかくさ》天皇に譲位した後嵯峨《ごさが》上皇が院政を再開し、後深草、亀山《かめやま》二代二六年余の院政を行った。この時に天皇の地位の継承について、大覚寺《だいかくじ》統（亀山天皇系）と持明院《じみょういん》統（後深草天皇系）とに分裂し、したがって院政もこの二つの系統が交互に行う形となった。これを両統迭立《りょうとうてつりつ》という。

後嵯峨院政について、亀山上皇の院政が後宇多《ごうだ》天皇の在位一二年余の間行われ、ついで持明院統の後深草上皇の院政が伏見天皇二年余の間行われ、伏見《ふしみ》上皇の院政が後伏見天皇の二年余の在位中に行われた。さらに大覚寺統の後宇多上皇の院政が、後二条天皇の在位七年余の間行われ、以下、持明院統の伏見上皇、後伏見《ごふしみ》上皇、大覚寺統の後宇多上皇の院政が続き、後醍醐《ごだいご》天皇の即位後三年間はなお後宇多の院政が行われたが、元亨《げんこう》元年（一三二一）に後宇多が死去すると院政は廃止され、天皇親政（建武《けんむ》の新政）となった。

一方、持明院統の北朝では、光厳《こうごん》天皇の代の後伏見院政、光明《こうみょう》・崇光《すこう》天皇二代の光厳院政、後円融《ごえんゆう》天皇の代の後光厳《ごこうごん》院政、後小松《ごこまつ》天皇の代の後円融《ごえんゆう》院政、称光《しょうこう》・花園《はなぞの》二代の後小松院政と続いた。

後醍醐天皇によって院政が廃止された南朝のその後についてみると、南朝の末期には後亀山《ごかめやま》天皇に対する長慶《ちょうけい》上皇の院政が行われ、院政が朝廷に深く根を張ったものであることを示している。したがって、南北朝合一後も院政は途絶することなく後陽成《ごようぜい》上皇（後水尾《ごみずのお》天皇の代）、後水尾上皇（明正《めいしょう》、後光《ごこう》明《みょう》、後西《ごさい》、霊元《れいげん》天皇の四代、約五〇年）、霊元上皇（東山《ひがしやま》、中御門《なかみかど》二代、四五年）、光格《こうかく》上皇（仁孝《にんこう》天皇の代二十余年）等の院政が行われた。天保《てんぽう》十一年（一八四〇）の光格上皇の死去の後、院政は途絶え明治を迎えた。

院政は、開始に関する宣言ないし法令もなく、またそれを廃止するという法令もなく自然に消滅した点に特色がある。

武士と院政の再評価

ところで、「院政」という場合、教科書的には白河上皇から鎌倉時代前期の後鳥羽院政期、あるいはもう少し後の鎌倉後期頃までの貴族政権の政治構造を指すのが普通である。それは、古代律令国家から中世国家への移行期に現れた古代国家最後の政治形態であり、これを克服して中世武家政権が誕生したというとらえ方があったからである（石母田一九六四）。貴族政権が古代律令国家の系譜を引く古代的政権であり、それに対して挑み、やがてそれを凌駕して武家政権が打ち立てられたとする理解が長い間の通説として概説書や教科書などに載せられてきた。

その通説を社会構成体史的な観点から基礎付けたのがいわゆる領主制論と呼ばれる理論であった。古代政権の専制的形態としての院政とそれを構成した貴族・寺社（荘園領主）、それに対抗して中世封建制を生み出していった武士（在地領主）・武家政権という古典的理解がそこにはある。そしてそうした政権の、あるいは国家体制の変化の基礎に、古代社会は総体的奴隷制社会であり、それが中世の封建的社会へと移行していくという考えがあったのである。

こうした長い間の通説に対して、一九六〇年代半ば以降、貴族政権を構成する「荘園領主」の中世的・封建的性格が主張され（戸田一九六七・河音一九七一・大山一九七八）、社会階級として貴族層は古代的支配階級で、武士・武家政権は中世封建的社会階級であるといった違いを見出すことはできないとされ、このことから古代貴族政権と中世武家政権の「対抗」という通説の図式が見直されたのである。

見直しが行われたのは貴族政権の側ばかりではなかった。武士の封建的性格を主張する重要な論点であった武士の「在地性」、すなわち武士は古代の草深い在地社会の中に胚胎した領主制的生産関係が発展して、やがて武家政権を担ったという点への見直しも行われた。武士の本質は都市貴族的性格にあり、武士の発生は軍事貴族として賜姓《しせい》皇族（いわゆる桓武《かんむ》平氏、清和《せいわ》源氏）の東国への下向と在地の勢力の扶植《ふしょく》の中で進行したことや、そもそも武士は律令国家の中の武官に起源をもつといった新たな視点も加わっている（高橋昌明一九九九）。一九六〇年代における「権門体制」としての中世国家という国家論の登場は、そうした貴族政権と武士をめぐる新たな研究の進展とあいまって、中世国家が王家・貴族・寺社・武士という「権門」によって構成される国家という評価を定着させたのである（黒田一九七五）。

こうして貴族と武士の評価は、古代貴族政権としての院政、古代国家の最終形態としての院政という評価から、中世国家を形成した母胎としての院政という評価へと大きく転換することになった。

本書では、これまでの研究の流れを以上のようにとらえ、院政と武士の動向について考えることにしたい。

一　院政へのみち

1——摂関政治から院政へ

律令国家の天皇

日本の主権者に「天皇」という称号を用いるようになった時期については、七世紀初めの推古《すいこ》天皇の頃とする説と、七世紀末の天武《てんむ》・持統《じとう》天皇の頃とする通説が存在していて、決着をみていない（大津一九九九・二〇〇九）。ちなみに、天皇という称号が使われる前の大和王権の首長は「大王《おおきみ》」と呼ばれていた。『日本書紀』には、初代神武《じんむ》天皇はじめ「天皇」と記されているが、これは、『日本書紀』が成立した八世紀はじめ頃の称号をさかのぼらせて用いただけである。

さて、この主権者（以下、天皇と称する）の権力の継承は、大化《たいか》前代はその死去を契機に行われたのであり、その生存中に行われることはなかった。

ところが、七世紀半ば、天皇家と勢力を二分した蘇我《そが》氏が、中大兄《なかのおおえ》皇子のクーデターによって滅ぼされ、中国の国家体制（律令体制）を導入した新体制の実現に踏み出そうとした時、当時の皇極《こうぎょく》天皇は天皇の位を孝徳《こうとく》天皇に譲って天皇の位を退いた。これが、後にいうところの「太上天皇《だいじょうてんのう》」（上皇）の始まりであるが、「太上天皇」の称号は成立しておらず、当時は「皇祖母尊《すめみおやのみこと》」と称した。太上天皇の称号は、六九七年に位を文武《もんむ》天皇に譲った持統天皇が最初である。それは『続日本紀《しょくにほんぎ》』にみえるほか、鎌倉時代はじめの僧慈円《じえん》が書いた『愚管抄《ぐかんしょう》』に「太上天皇ノハジマリハコノ持統ノ女帝ノ御時ナリ」とみえるように、持統天皇が太上天皇の初例と考えられている。通説に従えば、「天皇」も「太上天皇」もほぼ同じ頃に成立したのであり、「浄御原令《きよみはらりょう》」の段階で成立したものと考えられている。律令の条文で確認できるのは「養老令《ようろうりょう》」で、儀制令《ぎせいりょう》に「太上天皇」とは「譲位の帝、称する所」と規定している。

ところで、「太上天皇」という称号は中国にはなく、それに近い「太上皇」という称号がみられる。しかし、中国では実際に政治を行うものは「帝」であって「皇」ではないという考えがある。日本の「太上天皇」はこの点が不明確で、天皇の上に立つ天皇という可能性をはらんでいたといえる。

天皇と上皇

持統以降、奈良時代までの上皇は、元明《げんめい》・元正《げんしょう》・聖武《しょうむ》・孝謙《こうけん》の五人だが、平安時代にはいると、「院政」開始まで、平城《へいぜい》・嵯峨《さが》・淳和《じゅんな》・清和《せいわ》・陽成《ようぜい》・宇多《うだ》・朱雀《すざく》・冷泉《れいぜい》・円融《えんゆう》・花山《かざん》・三条《さんじょう》・後三条《ごさんじょう》の一二人を数える。「上皇」というと院政を思い浮かべるが、院政以前にも上皇は存在したのである。以下、奈良〜平安前期の「天皇」と「上皇」のせめぎ合いについてかいつまんで見ておきたい。

院政期の天皇と上皇の関係を考える上でまず注目すべきは、孝謙太上天皇と淳仁《じゅんにん》天皇の関係である。天平宝字《てんぴょうほうじ》二年（七五八）、孝謙天皇は大炊王《おおい》（淳仁天皇）に譲位し、太上天皇になった。その五年後の天平宝字六年、五位以上の官人に対し淳仁天皇の権限を剝奪することを命じた。すなわち、常の政《まつりごと》と小事だけは淳仁が行い、国家の大事、賞罰の二事は孝謙が行うというのである。しかも、持統以後、太上天皇と天皇は同宮に住んで政事をともにするという慣例を破り、出家して仏弟子（法体《ほったい》）となって別宮で行う先例を開いた。このことをきっかけに、藤原仲麻呂《ふじわらのなかまろ》の乱がおこり、その結果淳仁天皇は廃されたのである。

次に、平城上皇についてみる。桓武《かんむ》天皇は、在位のまま没して、皇太子安殿《あて》親王が即位、これが平城天皇である。病弱のため在位三年で弟神野《かみの》親王（嵯峨天皇）に譲位し、太上天皇となった。藤原薬子《くすこ》、藤原仲成《なかなり》らと謀り、旧都である平城京に移り、平安京の諸臣官人を集め、太上天皇の権能を行使しようとした。これは、平城上皇に「院政」の意図があったわけではなく、むしろ藤原式家《しきけ》の勢力拡張をはかる薬子、仲成の経略によるものと評価されている。

太上天皇の尊号化

平安時代初めの嵯峨上皇になって、譲りを受けた新天皇から、太上天皇の尊号を奉り、それを受け入れることによってはじめて太上天皇と称するというルールが生まれた。その際、太上天皇は中国風に三度にわたる辞表の提出とそれに対する勅答が繰り返されるという手続きも始まった。嵯峨天皇の代にこうした手続き、すなわち太上天皇の名誉職化がはじまったのは、薬子の変で平城上皇が太上天皇として権力を掌握しようとしたことをふまえ、天皇と並んで天下を治める余地を残した「太上天皇」の在り方をやめ、特別の待遇を得るための称号・尊号とし、しかもそれを新天皇の権限とすることで、天皇に従属する地位とする、そのための手続きとしたのではないかと考えられる。その手続きに大臣や太政大臣への就任に際して行われる三度の辞表、勅答を繰り返すということを折り込んだことにより、それを周りに示すことになったのである。

嵯峨天皇は、弘仁《こうにん》十四年（八二三）、在位一四年にして、天皇の位を大伴《おおとも》親王（淳和天皇）に譲った。この際、以上の手続きがとられ、嵯峨太上天皇が実現した。嵯峨天皇の治世は中国風の文章経国《もんじょうけいこく》の政治が行われたが、これもその一環であったとも考えられる。嵯峨上皇には、この称号とともに封戸《ふこ》二〇〇〇戸、後院《ごいん》として冷然院《れいぜんいん》（のち冷泉院《れいぜいいん》と改められる）が贈られた。これが院御所《いんのごしょ》の始まりであり、天皇と上皇が居所を別にする慣例のはじまりである。この冷然院は、平安京大内裏の東南の端に接する位置にあり、近年の二条《にじょう》城発掘調査により、冷然院の池や庭石、遣《や》り水の遺構などがみつかっている。付近は湧水地帯で、南には平安京最

図1　嵯峨天皇

図2　冷然院（冷泉院）発掘遺構

大の池をもつ神泉苑《しんせんえん》があった。なお、承和《じょうわ》二年（八三五）二月、刑部《ぎょうぶ》大輔安倍安仁《あべのやすひと》を院別《いんのべつ》当《とう》に任じている。これが院司《いんのつかさ》の任命された初見である。

天皇・上皇と摂政

嵯峨上皇ののち、淳和、文徳《もんとく》、清和、陽成の四上皇が続いた。嵯峨天皇の信任を得て要職を歴任し、ついに人臣最初の太政大臣となった藤原良房《よしふさ》は、天安《てんあん》二年（八五八）、外孫である清和天皇（文徳天皇の第四皇子）を即位させた。当時九歳であった清和には政治や儀式を担うことができない、ならば外祖父《がいそふ》たる良房が代行するということになった。ここにこれも人臣としてはじめて「万機を摂行《せっこう》」という異例の事態が生じた。摂政《せっしょう》に正式に就任したのは貞観《じょうがん》八年（八六六）である。

良房が就任した太政大臣は、令の規定によれば「天皇の師範」であり、それが天皇の後見人としての摂政の職務内容につながることとなった。天皇の政務を代行するという地位は、天皇の外祖父にして、太政官の最上位にあり、特定の職務内容を持たない「太政大臣」という地位に適合していた。こうして、天皇と上皇という王権中枢部の権力に、摂政という要素が加わることになった。

貞観十八年（八七六）十二月、清和天皇が第一皇子貞明《さだあきら》親王（陽成天皇）に譲位したとき、天皇が幼少であったことから、藤原良房の子基経《もとつね》を摂政として政務をとらせようとした。ここに史上はじめて上皇と摂政が併存するという事態が生じた。清和上皇は母藤原明子《めいし》（良房の娘）が所有する別荘に隣接する清和《せいわ》院《いん》という後院に住み、出家後は諸寺を巡ったり、修行に没頭するなど、政治からは遠ざかった。良房・基経の外戚《がいせき》の力は強力で、清和上皇も陽成天皇も政治の実権をにぎることはできなかったといえる。

さて、基経は中国的儀礼に従って、三度の辞表を繰り返したが、第二度の辞表のなかで、「太上天皇の存生中は、臣下の摂政が置かれた例はない。幼帝の時は、太后、すなわち母たる皇太后がみずから政治を行うことさえある。もし陛下が真に国家をたいせつに思い、幼主を案ぜられるならば、私は国家の政治に関することは、陛下の命令を仰ぎ、国政に関係のないことは、皇母（皇太后藤原高子《こうし》）の命令を仰ぐようにいたしてください」（現代語訳　竹内一九七八）と述べている。

これは、太上天皇の政治的権能を復活強化する内容である。しかして、この上表文の作者は菅原道《すがわらのみち》真《ざね》。時代は、藤原氏（良房、基経）による前期摂関政治の始まる時代、嵯峨上皇によって天皇の「臣下」と位置づけられた太上天皇の地位は、再び上昇する気配を見せ始めたといえる。

陽成天皇は、元慶《がんぎょう》三年（八七九）二月、清和上皇に封戸二〇〇〇戸を贈ったが、上皇はそのうちの一〇〇〇戸を返した。これに対し天皇は再度その受納を請う文書を上皇に送ったが、その文書に、

「臣諱言《いみなもう》す」と書き出し、「陛下(清和)は、臣の皇天なり、誠を方寸《ほうすん》に尽くさんことを請う、臣は陛下の臣子《しんし》なり、道を小銖《しょうしゅ》に失わざらんことを請う」と述べ、父(清和)、子(陽成)の道は、皇と臣の関係とされ、天皇は上皇の臣とされている。この文の作者も菅原道真と考えられている。

こうして、菅原道真を登用し、藤原氏を押さえようとした宇多天皇・上皇による政治が始まった。

宇多院政

元慶七年、清涼殿で陽成天皇が殺人事件を起こす。天皇自身やその住まいが死のケガレにおかされるという前代未聞の事件で、朝廷では天皇を退位させるだけではなく、その皇統を大きく変えることになった。こうして、陽成天皇の大叔父にあたる遠縁の光孝《こうこう》天皇(仁明《にんみょう》天皇の第三皇子)が即位した。すでに五十五歳の高齢であったことから、基経がその補佐にあたった。それを命じた詔に「関白」の文言はないが、これが事実上の関白《かんぱく》就任である(坂上一九九三)。

仁和《にんな》三年(八八七)、光孝天皇の死により、宇多天皇が即位した。この時、藤原基経は外戚ではないにもかかわらず、正式に関白に就任した。この時、いわゆる阿衡《あこう》事件が起こった。宇多の側近である学者 橘 広相《たちばなのひろみ》が起草した勅答に、「関白」の職務に関して、職務内容を伴わない「阿衡」という文言があったことから、大事件となったのである。結局、天皇に上奏される文書の内覧《ないらん》(あらかじめ見ること)と天皇の諮問《しもん》に預かるのが関白の職務であり、「阿衡」という語句を用いるべきではないという基経の主張が通ることになった。宇多天皇の治世は、基経に対して屈服するという形でスタートしたのである。

寛平《かんぴょう》三年（八九一）、基経が死ぬと、宇多は関白を置かず、後に「寛平の治」と呼ばれる親政を開始した。六年後の寛平九年（八九七）、十三歳の醍醐《だいご》天皇に位を譲り、三十一歳で上皇になった。その折、醍醐天皇から「太上皇」の尊号をたてまつられようとしたが、これを辞すること五回、昌泰《しょうたい》二年（八九九）には仁和寺《にんなじ》で益信《やくしん》を戒師《かいし》として出家、それを理由にさらに固辞したことから、醍醐は太上天皇を贈ることを断念するにいたった。しかし、世人は太上皇、あるいは法皇とよんだ。

こうして宇多は、みずからを天皇の元に位置づけようとする動きを抑えつつ、一方で国政に積極的に関わり、後世の院政的な政治を目指した。しかし、この方針は、宇多と側近の菅原道真が、基経の長男で左大臣の藤原時平《ときひら》に対してクーデターを企てたらしいことからも、上皇として国政に関与することに成功しなかったようである。

譲位直後に、権大納言 源 光《みなもとのひかる》（仁明天皇の子）らの政務拒否があったことからもわかるように、宇多が重用した菅原道真に対する賜姓《しせい》皇族を中心とする公卿の反発や、宇多の周辺の近臣たる学者たちの相互対立など、朝廷中枢部の権力掌握に必ずしも成功していなかったのである。菅原道真の失脚はその結末だが、その後宇多は新たな路線に活路を見出した。それが、時平の弟忠平《ただひら》との連携であった。

これは、藤原氏の側からも望むところであった。王権の中枢にいながら王にはならず、権力の源泉である王権と適当な間隔を保つことで実権を得るという方針である。

図3　藤原氏略系図

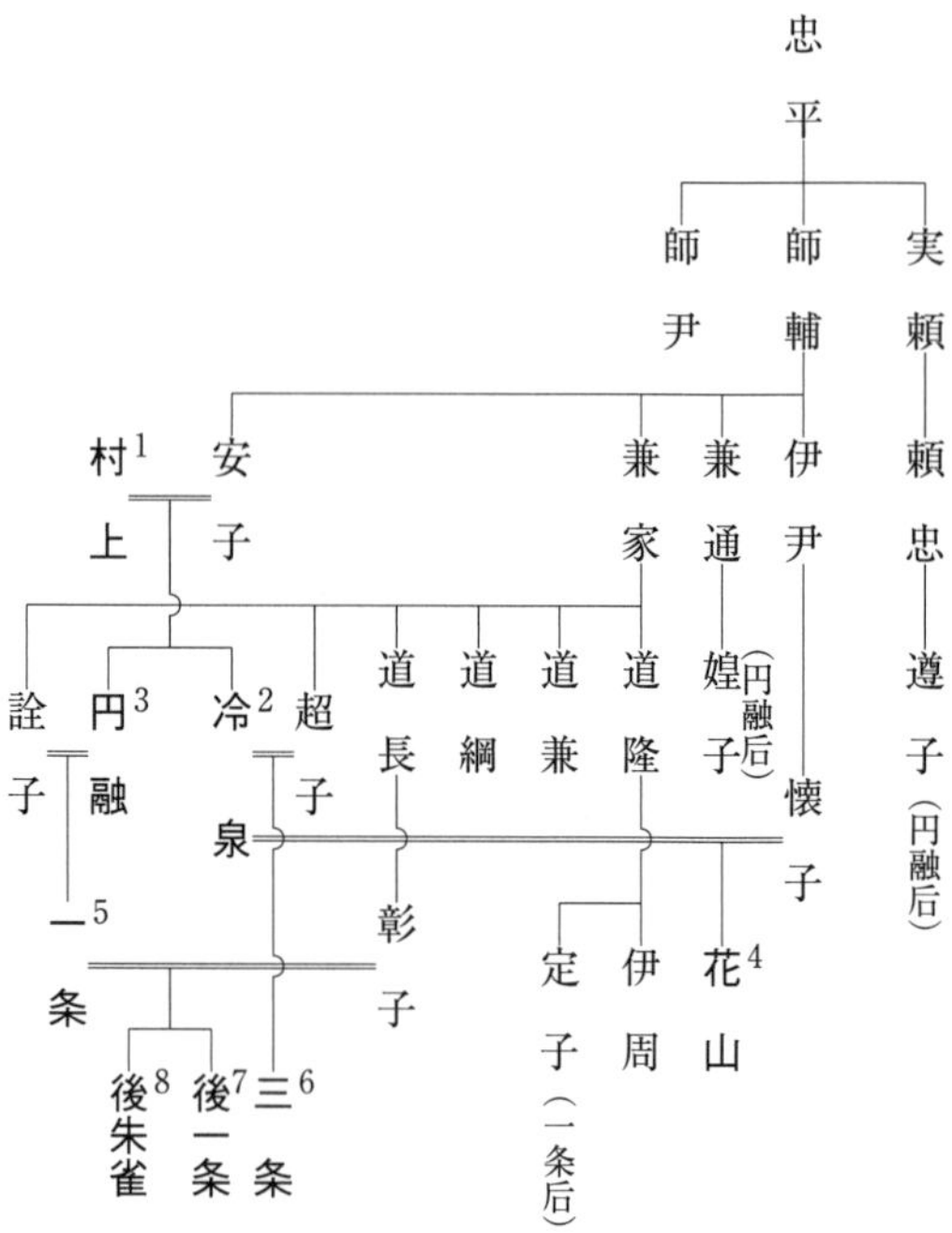

摂関政治の深まり

安和《あんな》二年（九六九）、冷泉《れいぜい》天皇（醍醐天皇の孫）は弟の円融《えんゆう》天皇に譲位した。冷泉上皇は円融の父ではなく、しかも狂気の様相を呈することもあったため、政治的発言権はなかった。この上皇は、寛弘《かんこう》八年（一〇一一）に亡くなるまで、四二年間上皇の地位にあった。後の白河《しらかわ》上皇が四三年、後鳥羽《ごとば》上皇が四一年だから、その長さに驚かされる。

円融天皇は十一歳にして即位したことから、藤原氏の長老実頼《さねより》（忠平の長男）が摂政に就いた。実頼は円融の外戚ではない異例の摂政であった。翌安和三年（天禄《てんろく》元・九七〇）、実頼の死により円融の伯父の伊尹《これただ》（忠平の子師輔《もろすけ》の長男）が摂政となった。ところが、伊尹が天禄三年（九七二）に死んだため、その弟の兼通《かねみち》と兼家《かねいえ》が後継争いをすることになる。

伊尹のあとは通説では兼通が関白に就いたとされているが、実際には伊尹の死後兼通は大納言《だいなごん》を経ずして内大臣《ないだいじん》に任命され、左大臣源兼明《かねあきら》・右大臣藤原頼忠《よりただ》・権大納言兼家ら上位の公卿を越えて、政治の実権を手に入れた。内覧の権能もこの時与えられたと考えられている（春名一九九七）。関白になったのは、天延《てんえん》二年（九七四）二月の太政大臣に就任後の三月であった。この時点まで、太政大臣への就任が摂関就任の前提であった。

関白となった兼通は、すでに前年に娘の媓子《こうし》を皇后に立てることに成功しており、円融天皇との関係が強化された。一方の兼家も冷泉天皇のもとに超子《ちょうし》を入れていて、天延四年には花山天皇の弟居貞《おきさだ》親王（三条天皇）が生まれている。こうして、冷泉・円融の皇統と絡んで藤原氏内部の兼通―兼家の後継争いが激しくなった。

貞元《じょうげん》二年（九七七）、兼通は死去するが、その直前外戚ではない頼忠（実頼の二男）を関白に指名した。しかも、円融天皇の後宮には第一皇子懐仁《やすひと》（一条《いちじょう》天皇）を生んだ兼家の娘詮子《せんし》がいたが、天元《てんげん》二年（九七九）に死去した媓子の後空席となっていた皇后に、頼忠の娘遵子《じゅんし》が天元五年に立てられた。

円融天皇は永観《えいかん》二年（九八四）、冷泉上皇の子花山天皇に譲位し、懐仁親王が皇太子となった。兼家の子道兼《みちかね》は花山天皇の即位とともに天皇の側に近侍する蔵人《くろうど》となっていたが、寛和《かんな》二年（九八六）六月の深夜、兼家の意を汲んで天皇を清涼殿《せいりょうでん》から連れ出して出家させ、花山寺《かざんじ》（元慶寺《がんぎょうじ》）へ向かった。

一方、兼家の長子道隆《みちたか》は、清涼殿にあった神器を東宮《とうぐう》懐仁の御所に運び込んだ。道兼は花山が髪をおろすのを見届けると引き返した。前代未聞のはかりごとで花山にかわって一条天皇が即位し、兼家は外祖父で摂政という強力な地位を手に入れた。花山法皇は寛弘五年（一〇〇八）に亡くなるまで、二二年の間法皇の地位にありながら、実権を失うことになった。

ところで、円融上皇は寛和元年（九八五）に出家、正暦《しょうりゃく》二年（九九一）に亡くなったが、退位後間もない永観二年十月十七日に後院庁事始《ごいんのちょうことはじめ》を行っていることが注目される。先に述べたように、後院は嵯峨上皇の時にはじめて設けられたが、「後院庁」は円融上皇の時が初見である。「庁」とは言うまでもなく事務を行う役所のことである。後院が設置されれば、当然その管理運営を担当する職員が置かれたであろうが、「庁」という役所が常設で置かれていたかどうかはわからない。村上《むらかみ》天皇の時に編集された朝廷の儀式について記した『新儀式《しんぎしき》』に「後院之事」という項があり、後院に「院司」として別当《べっとう》（二、三人で、三位以上の公卿と四位五位の官人からなる）、預（二人で、判官以上の官人）、庁蔵人（三人で、主典の官人）の職員があることが記されている。

さて、円融上皇の後院は堀河《ほりかわ》院であるが、これは天元五年（九八二）に京二条南堀河の東に造られ、南北二町の大邸宅であった。元は藤原基経の邸宅であったが、兼通が伝領し、貞元《じょうげん》元年（九七六）、天元三年（九八〇）の内裏焼亡の際には里内裏《さとだいり》とされたように、その規模は内裏に準ずるもので、これを後院としたのである。

では、円融上皇の「院政」はどうであったか。花山・一条両天皇の時代を通じ、若干の政治的関与があったことがわかる。しかし、天皇の父として臨んだ一条朝において、父としての政権運営が積極的に行われた形跡はない。円融上皇が政治に関与した事例としてよく引用される史料に『神皇正統記《じんのうしょうとうき》』の一節がある。すなわち、上皇が一条天皇の寛和二年（九八六）十月の除目《じもく》に際して、摂政兼家に命じて、非参議の源時中《ときなか》を正四位下から正三位に昇任させて参議としたが、これに対し、藤原実資は非難したというのである。

人事をめぐってはもう一方で、摂政兼家は永祚《えいそ》元年（九八九）二月、長男道隆《みちたか》を内大臣に昇任させるにあたって、あらかじめ円融上皇に同意を取り付けている。ちなみに、この時藤原実資が参議に任ぜられている。実資は蔵人頭として円融天皇以下三代の天皇に仕えたが、それ以上に、円融院別当として円融上皇に奉仕していた。道隆の昇任と引換というわけではないが、実資の昇任には円融法皇の強い意志があったものと思われる。

一条天皇の外戚である摂政兼家、父である円融上皇はお互いにミウチ、すなわち天皇の限られた親類縁者であるという共通の政治的基盤を認識した上で、政権に臨んでいたのであり、摂関政治の深まりの中で「院政」はその中に組み込まれていたということができる。さもなければ、冷泉や花山のように政権から排除されたのである。

花山に続く一条天皇は在位のまま死去、つづく三条天皇は、藤原道長《みちなが》の圧迫を受けて在位五年で退位、太上天皇となったが、わずか二年で死去した。その後の後一条、後朱雀、後冷泉は道長の外孫として在位をまっとうし、在位のまま死去。この三代の天皇の時代約五〇年、太上天皇は不在であった。天皇、外戚、父院、国母《こくも》（天皇の母）などが権力の中枢を掌握する「ミウチ政治」としての摂関政治の枠からの「王権」の離脱を果たしたのが、後三条天皇であった。

2——後三条天皇の親政

後三条天皇の即位

治暦《ちりゃく》四年（一〇六八）四月十九日、在位二三年に及んだ後冷泉《ごれいぜい》天皇が、皇子を残さぬまま亡くなった。その後を継いで即位したのは、尊仁《たかひと》親王、すなわち後《ご》三条《さんじょう》天皇である。宇多《うだ》天皇から数えて一七〇年ぶりの藤原氏を外戚《がいせき》としない天皇の誕生であり、村《むら》上《かみ》天皇以後一〇〇年ぶりの天皇親政の復活である。

ところで、時代は少しさかのぼるが、藤原道長《みちなが》の娘を母とした後一条《ごいちじょう》、後朱雀《ごすざく》、後冷泉の三天皇の時代、道長はもちろんのこと、その後を継いだ関白頼通《かんぱくよりみち》の代までその外戚としての地位を保つことができ、摂関家の威勢は保たれているかにみえた。

後朱雀天皇には、道長の娘嬉子《きし》の生んだ親仁《ちかひと》親王（のちの後冷泉天皇）のほかに、三条天皇の皇女禎《てい》子《し》内親王の生んだ皇子がいた。嬉子はお産をするとすぐに亡くなったため、後朱雀天皇は即位するとともに禎子内親王を皇后とした。ところが、頼通にはその時ひとりの娘もいなかったため、やむをえず姪にあたる嫄子《げんし》を養女として中宮《ちゅうぐう》に立て、禎子内親王に対抗させた。しかし、嫄子は皇女は生んだものの、皇位を継ぐ男子は生まれず、まもなく亡くなってしまった。頼通の外戚化作戦は失敗した。頼通の兄弟の教通《のりみち》や頼宗《よりむね》もそれぞれ娘を宮中に入れ、次の後冷泉天皇の後宮にも頼通・教通の娘が入ったが、それらも実を結ばなかった。結局、禎子内親王の生んだ尊仁親王が即位するという、摂関家にとっては不本意な事態が生じたのである。

図4　天皇家・摂関家関係系図

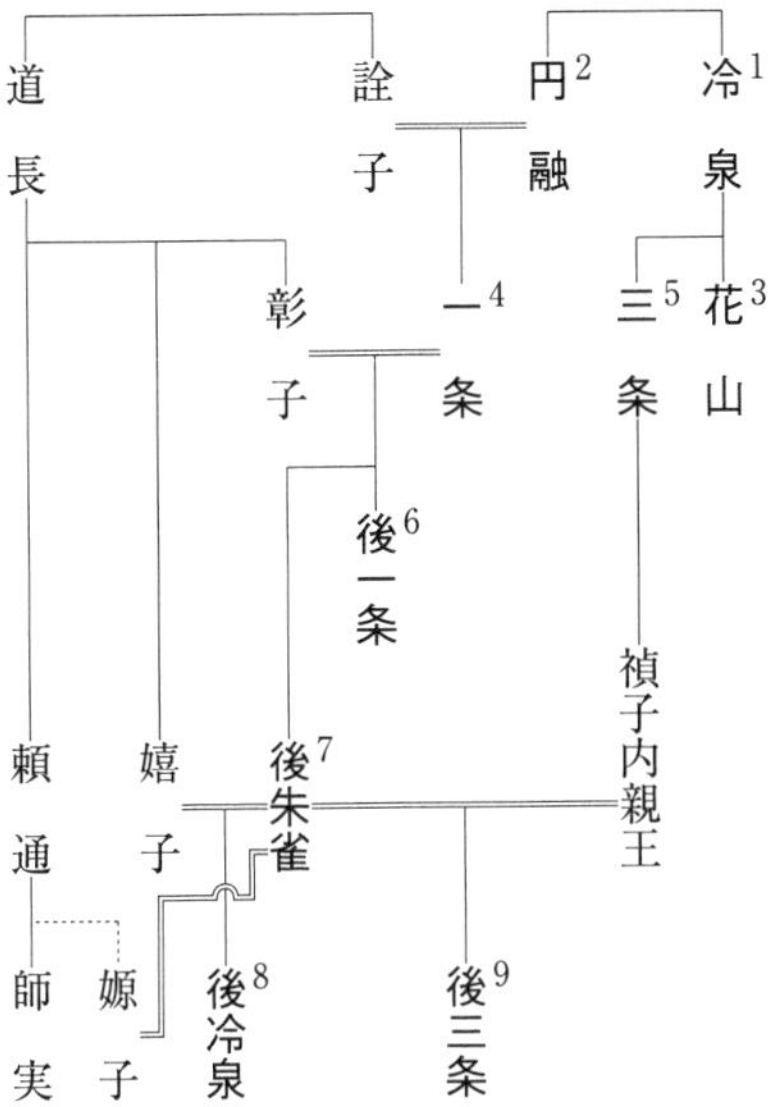

「東宮《とうぐう》（尊仁親王）と仲が悪い」（『栄華物語』）といわれていた頼通は、関白を教通に譲って宇治《うじ》の別荘に隠棲した。将来、自分の嫡子師実《もろざね》を関白に就任させるという約束があったという。後三条天皇は即位の時にすでに三十五歳、二三年に及ぶ長い東宮《とうぐう》時代というのは例がない。それは尊仁親王の母が藤原氏（摂関家）でなかったからである。尊仁親王は東宮時代、学問に励む一方、即位後に備えて天下の政治を見守る姿勢を持っていたという。『栄華物語《えいがものがたり》』には、「お心もまっすぐで、他人の言いなりになることもなく、学才もたいへんすぐれて

図5 醍醐・村上源氏系図

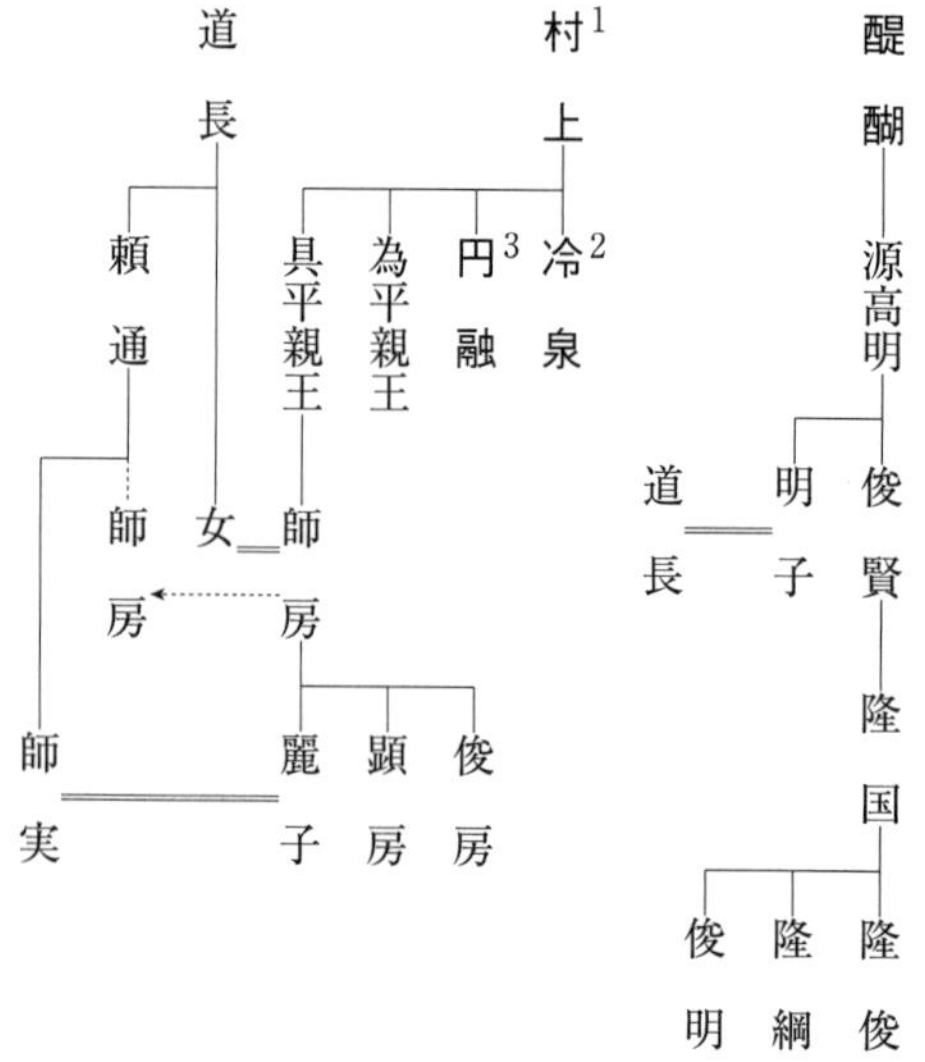

おいでだ」と書かれている。

天皇は政治を行うにあたり、関白ら摂関家に気兼ねすることはなく、政治の主導権を握ることになった。こうして、村上天皇の後一〇〇年ぶりで天皇の親政が復活し、次の白河《しらかわ》天皇が位を去るまでの約二〇年間、天皇の親政による政治が行われ、さらにそれは上皇による院政へと引き継がれた。

源氏勢力の動向

こうした動きは、公家社会のあり方にも変化をもたらした。摂関中心の体制から、天皇中心の体制へと変化し、藤原氏による公卿《くぎょう》（三位以上の貴族）独占が破られ、源氏（醍醐《だいご》源氏、村上源氏）の進出をもたらした。その起点は道長の時代にさかのぼる。

安和《あんな》の変（九六九年）による醍醐源氏・左大臣源高明《たかあきら》の失脚により源氏の廷臣は影をひそめたが、道長は高明の子源俊賢《としかた》を重用した。かれは道長のもとで摂関家の意向に添った行動をとり、確固とした地位を築いていった。院政期の大江匡房《おおえのまさふさ》の著作『続本朝往生伝《ぞくほんちょうおうじょうでん》』には、一条天皇の時代の「九卿」として藤原実資《さねすけ》・斉信《なりのぶ》・公任《きんとう》・行成《ゆきなり》らとともにその名があげられている。俊賢の子隆国《たかくに》も後冷泉天皇や関白頼通に重用され、これも摂関家の意向をふまえ、東宮時代の後三条天皇をないがしろにする行動をとったといわれている。

後三条天皇は即位後、隆国の子ども、隆俊《たかとし》・隆綱《たかつな》・俊明《としあき》に対してその仕返しをしようとしたが、いずれも優れた廷臣であることを知り、これを重用したという（『古事談《こじだん》』）。特に俊明は白河天皇のもとでも信任され、白河院政開始後は「院近臣《いんのきんしん》」の嚆矢《こうし》として活躍した。

一方、村上天皇の皇子具平《ともひら》親王から出た村上源氏は、具平親王の子師房《もろふさ》が頼通の養子となってその妹（道長の子）と結婚し、師房の娘麗子《れいし》も頼通の長男師実《もろざね》に嫁いでいる。さらに、親王の娘ふたりは頼通・教通の妻となっている。こうして摂関家と婚姻関係を通じて親密な関係を結び、朝廷内での勢力を増し、後冷泉天皇の時には、具平親王の子師房とその子俊房《としふさ》・顕房《あきふさ》は公卿の座に着いたのである。

村上源氏は、後にふれる閑院《かんいん》流藤原氏とならんで、後三条天皇の即位をきっかけに、摂関家とは異なる新たな外戚関係を形づくっていくことになるのである。

中・下級貴族の登用
—「院近臣」の源流

後三条天皇の時代における源氏重用は、摂関家との姻戚関係のみを背景として行われたわけではなく、後三条の人材登用の方向性にもよっていたのである。このことにより、摂関政治のもとでは恵まれなかった中・下級の廷臣に光が当たり、その活躍の場を得ることになる。その代表的な人物が大江匡房である。

図6　白河上皇と大江匡房（『春日権現験記絵巻』）

匡房は長久《ちょうきゅう》二年（一〇四二）に生まれた。父は大学頭大江成衡《なりひら》、曾祖父は道長の時代に学者として、また地方官としても名声を得た大江匡衡《まさひら》で、代々学問をもって仕える学問の家の出であった。四歳にして書を読み、十一歳に漢詩を読み、十八歳で官吏《かんり》登用試験（方略試《ほうりゃくし》）に合格するなど、その才能を示したが、曾祖父も公卿に昇進することはかなわず、匡房も出世の望みを失いかけていたところであった。しかし、東宮時代の後三条天皇に見出されて東宮学士（皇太子の教育係）に任じられ、後三条の即位後は経済政策を遂行するために置かれた記録荘園券契所《きろくしょうえんけんけいじょ》（記録所《きろくじょ》）の寄人《よりうど》に任ぜられるなど、重要政策に深く関わった。匡房は、後三条天皇の後の白河天皇にも重用され、天永《てんえい》二年（一一一一）にこの世を去った時には「前権中納言正二位行大蔵卿」であった。

このほか、日野（山城《やましろ》国宇治《うじ》郡日野〈京都市伏見区〉）の地に法界寺《ほうかいじ》を建立した藤原資業《すけなり》の子藤原実政《さねまさ》、勧修寺《かじゅうじ》流藤原氏の中興の祖である藤原為房《ためふさ》なども後三条の人材登用路線のなかで頭角をあらわし、日野流、勧修寺流の一家繁栄の道を開いた。

こうした後三条期の動向を前提に、白河院政下において「院近臣」と呼ばれる中・下級貴族の一群が生まれるのである。

大内裏造営と一国平均役

先にふれたように、後三条天皇の即位を機に頼通は宇治の別荘へ隠退し教通に関白を譲った。天皇は即位の翌年に年号を「延久《えんきゅう》」と改め、大改革を実施した。

後三条天皇の行った施策で有名なのはいわゆる「延久の荘園整理令」、そして「記録所の設置」であろう。教科書風にいえば、摂関家の荘園を整理し、その経済力を削ぐことによって天皇家の力を伸ばそうとしたと理解されている。しかし、実際の目的は別のところにあった。それは大内裏《だいだいり》、内裏の造営である。

平安京の内裏がはじめて焼亡したのは天徳《てんとく》四年（九六〇）で、これ以後というものしばしば内裏は火災にあっている。貞元《じょうげん》元年（九七六）、天元《てんげん》三年（九八〇）、天元五年と火災が続き、その後も一条朝に三回、三条・後朱雀《ごすざく》・後冷泉朝に二回ずつ焼けている。どうしてこうも頻繁に火災が起こったのか、その理由は分からないが、そのために天皇の居所も転々と異動することを余儀なくされ、いわゆる「里内裏《さとだいり》」とよばれる臨時の居所への居住が常態化することになる。

大内裏内の正規の内裏は天喜《てんぎ》六年（一〇五八）二月に焼失したままであった。後三条天皇の場合も、二条西洞院《にしのとういん》の閑院《かんいん》と呼ばれる里内裏で践祚《せんそ》していて、その後も二条殿、三条大宮殿、高陽院《かやのいん》、四条殿と転々と居所を移動していた。

治暦《ちりゃく》四年（一〇六八）七月の即位式が済んだ翌八月、大内裏の大極殿木作始《だいごくでんこづくりはじめ》が行われ、十月に上棟、延久四年（一〇七二）四月に完成している。内裏は延久二年（一〇七〇）に着手し、翌三年完成、八月には後三条天皇は新しい内裏に移った。後三条天皇は延久五年五月にこの世を去るから、治世のほとんどを大内裏造営にあてていたことになる。

ところで、内裏、大内裏の造営は一大事業で、経常予算ではまかなえないため、特定の国を選んで（これらの国を所課国《しょかこく》といった）、費用を分担させる「国宛《くにあて》」という方法をとった。割り当てられた国司は国の経常経費でまかなえないことから、国内に臨時に税をかけることになった（造内裏役《ぞうだいりやく》）。国司のかける税は、通常の公納物も、臨時の税も国司の管轄下にある土地、すなわち公領にかけるのが原則だったが、十一世紀前半には公領、荘園双方から徴収できる「一国平均役《いっこくへいきんやく》」を政府に申請する国司があらわれるようになった。延久の大内裏、内裏造営において、この動きが体制化されることになったのである。

延久の荘園整理令と記録所の設置

さて、一国平均役を荘園にまでかけることになると、どこが公領でどこが荘園なのか、荘園の持ち主（荘園領主）は誰なのかなどが明確になっていなければならない。荘園については、場合によっては荘園領主に徴収を依頼し、一括して国司に納入するという方法をとる必要がある。そこで行われたのが延久元年（一〇六九）二月、三月に出された荘園整理令《しょうえんせいりれい》であり、同年閏十月にはその実施機関として記録荘園券契所、すなわち記録所が太政官庁の朝所《あいたんどころ》に設置されたのである。延喜の荘園整理令以後、荘園整理令はたびたび出されているが、記録所という荘園整理を担当する専任機関が置かれたのは延久の時がはじめてである。その組織は、『百錬抄《ひゃくれんしょう》』に「寄人等を定む」と見えるだけで詳しいことはわからないが、おそらくは後世の記録所のあり方や、一般的な「所」の組織のあり方から、上卿《しょうけい》・弁《べん》・寄人から構成されていたのではないかと思われる。上卿としては権大納言源経長《つねなが》（延久元、二年）、権中納言源隆俊《たかとし》（延久三、四年）、弁として大江匡房、寄人として左大史小槻孝信《おづきのたかのぶ》などが知られる。

それまでの荘園整理ではもっぱら国司にその審査が任されていたが、記録所の設置は中央で一括して審査する体制をとった。記録所では荘園領主と国司から提出された証拠文書の審査が行われた。

二月に出された荘園整理令は、

①寛徳二年以後に新たに立てられた荘園は停止すること

②地味の痩せた荘田をひそかに肥えた公田と交換しているもの、勝手に公の民である平民を使って公田を隠したもの、坪付の定まらないものを把握するために、諸荘園の所在、領主、田畠の総面積について、詳細を太政官に報告すること

を命じた。

三月の整理令では、

③寛徳二年以後に新たに立てられた荘園は停止すること、

④往古の荘園のうち券契（荘園の領有権を証明する文書）の不明なもの、及び国務（国衙行政）に妨げあるものは厳しく禁制を加え、停止すること

を命じている。

二月令、三月令とも「寛徳二年以後に新たに立てられた荘園は停止すること」という条項は共通している。この原則の上に、二月令では公田の横領や土地の所在の定まらない荘園の所在・領主・面積を中央政府に報告することを命じ、三月令では「寛徳二年以後」という年限規定の例外として証拠文書の存在、国司の職務遂行に妨げとなっていないことという条件を付したということになる。

やや複雑でわかりにくいが、要するに延久の荘園整理令の特徴は、太政官に証拠文書を提出させ、それを記録所で審査すること、その「証拠文書」には、諸荘園の所在、領主、田畠の総面積の記載が求められたという点で、石井進はこの点が中世の土地台帳である「大田文《おおたぶみ》」の内容やその作成過程と似ていることから、延久の荘園整理令を契機に、中世荘園体制が形づくられていったと評価している（石井一九七〇）。

石清水八幡宮の荘園の場合、全国三四ヵ所の荘園のうち、一三ヵ所が停止され、摂関家の氏寺である興福寺の場合も大和《やまと》国内に散在する田畠総計二三五七町余（不輸免田畠《ふゆめんでんばた》五〇三町余、雑役《ぞうえき》免田畠一八五四町余）について、延久二年九月に詳細な坪付帳《つぼつけちょう》が作成され、摂関家の氏寺の荘園についても整理令が適用されたことが知られる。摂関家自体の荘園についても、延久二年に「進官《しんかん》目録」が作成されたことがわかり、基本的には例外ではなかったことがわかる。

摂関家の九条兼実《くじょうかねざね》の弟慈円《じえん》の記した有名な歴史書『愚管抄《ぐかんしょう》』には、記録所の設置及び荘園整理令について、次のような有名なくだりがある。

①延久の記録所とてはじめてをかれたりけるは。諸国七道の所領の宣旨《せんじ》官符《かんぷ》もなくて公田をかすむる事。一天四海《いってんしかい》の巨害なりときこしめしつめてありけるは。すなはち宇治殿の時一《いち》の所《ところ》の御領〳〵とのみ云て。庄園諸国にみちて受領《ずりょう》のつとめたへがたしなど云を。きこしめしもちたりけるにこそ。②さて宣旨を下されて。諸人領知の庄園の文書をめされけるに。宇治殿へ仰られたりける御返事に。皆さ心得られたりけるにや。③五十余年君の御うしろみをつかうまつりて候し間。所領もちて候者の強縁《ごうえん》にせんなんど思ひつつよせたび候しかば。さにこそなんど申したるばかりにてまかりすぎ候き。なんでう文書かは候べき。ただそれがしが領と申候はん所の。しかるべからずたしかならず聞しめされ候はんをば。いささかの御はばかり候べき事にも候はず。かやうの事はかくこそ申さたすべき身にて候へば。かずをつくしてたをされ候べきなりと。さはやかに申されたりければ。あだに御支度相違の事にて。むこに御案ありて。別に宣旨を下されて。この記録所へ文書どもめすことには。前大相国の領をばのぞくと云宣下ありて。中々つやつやと御沙汰なかりけり。この御沙汰をばいみじき事かなとこそ世の中に申けれ。

この『愚管抄』の記事によれば、①では、「宇治殿の時」つまり頼通が関白であった時代、文書もないのに一の所、すなわち摂関家の所領と称する荘園が諸国に満ちあふれ、政府に納税するという受領の職務が果たせないという事態があったこと。②では荘園整理令に基づいて荘園の正当性を示す文書を提出させるため、頼通に対して申し上げたところ、③五十余年にわたって天皇の後見役を務めてきた間、所領を持っている者（領主）が摂関家への強い縁故を求めて荘園を寄進《きしん》してきた。それをそのまま受け取ってきたまでで、どうして証拠文書があるというのか。天皇自身が確かではないとお考えになるのなら、いささかのご遠慮もされることはない。このような事は私自身が率先して行うべきことでもあるから、数多く荘園を停廃すべきである、と述べたことに対して、別に天皇の命令が出されて、頼通の所領については記録所へ文書を提出することは免除することになったとしている。

このくだりから、かつては摂関家の荘園は整理令の対象から除外されていたと理解されていた。確かに頼通が隠居していた宇治の別邸とその所領、頼通が直接支配していた平等院とその所領は除外されたようだが、頼通の孫の師通《もろみち》の日記『後二条師通記』の康和《こうわ》元年（一〇九九）六月十三日の条には、師実の時に「庄薗文書後三条御時延久之此召しに依り進める所なり」と、記録所の提出命令によって進上したとされており、また寛治五年（一〇九一）十二月十二日の条に「件所（土井荘《つちいのしょう》）は後三条院記録（所）の創停止さるるなり」とあって、藤原氏の氏長者《うじのちょうじゃ》領の上野《こうずけ》国土井荘が後三条天皇の時に没収されたとしている。さらに、鎌倉時代に成立した摂関家の一族の近衛《このえ》家に関する「近衛家所領目録」に、「所領の濫觴《らんしょう》はくわしくは延久二年十月十六日の進官目録にみえる」とあることから、延久二年に所領目録を「進官」した、すなわち記録所（太政官）に提出したことが記録されている。『愚管抄』は、摂関家内部に言い伝えられた頼通と後三条天皇の緊張関係を生々しく伝えているのである。

延久の記録所以後の記録所は、白河院政期の天永《てんえい》の記録所、後白河親政期の保元《ほうげん》の記録所、さらに後白河院政期の文治《ぶんじ》の記録所がある。文治以後は鎌倉時代を通じてほぼ常置された。その機構・組織は上卿・弁・寄人からなる点では同様であったが、機能・性格はそれぞれ特徴があった。天永の記録所は荘園整理の面よりも訴訟裁定機関としての性格が強く、保元の記録所は延久・天永の記録所の機能を統合したもので、文治の記録所はそこに新たに「年中式日の公事用途の式数の勘申《かんじん》」が機能として加わった点に特徴がある。「公事用途の式数勘申」とは、「式数」が『延喜式《えんぎしき》』などの律令制下で定められた品目・数量のことを意味していることから、年中行事に要する費用について、本来の品目・数量とその代納物との換算値（沽価《こか》）を定めたものではないかと思われ、その意味では延久の新政の際に沽価法や絹・布の価格制定がなされた点に起源があるのではないかと考えられる（福島一九八六）。

記録所は鎌倉時代以降、公家政権における訴訟制度が整備されるなかで、その機能を拡充し、やがて後醍醐天皇の建武新政においてその象徴的な機関となったのであり、後三条天皇が設置した記録所は重要な歴史的意味を有している。

沽価法と宣旨升

後三条天皇は「ものさし」に関する改革も平行して実施している。延久二年二月に諸国から納められる絹・麻布の品質の統一をはかるために、重量によってその価格の基準を定め、また延久四年（一〇七二）八月には、物の公定価格である沽価法を定めた。

律令制度のもとで政府に納める調庸《ちょうよう》は、国によってその納入品目が定められていた。平安時代の一

○世紀になると、調庸制が衰退し、官物率法《かんもつりつぽう》と呼ばれる新しい税制度が成立した（本書六―2参照）。国ごとに定められていた品目も異なる品物に変えられる場合があった。これを代納という。そうしたとき、本来の品目とその代わりの品目との交換比率が問題となった。一：一なのか二：一なのかでは納める量が大きく異なるからである。沽価はその交換比率のことで、銭の単位である「文《もん》」「貫《かん》」で表現されることが多かった。たとえば米一石は銭一貫文、絹一疋も銭一貫文などと表現された。後三条天皇はこの公定価格を定めたのである。

そして、延久四年九月、いわゆる「延久の宣旨升《せんじます》」といわれる公定升が制定された。『愚管抄』には、

この後三条院位の御時、延久の宣旨斗と云物沙汰ありて、今までそれを本にして用いらるる斗まで御沙汰ありて、斗さしてまいりたれば、清涼殿の庭にてすなごを入れてためされけるなんどをば、こはいみじき事かなとめであふぐ人も有りけり……

とあり、また『古事談』には、

升を召し寄せて取廻し取廻し御覧じて、簾を折りて寸法などささせ給ひけり、米を穀倉院《こくそういん》より召し寄せて、殿上の小庭において……小舎人《こどねり》たまだすきしてはかりけり

とあって、後三条天皇がみずから検分したという逸話が残されている。

この宣旨升の容量については、平安末期に成立した『伊呂波字類抄《いろはじるいしよう》』に「升、延久宣旨云、方一尺

六分、高三寸六分」とあり、現在の一斗の約六二パーセントにあたると考えられている。律令制の下で規定された升がその役目を果たさなくなり、平安時代にはいると私升が用いられるようになり、国衙《こくが》で使われていた国升、本升も他国では通用しないといった事態になっていたのである。

沽価法にせよ宣旨升にせよ、いずれも官物、年貢の徴収・納入にとってその基準となる単位を整えたのであり、大内裏造営、庄園整理令や同時に行われた御稲田の創設、内蔵寮《くらりょう》経済の再編などの内廷経済の再編を中心とする財政改革とあわせて、後三条天皇の改革の一環として位置づけることができる。

後三条の譲位と「院政」

延久四年十二月、天皇は在位すること四年九ヵ月で位を貞仁《さだひと》親王（白河天皇）に譲った。この譲位については、戦前から後三条天皇の意図をめぐって論争が行われてきた。それは、譲位の五ヵ月後、延久五年五月に四十歳でこの世を去ったために、譲位の意図が不明であることによっている。

後三条の意図について最も早く論じたものは『愚管抄』で、その理由をこう記す（現代語訳　竹内一九七八）。

> さて世の末に生じた大きな変化は、後三条天皇の治世の終わりに、臣下である摂政関白がもっぱら世を治めて、天皇は幽玄《ゆうげん》の境遇におることは末代の人心によろしくないから、脱屣《だっし》（譲位）ののちに太上天皇として政をしなければならないと考えられたことである。宇治殿（頼通）など

は、とくに私利をはかっているとご覧になったのであろう。太上天皇として世を治めよう、今帝はみな自分の子であるから譲位は差支えないと考えられて、ほどなく位を下りて延久四年十二月八日ご譲位になった。

ここでは、末世になって臣下が摂政関白になって実権を握り、天皇がいるかいないかのありさまではよろしくない。譲位した太上天皇として政治を行わなければならない。特に宇治殿頼通は私心が多いから、太上天皇として政治を行おうと考えて位を去ったというのである。藤原氏に対抗して院政を行うための譲位であったというのである。

『愚管抄』は、鎌倉時代初期に摂関家の九条兼実の弟慈円が記したものだから、その当時、こうした考えが九条家のなかにあったことは興味深い。しかし、後三条天皇の時代から一世紀以上も後の史論であることから、これが真実と言い切ることはできない。ただし、長くこの考えが後三条天皇譲位の真相として理解されてきたのである。南北朝時代の『神皇正統記《じんのうしょうとうき》』、江戸時代の『読史余論《とくしよろん》』などもこの考えを引き継ぎ、明治時代以後の歴史学研究でも支持する説へとつながっている。

これに対し、昭和のはじめ、歴史学者・国文学者の和田英松《わだひでまつ》が異説を唱えた。それは、譲位の背景には在位中に天災地変が続いたこと、天皇が病に罹《かか》ったこと、藤原氏が再び外戚の地位を回復しないように先手を打つためであって、院政を行う意志はなかったと論じた（和田一九三二）。これに対し、戦前の皇国史観を代表する平泉澄《ひらいずみきよし》は、後三条天皇ともあろうものが天皇親政の理想をみずから否定するはずはないから、譲位の理由はもっぱら病にあるとし、病気の理由は諸神の祟りだとした。譲位は院政を目的としたものではなく病による偶然の出来事だというのである（平泉一九三四）。

以上の院政否定説に対し、近代になって院政説を唱えた学者もいた。三浦周行《みうらひろゆき》である。三浦は譲位は病気が原因としながらも、それはむしろ口実に近く、譲位後間もなく後三条上皇は院庁始《いんのちょうはじめ》を行い、院庁の官人を任命し、院蔵人所を設置したことから、上皇は院御所において政治を行い、摂関家を押さえようとしたと論じた（三浦一九二七）。

こうした意見の対立をふまえ、戦後新たな説を示したのが吉村茂樹《よしむらしげき》であった。和田説、平泉説を批判した上で、和田説の「藤原氏が再び外戚の地位を回復しないように先手を打つためであった」点こそが真の理由だとした。すなわち、譲位の真の目的は、藤原氏出身の茂子《もし》を母とする皇太子貞仁（白河天皇）の後に、皇族出身の源基子《きし》の子で、小一条院《こいちじょういん》（敦明《あつあきら》親王）の孫である実仁《さねひと》親王を即位させることにあり、摂関家出身の妃が皇子を生む前に貞仁親王に位を譲り、同時に実仁親王を皇太子にすれば、摂関家が外戚となることを防ぐことができる、そう考えたとするのである。そして、まだ二歳の実仁親王の行く末を見守るために太上天皇として政に関わろうとした、そう吉村は論じた（吉村一九五八）。

後三条天皇は、延久元年（一〇六九）五月、石清水八幡宮において大般若経供養《だいはんにゃきょうくよう》を行った。それは「源頼義《よりよし》（頼俊《よりとし》か）征討東夷《とうい》之故」（『石清水皇年代記』）であったらしい。この時期、後三条天皇は陸奥守《むつのかみ》源頼俊を追討使《ついとうし》として派遣し、蝦夷《えぞ》征討を試みている（本書四―2参照）。ここには、みずからをかつて天武系の皇統を否定して新たに天智系皇統を開いた光仁《こうにん》・桓武《かんむ》天皇が蝦夷征討を実施したことになぞらえ、道長の外孫であったそれまでの皇統とは区別し、新たな皇統の創始者として蝦夷征討を通じて新王朝の権威を示そうとする目的が存在したと考えられている。

こうしたことから、後三条天皇には新王朝にふさわしい皇位継承をめぐる構想が存在したものと思われる。それは、これまで述べてきた諸説をふまえて言うならば、自分（後三条天皇）の後は正妃藤原茂子の生んだ東宮貞仁親王（白河）を即位させ、その後に源氏を母とする皇子を即位させようと考えていたと思われる。後三条のねらいは藤原氏を皇統から引き離すことにあった。

そうしたなかで、延久三年（一〇七二）三月、藤原頼通の長男師実は後三条に呼ばれて、その養女賢子《けんし》を東宮貞仁親王の妃とするよう命じられた。これを聞いた頼通は涙を流して喜んだと伝えられている。これは、後三条に対する摂関家の反感を和らげる効果があったものと思われるが、実のところ後三条の本当のねらいは別のところにあった。すなわち、賢子は師実の養女ではあったが、実父は源顕房《あきふさ》（村上源氏）であったから、賢子が東宮妃となったとしてもその縁によって師実が実権を握る余地はほとんどなく、実際賢子の入宮によって宮廷で勢力を持ったのは顕房とその一家であった。

一方、賢子入宮の一月ほど前、後三条の女御源基子は皇子を出産、その半年後には早くも親王となり、実仁と名付けられた。基子は、三条天皇の子である小一条院の子源基平の娘であった。後三条は、三条天皇のひ孫にあたり、源氏を母とする実仁を次の東宮に立てる考えを持っていたが、その意図を和らげる意味からも摂関家（藤原氏）の養女を東宮妃に迎えたのではなかろうか。ただ、後三条の描いたこの皇位継承の計画の弱点は、次の天皇となる貞仁親王が、みずからの子孫が除かれたこの「計画」を継承するという保証がないことであった。

3—白河天皇の親政

白河即位の事情

延久四年（一〇七二）十二月八日、後三条は位を二十歳の貞仁親王に譲り、同時に新しい東宮に実仁親王を立てた。このころ少々体調をくずしたという伝えもあり、それが譲位の理由だとの説もあったが、その後翌延久五年二月には石清水八幡宮、住吉神社、四天王寺に御幸している。

この後三条上皇に院政を行う考えがあったかどうかを確かめるのは難しい。しかし、皇位継承についてのこうした計画の存在を考えると、後三条にその意志があったとする『愚管抄』などの説をまったく否定するというわけにもいかないのではなかろうか。

糖尿病といわれる病状が悪化したのは、御幸から帰った三月頃からであったらしい。四月七日に白河天皇は後三条上皇を見舞い、それに前後して天台座主《てんだいざ》勝範《すしょうはん》は病気平癒の祈禱を行っていた。四月二十一日、出家、重態になり、ついに五月七日亡くなったのである。享年四十。まさにこれからという年齢であった。

東宮時代の後三条（尊仁親王）を抑圧し、即位後には何かと対立した頼通は、後三条の死を宇治の別荘で聞いてその死を悼んだという。「これ末代の賢主なり。本朝の運拙きにより、早くもって崩御《ほうぎょ》す」（『古事談』）。政治的には対立していた両者であったが、頼通も後三条の本質を見抜く人物であったことを物語っている。その頼通も、翌延久六年（承保《じょうほ》元・一〇七四）二月二日、八十三歳の生涯を終えた。

八月に承保と年号が改まったその年の十月三日には、上東門院《じょうとうもんいん》藤原彰子《しょうし》が八十七歳の生涯を閉じた。彰子は道長の娘で、一条天皇の中宮として後一条・後朱雀の二代の天皇を生んだ女性である。道長の権勢は彰子あってのものであり、その死は時代が摂関政治から遠くなったことを示している。

さらに、頼通の弟で関白の教通が、翌承保二年九月二十五日に八十歳で亡くなった。教通には信長《のぶなが》という五十四歳になる子がおり、正二位内大臣であったが、頼通の嫡子師実は二十歳も若い三十四歳でありながら、従一位左大臣と信長より上位であった。教通の死を受けて、翌二十六日、師実に内覧の宣旨が下った。関白の職務の事実上の開始を意味する。十月十三日には師実は藤氏《とうし》長者の地位に就き、十五日には正式に関白に任命された。

この背景には、師実の養女で白河の中宮であった賢子の嘆願があった。信長と師実という摂関家内部の競り合いに、白河は師実に軍配をあげた。摂関家の天皇への従属が深まったことは否めない。一人残った長老の右大臣源師房《もろふさ》も承保四年（一〇七七）二月、七十歳でこの世を去った。天皇家の世代交代と歩調をあわせるかのごとく、白河天皇の治世のはじめに、摂関家・朝廷の世代交代も進んだ。
新しい朝廷の体制は、二十三歳の白河天皇と、三十四歳の関白師実によって、協調と対立を含みながら始まることとなった。

白河天皇と皇位継承

若い白河はこうした状況の中で、父後三条から引き継いだ天皇による国政の主導権を把握し、十五年におよぶ親政をしいたが、やはり一番の課題は皇位継承問題であった。皇位継承をめぐる後三条の意図は十分に理解できたであろうが、一方で皇位をみずからの子孫に伝えたいという当然の願いもあった。

承保元年（一〇七四）十二月二十六日、白河とその寵愛する中宮賢子との間に、待望の第一皇子が誕生した。敦文《あつふみ》親王である。また、承保三年四月には皇女媞子《ていし》が誕生した。これが後に「太上皇最愛之女」といわれた郁芳門院《いくほうもんいん》である。ところが、敦文は承保四年九月、わずか四歳で夭折《ようせつ》する。その死は白河にとってたいへんな痛手であった。

しかし、中宮賢子は承暦《じょうりゃく》二年（一〇七八）五月に第二皇女令子《れいし》、同三年七月に第二皇子善仁《たるひと》親王をあ

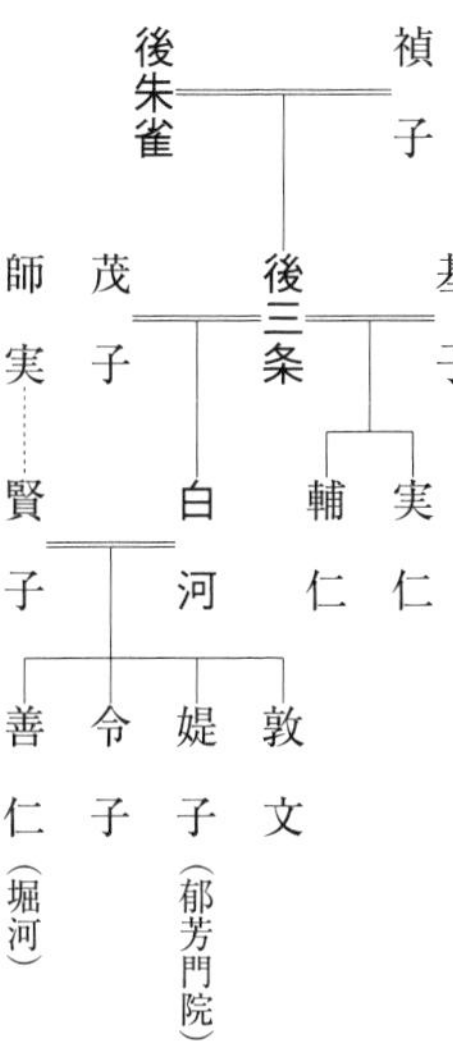

図7　白河天皇関係略系図

いついでもうけた。しかし、賢子が応徳《おうとく》元年（一〇八四）九月に二十八歳の若さで亡くなるという不幸が訪れる。『古事談』には最愛の賢子の死を前に白河はその遺骸から離れようとせず、抱いてはなさなかったという話が伝わっている。賢子の生んだ善仁親王に位を譲りたいという念願がしだいにつのってきたとしても無理のない話である。

だが、一方では、後三条が東宮に定めた実仁親王と、その同母弟輔仁《すけひと》親王が祖母（後三条の母）陽明《ようめい》門院禎子内親王《もんいんていし》に守られて成長していた。摂関家の圧迫を身にしみて体験した陽明門院は、後三条天皇の考えた皇位継承の構想に賛成であったであろう。したがって、白河天皇も、自分の子孫に皇位を伝えたいという願望は胸にしまい、チャンスが到来するのを待つほかなかった。後三条の構想では、白河は実仁が成人するまでの中継ぎの天皇であり、後に院政をしくような権力を当初から持ちえていたわけではなかったのである。

ところが、運命のいたずらは意外に早く訪れた。応徳二年の秋頃からはやりだした疱瘡《ほうそう》のために、東宮実仁親王がこの年の十一月八日、十五歳で亡くなったのである。しかし、実仁が死去したからといって、かわりに善仁親王をすえるというわけにはいかない。それは、実仁と母を同じくする輔仁親王が存在するからである。真偽のほどは不明だが、後三条上皇が亡くなるとき、実仁親王の次には輔仁親王を東宮とするよう遺言したという話も伝えられている。

いずれにしろ、輔仁親王も善仁親王同様有力な皇位継承者であった。いや、年齢から言えば善仁より六歳年上の十三歳だったから、あえて善仁に皇位を継がせるとすれば、それなりの地ならし、根回しが必要であった。すなわち、陽明門院への説得である。説得が行われたことを示す直接の史料はないが、善仁親王を位につけ、陽明門院の愛育している妹の篤子《とくし》内親王《ないしんのう》をその皇后とする案を示し、女院の同意を求めたといった場面も想定可能ではないか。善仁と篤子の間に皇子が誕生し、それが皇位を継ぐことになれば、皇統を藤原氏から遠ざけるという後三条の遺志にもかなうことになる。

おそらくは、こうした準備をふまえ、寛治《かんじ》元年（一〇八七）十一月二十六日、白河天皇は善仁親王を皇太子に立て、その日のうちに位を善仁に譲って、みずからは上皇となった。そして善仁は堀河《ほりかわ》天皇となったのである。その後、白河上皇は院政をしき、みずからの子・孫に皇位が伝えられるのを見守ることになる。後三条の構想した皇位継承の計画は、大きく書き換えられることになった。白河は父後三条の意志を否定したのであり、このことがのちのちまで中央政界に深い亀裂を残すことになった。

二 「治天の君」のはじまり

1――院政確立の契機

堀河天皇の即位

堀河《ほりかわ》天皇は、即位したときには八歳。慣例に従って前代の関白藤原師実《かんぱくふじわらのもろざね》が摂政《せっしょう》に任命された。この師実の摂政就任は、道長《みちなが》以来久方ぶりの天皇の外祖父《がいそふ》としての摂政就任であった。外祖父で摂政というのは良房《よしふさ》、兼家《かねいえ》、道長について四人目、大きな権力を発揮できる立場であった。ただ、堀河を生んだ賢子《けんし》は源顕房《みなもとのあきふさ》の娘で、師実の養子であったことから、本格的な外祖父というわけにはいかなかった。

一方、白河《しらかわ》上皇の方といえば、天皇が幼少であるからといって、後三条《ごさんじょう》親政以来天皇家が握った政治的主導権を、やすやすと摂政の手に渡そうとは思わなかったに違いない。また、貴族たちも天皇親政による政治に慣れ、白河の後見をむしろ期待した。摂政師実はじめ、廷臣たちは、折にふれて上皇の意向をたずね、その指示を仰ぎ、白河もすすんでそれにこたえた。

実は師実の時代、摂政・関白の地位を世襲する「摂関家」という家が完全に固定化していたわけではない。師実の祖父道長の行った「摂関政治」は、道長が歴代天皇の外戚《がいせき》、外祖父を独占できたところに生まれたのであり、摂政・関白の地位にあったからではない。その証拠には、道長の日記が後世『御堂関白記《みどうかんぱくき》』などと呼ばれながら、実は一度も関白の地位に就いたことがなく、摂政にしても外孫後一条《ごいちじょう》天皇の即位にともなって、わずか一年余り就いたにすぎなかったのである。道長の子孫に摂政・関白の地位が伝えられるかどうかは確定していたわけではないのである。

有力な廷臣のひとりであった大江匡房《おおえのまさふさ》は、寛治《かんじ》七年（一〇九三）の日記に「今の世のことは、すべてまず上皇のご意向を伺ってからでなければ行えない」と記している。寛治元年の譲位を契機にこうした事態が進んでいたものと考えられる。

こうしたなか、嘉保《かほう》元年（一〇九四）三月、藤原師実が関白の職を三十三歳の師通《もろみち》に譲った。少しさかのぼるこの年の正月、後三条天皇の母陽明門院《ようめいもんいん》は八十二歳の生涯を閉じた。宮廷内になお影響力を持っていた老女の死は、なお皇位への希望を持つ輔仁《すけひと》親王の勢力にとって大きな打撃であった。こうした状況のなかで、師通が成人した堀河天皇（十六歳）と手を結んで政治を行った時期がしばらく続き、次第に師通の政権は自立を目指すようになる。この時期、白河上皇もこの両者には一目を置いたらしい。師通は心が寛大で、賢人を愛し、学問を好み、廷臣の人望を集めたといわれる人物であったという（『本朝世紀』）。

一方の堀河天皇についても、側近であった藤原宗忠《むねただ》によれば、天皇は政道に明るく、寛容の徳を備え、上から下までその恩愛に浴さない者はいなかった、という名君であったという（『中右記』）。『愚《ぐ》管抄《かんしょう》』によると、師通は「コトノホカニ引キハリタル人」、すなわち、たいへん剛直な人柄で、天皇が成人した後、政務を執るにあたっても、上皇や父師実の意向を聞くこともなく、堀河と相談して処理した事柄も少なくなかったといわれている。そのことを『愚管抄』は、「世ノマツリゴト、太上天皇ニモ大殿ニモ、イトモ申サデセラルル事モマジリケリタルニヤトゾ申スメル」と記している。ただ、これらの記事には誇張があることも確かで、また師通が白河の政治的関与を否定するつもりもなかったことも確かである。さらに、左大臣源俊房《としふさ》、右大臣源顕房らの村上源氏も隆盛を誇っており、こうした状況のもと、堀河と師通の執政期には、白河の院政も本格化することはなかった。白河の院政は、この時期、院司《いんのつかさ》や天皇家内部に関する問題に関与できたに過ぎないのである。

永長の大田楽

嘉保三年（一〇九六）五月から七月にかけて、都では熱狂的な田楽の嵐が巻き起こった。一般住民と貴族の家人たちが連日笛・鼓を鳴らし、都のあちこちで歌を歌い舞を舞う、大騒ぎを起こした。この年の十二月に年号が「永長《えいちょう》」と改まったことから、この事件を「永長の大田楽《おおでんがく》」と呼んでいる（戸田一九七一・一九七九）。

田楽はもともと農村の田植えの際に行われ、笛・鼓などにあわせて作業をするとともに、田の神を祭るものであったが、中から田楽を専門とする芸人の集団が生まれ、神社の祭礼などに際して余興のように催され、さらには都に進出するにいたったのである。

ことの起こりは、この年の三月、摂津《せっつ》国住吉《すみよし》社の神主津守国基《つもりのくにもと》が建立した住吉堂の完成供養でおこった事件にある。完成供養に結縁《けちえん》しようと集まった数千の男女の群衆が熱狂し、そのなかで興奮した数十人の男女が池に飛び込んで「自殺」し、その死のケガレにふれた僧侶・楽人《がくじん》らが都に戻り、天皇の御所や前関白師実邸に出入りしたことから、都の中枢部にまでケガレが及ぶことになったのである。

図8　田楽の場面（『年中行事絵巻』）

政府は事態が全国化し、深刻化することをおそれ、松尾《まつのお》社はじめ諸社の神事の中止あるいは延期を命じた。ところが巷間、松尾明神が神事の延期を望んでいないという童謡《わざうた》がはやり出し、人々がつぎつぎと田楽をはやしたてながら、松尾社にくりこんだのである。

六月の祇園御霊会《ぎおんごりょうえ》が近づくと、都の住人や貴族権門の下級職員（青侍《あおざむらい》・下部《しもべ》）などが参加した田楽が盛り上がりをみせた。昼には下人《げにん》田楽が、夜は青侍田楽が行われたように、そこには一定の秩序がみられた。そして六月十四日の祇園御霊会の当日、大田楽は最高潮に達した。当時の記録に「諸坊・諸司・諸衛・おのおの一部をなし」（『洛陽田楽記』）「院の蔵人町童七十余人、内の蔵人町童部三十余人、田楽五十村ばかり、近代第一の見物なり」（『中右記』永長元年六月十四日条）と記している。官衙《かんが》町の住人が町ごとのグループ（阿波踊りの「連《れん》」のようなものか）をつくって田楽を行ったのである。七月になると内裏や院御所も舞台となった。大江匡房によると、権中納言基忠《もとただ》は「九尺高扇《たかおうぎ》」を捧げ、権中納言通俊《みちとし》も両脚に「平藺笠《いがさ》」をつけ、参議宗通は「藁尻切《わらしきれ》」を履いていたという。裸形の腰に紅衣《こうい》を巻き、髻《もとどり》を放って田笠《たがさ》を被っていた公卿もいたらしい。七月十二日の夕には内裏で殿上人《てんじょうびと》田楽が行われた。公卿・殿上人らは冠筥《かんきょ》の蓋を笠にして冠の上に載せ、山鳥の尾を差すような装束だったという。田主《たあるじ》となった蔵人少納言成宗は檜大笠を持ち、足駄《あしだ》を履いていた。白河上皇もこの日の殿上人田楽について、必ずみるべしと命令し、楽器もみずから提供するなど積極的にかかわった。

師通から忠実へ

この田楽の大流行は政府による過差《かさ》の禁止令を無視する、一種の無政府状態があらわれたことを意味するとともに、貴族社会の秩序の混乱を意味する重大事態であった。ところが、関白師通《もろみち》の日記『後二条師通記』には大田楽に関する記述がみられない。六月十九日条に、世間静かならざるにより、比叡山《ひえいざん》で千僧御読経《せんそうみどきよう》をさせたことのみ記されている。師通は大田楽を無視したかったのであろう。しかし、そのことは逆に大田楽の流行が堀河―師通の政権の足下を揺さぶっていたことを物語っている。

そして、この大田楽の流行が暗示したごとく、堀河―師通の共同執政体制も長続きしなかった。康《こう》和《わ》元年（一〇九九）六月二十八日、師通が三十八歳の働き盛りで急死するのである。師通の急死をうけて、次の関白には息子の忠実《ただざね》が就くのが自然であろうが、忠実は当時二十二歳の大納言、大臣にも就かないですぐに関白というのはさすがにはばかられたらしい。師通の死の二ヵ月後、八月に内覧《ないらん》の地位に就く。その六年後ようやく白河院によって関白の地位に任命されるのである。

鳥羽天皇の即位と「摂関家」の成立

ただ摂関の不在のなかでも、白河院の院政はただちに本格化したわけではなかった。堀河天皇はすでに成人していて、しかもその名君ぶりから親政への期待も高まっていたからである。ところが、嘉承《かしょう》二年（一一〇七）七月、堀河天皇も二十九歳でなくなった。この時、本来後三条天皇の皇位継承計画で即位を予定していた輔仁親王は三十五歳の壮年、そのまわりには文化サロンが形成され、左大臣源俊房らの支持者が存在していた。一方の堀河天皇の皇子で白河上皇の皇孫宗仁《むねひと》親王はまだわずか五歳であった。皇位継承問題はにわかに政界に不穏な動きをもたらすことになった。

白河上皇は輔仁親王への皇位継承を嫌い、場合によってはみずからが重祚《ちょうそ》する考えを示したが、すでに永長元年（一〇九六）の愛娘郁芳門院《いくほうもんいん》の死に際して出家していたことから断念、強引に宗仁親王を即位させたのであった（なお「白河上皇」という呼び方について、この際の出家以後は「法皇」と呼ぶべきだが、本書では「上皇」で統一する）。これが鳥羽《とば》天皇である。五歳では親政は不可能で、摂政任命ということになるが、そこに事件が起こった。

『愚管抄』の説も交えながらその事情を記すと、鳥羽天皇の母苡子《いし》は閑院《かんいん》流の藤原実季《さねすえ》の娘であったことから、その兄である東宮大夫藤原公実《きんざね》は天皇の母方の伯父として摂政の地位に就きたかった。そのために、藤原師輔の家系で外戚であることを根拠に白河上皇に摂政就任を迫った。上皇も公実の祖父にあたる公成《きんなり》の娘茂子《もし》を母にもつために公実を摂政にという気持ちが強く、大いに迷ったという。

特に上皇の気持ちを左右したのは、「いまだかつて天皇の外祖父でも母方の伯父でもない者が、即位に際して摂政となったことはない」と公実が主張した点であったらしい。確かに安和《あんな》の変直後の実頼《さねより》が冷泉《れいぜい》天皇の母方の大伯父であったのを例外に、良房以来、基経《もとつね》・忠平《ただひら》・兼家・道長・頼通《よりみち》・師実と、一貫して天皇の外祖父、外伯・叔父である外戚がその地位に就いてきたのであり、関白は初代の基経以来、太政大臣に付随する官職とされ、非外戚の首席大臣が兼任することもあったが、摂政の場合は非外戚が就任したことはなかったのである。

上皇の迷いを決着させたのは、醍醐源氏の院別当源俊明《みなもとのとしあき》の強引な参院であった。『愚管抄』によると、俊明は周囲の制止をふりきって上皇の御前に参上し、摂政の人事決定を催促した。俊明は忠実を摂政にとあからさまに主張したのではないが、俊明の勢いにおされ、堀河天皇の関白をそのまま鳥羽天皇の摂政にするという常識的な判断に落ち着いたのであった。

『愚管抄』によれば、道長の子孫以外の摂関の誕生という事態を前に、当時の公卿は、摂関は代々継承されるべき地位で、外戚とはいえ一般の公卿が任命される地位ではないという認識を示したというが、これが当時の貴族層の一般的な考えで、俊明はそうした考えを踏まえた行動をとったということである。摂関は、外戚関係の有無とは無関係に、道長の子孫の系統によって継承されることになったのである。こうして、摂関の地位を父子相承する家、すなわち「摂関家」が成立したのである。

この事態は摂関の歴史にとってきわめて重要な出来事というべきである。道長の時代の「摂関政治」とは、天皇やその父、国母、外戚などのミウチが権力の中枢を掌握する体制であった。これに対し、院政期になると、朝廷は王家や摂関家などの「家」の集合体へと変貌する。摂関家はミウチから離れ、王家をとりまく貴族層の「家」の一つ（そのなかでも最も有力な）になったのである。「摂関家」は成立するものの、「摂関政治」の時期に比べると政治的地位が下がるのはこのような事情があった。

忠実は今回も白河上皇の判断によって摂政の地位に就くことができたのであり、また摂政の人事という重大事に際し、院側近の公卿がこれに口を挟むという事態も生じた。もはや摂関政治の復活は不可能であった。こうして白河上皇が政務の主導権を掌握し、国政の最重要事項を上皇の主導により院《いんの》御所《ごしょ》で行われる院御所議定で決定されるようになった（美川一九九六）。白河院政の本格的開始である。

なお、宗仁親王（堀河天皇）と対抗した輔仁親王については、永久元年（一一一三）に堀河天皇に対して輔仁の護持僧《ごじそう》仁寛《にんかん》らが呪詛したという政治的疑獄事件がおこった。これにより輔仁即位の可能性はなくなるとともに、仁寛が村上源氏源俊房の子であったことから、俊房流が没落、白河上皇の専権が確立したのである。

図9　白河・閑院流関係略系図

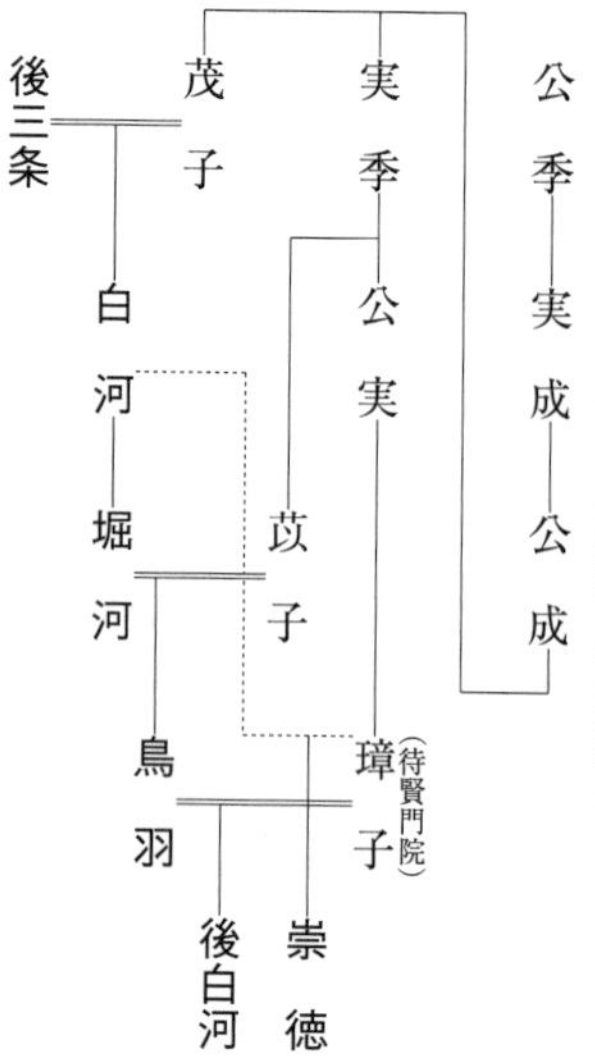

閑院流藤原氏と待賢門院

待賢門院璋子《たいけんもんいんしょうし》とは鳥羽天皇の中宮として崇徳《すとく》・後白河《ごしらかわ》両天皇を生んだ女性である。父は閑院流藤原氏の権大納言公実、すなわち先に述べたように鳥羽天皇即位に際して、摂政の地位を望んだ人物である。母は堀河・鳥羽天皇の乳母であった光子《こうし》。鳥羽天皇の生母が公実の妹苡子であるので、公実は鳥羽天皇の外戚ということになる。

この待賢門院璋子は、康和三年（一一〇一）の生まれで、『今鏡《いまかがみ》』に「白河殿と聞こえ給ふ人おわしき。その人の待賢門院をば養ひ奉り給ひて、院も御娘とて、もてなし聞えさせ給ひしなり」とあるように、幼いときに白河上皇の養女となり、寵愛を一身に受けた。その璋子は永久《えいきゅう》五年（一一一七）、十七歳で鳥羽の中宮となり、その一年半ほど後に第一皇子顕仁《あきひと》親王が誕生した。しかし、その実父は白河と噂されていた。鳥羽がこの親王を「叔父子《おじご》」と呼んだというのがその理由である。そして、案の定、白河上皇は五歳になった顕仁を東宮にたて、その日のうちに崇徳天皇とした。鳥羽はまだ二十歳でありながら強制的に退位させられ、それが白河死後に崇徳—鳥羽の対立を引き起こすことになった。

さらには璋子の生んだもう一人の親王、後の後白河天皇と、鳥羽天皇と美福門院得子《びふくもんいんとくし》との間に生まれた近衛《このえ》天皇と三つどもえの後継争いが起こることの遠因ともなる。

さて、こうして閑院流藤原氏は白河上皇のもとで、摂関家にかわる外戚として姿をあらわし始めていた。さかのぼれば、白河の母茂子は、公実の父実季《さねすえ》の妹であり、その実季は正二位大納言の高位に昇っていた。その祖父実成《さねなり》や父公成が中納言を極官《ごくかん》としたから、この外戚関係の形成は、一族の地位上昇の絶好の機会となったのである。

図10　藤原忠実（『春日権現験記絵巻』）

さて、璋子は鳥羽天皇の中宮になる前の永久二年（一一一四）、藤原忠実の嫡子忠通《ただみち》との縁談がもちあがったことがあった。上皇は婚儀に積極的であったが、忠実は必ずしも積極的ではなく、結局は破談となった。忠実にとってみれば、璋子は摂政を争った公実の娘であり、忠通の嫁に迎えるのは気が進まなかったのであろう。それでは気が進まなかった理由とは何か。

一方、ほぼ同じ頃、永久元年前後のことであるが、忠実の娘勲子《くんし》（のちに泰子《たいし》と改名）を鳥羽天皇に入内させる話が進められていた。摂関家として天皇の外戚となれるまたとない機会であるから、忠実も当初は積極的であったようであるが、忠実の考えが変わったのか、途中で立ち消えになった。当時勲子は十九歳、鳥羽は十一歳、政略結婚に年齢差など関係ないといえばそれまでであるが、背景には勲子を求めているのが上皇自身ではないかという疑いを抱いたのではないかと推定されている。

璋子の入内が決まったのは、こうした経過の最中の永久五年であった。忠実はこの年の十月から十二月にかけてみずからの日記『殿暦《でんりやく》』に、璋子と備後守藤原季通《すえみち》の密通を記している。璋子に対する「奇怪不思議の女御《にょうご》」「くだんの女御奇怪の人か」「乱行の人」などの言葉は常軌を逸している。勲子といい、璋子といい、忠実の考えの背景には、白河上皇に対する疑念と、閑院流藤原氏に対する怨念のようなものがあったと思われるのである。そして、こうした上皇と忠実の関係は取り返しのつかない事態に展開していった。

2――院政の確立

保安元年の関白免職事件

保安《ほうあん》元年（一一二〇）十一月十二日、鳥羽殿から三条殿に入った白河上皇は、忠実の内覧を停止する決定を下した。左大臣源俊房に命じて内覧停止の宣旨を出させた。内覧とは天皇に奏上される文書をあらかじめ見ることができる職務であり、当然の事ながら政務についての決定権を天皇と共有することを意味する。院政のもとでは院と共有することを意味する。関白の職務の根元は、この「内覧」という権限によるのであり、内覧を停止された関白は、その機能を失ったに等しい。事実上の関白の罷免《ひめん》である。『愚管抄』によれば、白河上皇が熊野御幸で留守の間に、鳥羽天皇の申し入れを受けて、忠実が勲子入内《じゅだい》の交渉に入ったことが、上皇を激しく怒らせたのだという。

忠実は門を閉ざして謹慎の態度を示し、二ヵ月後の保安二年正月、一旦内覧停止の処分を解かれ、ついでみずから関白を辞任し、かわって長男忠通が内覧に就任、三月には正式に関白及び藤氏長者となった。忠通はこれ以後、天皇四代三八年間にわたり摂関の地位にあった。

摂関政治の確立以来、摂関の地位は天皇にその任命権があるとはいえ、実際には前任者の譲りによって任命されてきた。ところが、白河上皇はこの慣例を無視することになり、摂関の任命権は上皇が握っていることを天下に示すこととなったのである。そして、この事件を契機に院近臣《いんのきんしん》を登用し、朝廷の内外を掌握することとなった。院＝上皇を「治天《ちてん》の君《きみ》」とする政治＝院政はここに確立することとなったのである。

治天の君

「院政」とは、天皇の父（または祖父）であるところの「上皇（法皇）」＝院が天皇に代わって国政を主宰する政治体制である。国政の運営は、白河・鳥羽院政期にあっては上皇がその意向・指示を太政官に伝え、これを指揮する形で行われた。院には院庁《いんのちょう》という組織が設置され、その職員として院司が定められていたが、これは摂関家の政所《まんどころ》と同様、上皇の私的な家政機関であって、直接国政に関与するものではない。この点では院政も摂関政治もなんら変わりはないが、ただ摂関政治では摂政・関白は天皇と並ぶ立場で国政に関与したのに対し、院政では上皇のみが「治天の君」として君臨し、摂関はその下で、上皇の命を受けて国政に関与する形に変化したのである。

上皇（院）がこうした力を有した権力の源は、人事権にある。律令制のもと、官職と位階（あわせて官位）は連動して、政治機構の根本を規定した。その官位を叙位《じょい》、除目《じもく》によって決定する権限、これを掌握した者が国政を掌握するのである。廷臣たちはこの官位により政治に携わるのであるから、人事権を掌握した者に抗することは難しい。摂関政治において摂関が大きな権限を有したのも、この人事権にあったのであるが、人事権の根源は天皇が握っていて、摂関はその権限をゆだねられた形をとっていることから、おのずから制約も多かったのである。これに対し、院政では院という立場が、天皇の父であるという誰にもつけ入ることのできない天与の立場であったこと、一方で、神事や様々な制約の多い天皇の立場とは異なり、自由な立場から国政に関与できるという点に特徴があり、はるかに自由に人事権を行使しえたのである。

三不如意

院政を確立した白河上皇の専制君主たるゆえんについて、最も有名なのが「三不如《ふによ》意《い》」の説話である。これは『源平盛衰記《げんぺいじょうすいき》』の「白山神輿登山事《はくさんしんよ》」の段にみえる話であるが、白河上皇が、「賀茂《かも》川の水、双六《すごろく》の賽《さい》、山法師は、これ朕《ちん》が心に従わざるもの」と嘆いたという。賀茂川の水というのは、たびたび氾濫する賀茂川の治水に手を焼いたということ、双六の賽はサイコロの目が自由にならないということ、山法師とは比叡山延暦寺の僧侶の強訴《ごうそ》のことで、これらが白河上皇の意のままにならないというのである。

この「三不如意」は、上皇の権力の大きさを象徴するもので、この三つが自らの意のままにならないほかは、すべて上皇の好きなようになったという意味として理解されている。

また、『今鏡』の「釣せぬ浦々」には、上皇が厳しい殺生禁断《せっしょうきんだん》を行い、漁夫の漁網を見ると焼き捨てたため、浦に釣りする海士《あま》も絶え果ててしまったという逸話をのせる。上皇は嘉保《かほう》三年（一〇九六）に出家するが、仏門に入った上皇の殺生禁断は実際にも徹底したものであったらしい。『中右記《ちゅうゆうき》』『長秋記《ちょうしゅうき》』などの日記や『百錬抄《ひゃくれんしょう》』などの記録には永久二年（一一一四）以降、大治《だいじ》四年（一一二九）まで、田上《たなかみ》・宇治《うじ》の網代《あじろ》を破却したり、宇治・桂《かつら》の鵜《う》を放したり、紀伊《きい》国から召し寄せた漁網を院の門前で焼き捨て、諸国から召し寄せた羅網《らもう》五千余帖を破却したといった記事が散見する。この殺生禁断は、上皇の死去した翌月、大治四年閏七月になって禁が解かれたから（『知信記《とものぶき》』）、上皇の在世中は続いていたものと考えられる。

さらに、天仁《てんにん》三年（一一一〇）のこと、上皇は白河の法勝寺《ほっしょうじ》で天皇臨席のもと金泥一切経《こんでいいっさいきょう》供養の盛大な法会《ほうえ》を行おうとした。ところが、激しい雨に見舞われて行幸《ぎょうこう》が妨げられ、法会は中止となった。しかし、次の予定日も、その次も雨で、ついに四度目まで雨で延期となった。上皇は大いに怒り、官人に命じて雨の水を器に受けさせ、それを獄に入れたという話が『古事談《こじだん》』や『源平盛衰記』にのっている。「雨水の禁獄」といわれる上皇のワンマンぶりを象徴するエピソードとして有名である。

「院庁政治論」の否定

では、院政はどのような仕組みで運営されたのか。かつて、天皇―太政官を中心とする律令政治機構が崩れ、摂関政治では摂関家政所が、その後の院政のもとでは院庁が国政を行う場となり、太政官組織による政治は行われなくなったという「政所政治論」、「院庁政治論」が有力な考えであった。この考えによると、律令制のもとで政治の命令は太政官符《だじょうかんぷ》や宣旨《せんじ》によっていたのが、摂関政治では摂関家政所下文《くだしぶみ》や摂関家御教書《みぎょうしょ》で命じられるようになり、院政では院庁下文や院宣《いんぜん》で命じられるようになったと説明していたのである。

摂関政治の「政所政治論」については、土田直鎮がそういう史実はないことを示した。たとえば、摂関政治期（十～十一世紀半ば）において摂関家政所下文は荘園関係の三通があるのみで、それに対し太政官符・宣旨ははるかに多く発せられていることから、政所下文によって国政が行われていたという事実はないこと、また摂関家政所やその職員（家司《けいし》）が天皇と摂関の間に入って国政を左右したという事実もないことを明らかにした。そして、摂関政治期においても国政を動かしたのは朝廷（太政官機構）であり、したがって太政官を構成する最高幹部である公卿が集まって国政を審議する「陣定《じんのさだめ》」が重要な役割を果たしたと論じたのである（土田一九六五・一九八四・一九九二）。

陣定は、内裏の「近衛陣座《このえじんのざ》（仗座《じょうのざ》）」という場所で開かれることから「陣定」「仗議《じょうぎ》」などと呼ばれたが、詳しくは後にふれる。

この土田の摂関政治に関する見解をうけ、院政に対する通説＝「院庁政治論」を批判したのが橋本義彦であった（橋本一九七六・一九八六）。

院庁とは上皇や女院《にょいん》（天皇の母、三后《さんこう》、内親王などで院を名乗ることを許された女性）に付属して院の諸務を行う機関である。院庁の職員は院司と呼ばれるが、上皇の院司についてみると、先に述べたように、九世紀の嵯峨《さが》上皇の時に別当《べっとう》が任命されているのが初見であるが、その後、宇多《うだ》上皇の院司には、別当・侍者《じしゃ》・判官代《ほうがんだい》・殿上人《てんじょうびと》・御厩司《みまやのつかさ》・雑色《ぞうしき》が、円融《えんゆう》上皇では、そのほかに、蔵人所《くろうどどころ》・別納所《べちのうしょ》・掃部《かもん》所《どころ》・進物所《しんもつどころ》・御厨子所《みずしどころ》・武者所《むしゃどころ》・御随身所《みずいじんどころ》などがみられる。

いわゆる院政の時代になって院庁機構や院司が成立したのではなく、それよりも一〇〇年以上も前にすでに存在していたのであり、院政のために成立した機構でないことは明らかである。しかも、白河院政・鳥羽院政の時代、院庁は上皇の家政機構としての機能を果たしていたのであり、国政を担う機能を果たしていたわけではないのである。

白河院政期以降の院庁は、①別当・判官代・主典代《しゅてんだい》などの院庁の内局に相当する部分。②院の殿上人・蔵人・非蔵人・所衆《ところのしゅう》など、身辺雑事に従事するもの。③別納所・掃部所・進物所・細工所《さいくどころ》などの「所」や文書を扱う文殿《ふどの》、馬を扱う御厩など。④御随身所・武者所・北面《ほくめん》など、上皇のかかえる武力、の四つの部門に分けられ、いずれも上皇の家政を担っていたのである。

院庁がただちに国政の機関となったわけではないことは、文書の発給の面からもいえる。すなわち、院庁下文や院庁牒など別当・判官代・主典代の署判《しょはん》がある院庁発給文書は、両院政期においては一般国政に関する事項には発給されていないのである。

このように、摂関家政所も院庁もあくまで摂関や院の家政を担当する組織であって、摂関政治のもとでも、院政のもとでも太政官政治機構によって国政は運営されていたとする考え方が通説になっている。

院政期の公卿会議

政権の特色は、政権における意志決定がどのようになされるかということにあらわれる。会議でいえば、誰が主宰し、誰が参加するか、である。現在の国政では閣議が内閣の最高の会議であり、地方公共団体では庁議（部長会議）が最高の会議であるように、合議の機会が設けられている。では院政期の国政はどのようにして行われていたか、特に朝廷中枢部での意志決定のありかたについて、美川圭らの研究によりながらみることにしたい（美川一九九六・二〇〇二）。

院政期の合議・決定機関としては、先に少しふれた「陣定」のほか、「御前定《ごぜんさだめ》」、「殿上定《てんじょうさだめ》」などがある。

陣定とは、内裏の「近衛陣座（仗座）」という場所で開催された公卿の会議である。この会議がいつから始まったかは明確ではないが、九世紀後半頃ではないかと推定されている。その手順として、まずその日の担当公卿である「上卿《しょうけい》」が、事前に太政官の事務官である外記《げき》に命じて公卿を招集する。この場合の公卿とは、左大臣以下の現任公卿（大臣、納言、参議）で、前任者や非参議（三位以上で参議

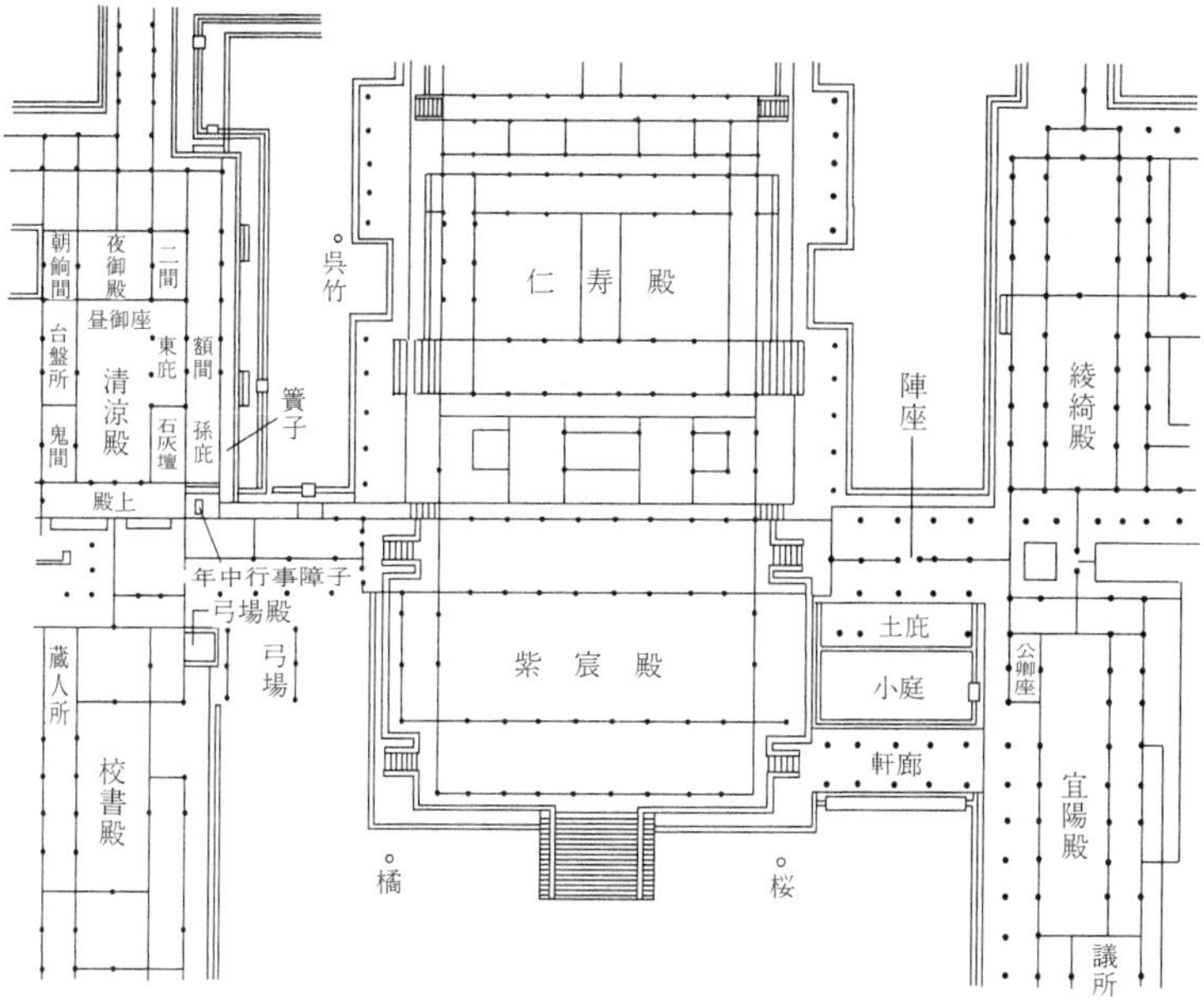

図11　平安宮内裏の中枢部

に任じられていない者）を含まないのであり、この点に「御前定」「殿上定」とは異なる特徴がある。しかも、摂政、関白は陣定に臨席しない点も重要である。これは、陣定が決定機関ではなく、天皇に対する諮問《しもん》機関であることから、決定権者である天皇はもちろん、摂政や関白も出席しないのである。摂政は天皇の代理であり、関白は内覧という職務を有している。内覧は先にふれたように、天皇に奏聞される文書を事前に見ることができる権限で、それは奏聞された内容について天皇と事前に相談ができることを意味している。したがって、摂関は天皇とともに陣定の発言を参考に物事を決定するという関係になるのである。すなわち、陣定という諮問機関は、摂政・関白の制度が確立していくなかで生まれた会議方式であるということになる。

陣定が天皇の日常生活の場である清涼殿《せいりようでん》からやや離れた場で行われたのに対し、清涼殿で開かれる二種類の公卿会議がある。一つは天皇の御座所《おましどころ》である昼御座《ひのおまし》前で行われる「御前定」、もう一つが清涼殿にある殿上間で開かれる「殿上定」である。

御前定は、天皇の前で行われる会議のことである。清涼殿の母屋《もや》に天皇が座し、その東の庇《ひさし》の間に公卿がならんで会議が行われる。

これに対し、殿上定は、内裏の殿上間《てんじようのま》という部屋で行われる会議である。この殿上間という部屋は、清涼殿の南庇にある公卿以下の貴族たちの控えの間で、東西四間の細長い部屋となっていて、東端には南向きに「殿上倚子《いし》」が置いてある。そこから一間おいて東から三間、四間に公卿や殿上人のための「大盤《だいばん》」という大きな机が置かれ、その西脇には「日記唐櫃《からびつ》」、その側に殿上人の出欠を管理する「日給簡《ひだまいのふだ》」が置かれている。

この殿上間と同じ性格をもっているのが貴族の邸宅や、鎌倉幕府、室町幕府の侍所《さむらいどころ》である。この侍所は、鎌倉幕府や室町幕府の御家人統制の機関として知られているが、もともとは貴族の邸宅にあった部屋で、貴族においても主従関係の管理組織であった。特に、大盤、櫃、日給簡が人的管理の備品としての性格をもっていることから、殿上間も天皇と貴族の主従関係を統制する場としての機能を持っていたと考えられる。なお、美川圭は、侍所には存在しない「殿上倚子」について、それが小朝《こちょう》拝《はい》の日に清涼殿東庇に運ばれ、天皇はそこに座して清涼殿東庭にならぶ臣下にまみえるという、主従性を確認する場に必須の備品であることから、それが日常、殿上間に置かれていることが殿上間の性格にも影響を与えていると指摘する（美川二〇〇三）。

実際殿上間に招集された貴族は、「陣定」がすべての現任公卿で、摂関の列席はないのに対し、殿上定の場合、招集する公卿は選定され、摂関も前官《ぜんかん》の出席もあった。この点は御前定も同様である。すなわち、天皇との個別的関係から人選されたのであり、ここに陣定との違いがある。

朝廷の最高審議機関としての院御所議定

御前定や殿上定は、摂関・院政期以前にも存在したが、目立って開催されるようになるのは後三条・白河親政期から白河院政前期（堀河天皇在位中）である。この時期は、「国家大事」と呼ばれた重要事項のうちでもとりわけ大きな問題であった大寺社の強訴（僧徒らの集団訴訟）や騒乱に際して御前定や殿上定で審議されることが多いことが指摘されている。しかも、嘉承《かしょう》二年（一一〇七）の鳥羽天皇即位以後、強訴や騒乱がおこっても御前定や殿上定が開かれなくなるのである。

これに代わり、こうした問題は白河上皇の「院御所」でもっぱら審議されるようになる。もちろん、これ以前でも院御所で議定が開かれなかったわけではないが、強訴や騒乱の場合に開かれた例は少ないという。ここから、天皇と貴族の主従関係に関わる場所（御前間、殿上間）で開かれていた会議が、院御所にその場所を移したことがわかる。

院政期は延暦寺や興福寺など寺社勢力による強訴が多発した時代である。原因は、権門寺社勢力相互の力が成長して、相互の間での勢力争いが表面化するようになったこと、あるいは、そうした勢力の組織内部での派閥抗争がおこるようになったこと、あるいは国衙・在地と権門寺社勢力との間の勢力争いなどがあげられる。ただ、実際の場合、対立する勢力は相互に院に結びつきを求めることが多いことから、いきおい院の調停者としての役割が必要となるのである。

嘉承二年の鳥羽天皇即位以後、強訴や騒乱などに際して陣定、内裏御前定、殿上定が開かれることはなくなった。興福寺の場合、摂関家の氏寺であることから、摂関のもとで公卿の会議が開かれる場合もあったが、それ以外は院御所で会議が開かれる原則（院御所議定制）ができあがったのである。院御所が国政を審議する場になったのであり、強訴や騒乱以外の「国家大事」＝国政の重要事項も院御所で審議されるようになった。院御所での会議が、陣定や摂関邸での会議よりも上位の、朝廷における最高審議機関になったということができる。そして、内裏における天皇主催の会議（御前定、殿上定）は開催されなくなったのである（美川二〇〇二）。

3――院庁と院近臣

院近臣の台頭

先にふれた関白藤原忠通の子慈円《じえん》は、『愚管抄《ぐかんしょう》』のなかで、「院近臣」について次のように記している。

白河上皇が院政を始めてから後は、政治はすっかり上皇の御心のままにおこなわれ、執政の臣である摂政関白が、廷臣の先頭に立って政治をするということもなくなった。そして、別に近臣というものができ、初めは源俊明《としあき》などのように立派な人物もいたが、後には藤原顕隆《あきたか》・顕頼《あきより》父子のように身分の低い者まで登場し、かんじんの摂関はこの連中に圧迫されて、恐れはばかるというありさまであった。

（現代語訳　橋本一九六九）

あるいは、

世を治める君と摂関が心を一つにして、けっして相そむくことなどあってはならないのに、別に院の近臣というものがあらわれ、君と摂関の間に割り込み、その仲を悪くした。

（現代語訳　橋本一九六九）

すでにふれたように、慈円は摂関家に属すのであるから、その言葉をそのまま受け取るわけにはいかないが、院政において「院近臣」が目立つ存在であったことは間違いないであろう。

ここに慈円が記した「院近臣」についてみると、源俊明は先にふれたように、左大臣源高明《たかあきら》の曾孫にあたり、その家系は代々公卿に列している上級貴族で、こうした醍醐《だいご》源氏や関白藤原実頼《さねより》にはじまる小野宮《おののみや》流藤原氏のような伝統的公卿家は、院との個人的関係以前に、貴族社会のなかでの地位が確保されていた。こうした人々は以下に述べる「院近臣」とは大きく性格を異にしている。そして、そうした伝統的公卿家は白河院政期の初期に、院の政務決裁を支え、摂関と太政官との取り次ぎなどで院政を支えた点が特徴である。元木泰雄は、こうした公卿官人を「院の側近」と呼んで、「院近臣」と区別している（元木一九九六）。

小野宮流についてみると、この系統は十一世紀前半の右大臣藤原実資《さねすけ》によって基礎が築かれたといえる。実資は有職故実《ゆうそくこじつ》への見識が深く、『小野宮年中行事《おののみやねんちゅうぎょうじ》』という故実書をまとめており、また日記『小右記《しょうゆうき》』を残している。この『小右記』は、朝廷で行われる儀式の様子を事細かに記していて、子孫に儀式の先例を伝えるという意志が明確にあらわれている。小野宮流が実務官僚として、蔵人頭、弁官《べんかん》を経て公卿にいたる「名家」とよばれる系統を作り上げたのである。

こういった伝統的公卿家としての近臣とは区別される、「院近臣」の近臣たるゆえんは、院権力によって抜擢され、育成された存在で、階層的には一般的に四・五位程度の諸大夫《しょだいぶ》層であった。

院近臣の二つのタイプ
―受領系と実務官僚系

すなわち、終生受領《ずりょう》として過ごし、とりわけその過程で大国の受領を歴任、その後公卿に昇進したとしてもその晩年に三位《さんみ》（散三位）になる系統と、受領として始まったとしても数ヵ国を歴任した後は、弁官や五位蔵人・蔵人頭などの中央政府の実務系官僚の地位につき、公卿に昇進する際は四位のまま参議になる系統の二つにはっきり区別できる。

院近臣のほとんどは前者の受領の系統で、法勝寺《ほっしょうじ》造営に関わった高階為家《たかしなのためいえ》一族（後述）、白河上皇の乳母子《めのとご》の藤原顕季《あきすえ》とその子長実《ながざね》・家保《いえやす》兄弟、鳥羽院第一の寵臣藤原家成《いえなり》、美福門院《びふくもんいん》を排出した藤原末茂《すえしげ》流（四条流）、藤原信頼《のぶより》を出した藤原道隆《みちたか》流、藤原清隆《きよたか》以下の藤原良門《よしかど》流などがあげられる。

彼らは院政期初期においては政務に関与することはなかったが、当時の諸国のなかで最も豊かな国とされ、「熟国」と称された播磨《はりま》・伊予《いよ》両国の受領を独占するなど、大きな収入を手にすることのできる大国の受領につくことにより、院に対して膨大な成功《じょうごう》に励むことで、院との関係を築いていった。

承暦《じょうりゃく》元年（一〇七七）に後に六勝寺《ろくしょうじ》と総称される白河上皇の御願寺《ごがんじ》のひとつ、法勝寺が建立された。この時、播磨守高階為家は金堂《こんどう》・講堂《こうどう》・回廊《かいろう》・鐘楼《しょうろう》・経蔵《きょうぞう》・南大門などの主要な伽藍《がらん》を造営し、熟国である播磨守を重任《ちょうにん》されている。また、康和四年（一一〇二）に堀河天皇の御願寺尊勝寺《そんしょうじ》が建立された際には、白河院の近臣播磨守藤原基隆《もとたか》が東西二基の五重塔と南大門を寄進《きしん》して、播磨守に重任されている。さらに、元永《げんえい》元年（一一一八）に建立された鳥羽天皇の御願寺最勝寺《さいしょうじ》においても、播磨守藤原基隆は成功を行った者の筆頭とされている。このことから、白河親政・院政期の六勝寺の造営に、受領とりわけ播磨守が中心的な役割を果たしていることがわかる。

院政期に成功が盛んになった背景には、摂関期までの受領の官物納入に対する厳しい審査が行われなくなり、成功とひきかえに遷任《せんにん》や重任が行われるようになったことがあげられる。摂関期においても、摂関家等に対して受領が様々な貢納を行っているが、それはいまだ経済的な比重という点では重いものではなかった。院政期において、受領は院・摂関などと主従関係を持ち、成功や、所領の立荘《りっしょう》などを通じてその経済的基盤となっていったのである。そして、そうした受領の活動の背景には、目代《もくだい》や受領の率いる郎党《ろうとう》の活動があった。後にふれる平正盛《たいらのまさもり》は院近臣藤原顕季《あきすえ》や為房《ためふさ》の郎従として活躍の糸口をつかみ、やがて彼自身が院近臣として平氏の台頭の端緒《たんちょ》をつくることになるのである。

受領系の院近臣の出世の到達点は、正四位下で、公卿に昇る場合でも参議どまりで、多くは非参議・従三位といったところであった。とすれば、公式の公卿会議の席には臨めないのであり、また次に述べる実務系の近臣のように太政官中枢に関与することもできないことになる。こうしたなかで彼らが結集したのは、王家の家政機関である院庁の四位別当としてであった。鳥羽殿（院御所）がつくられると、彼らの多くが宿所を与えられ、院御所を囲むという形をとったのは、そうした彼らの位置づけを示している。

これまで扱ってきた受領系の近臣は、院政の性格をめぐる論争のなかで、重要な位置づけを担ってきた。すなわち、かつては院近臣といえば受領層に焦点が当たっていた。それは、院政は受領層を基盤とする政権だとする京都の林屋辰三郎（林屋一九五五）と、院は専制君主であり、受領層（受領系の近臣）は院に従属する存在だとする東京の石母田正（石母田一九六四）の見解が真っ向から対立していたからである。

しかし、院近臣は受領層ばかりではない。橋本義彦が指摘した実務官僚系の近臣も存在したのである（橋本一九七六）。この実務官僚系の近臣は、受領系の近臣に比べると限定的で、藤原為房流、藤原内麿《うちまろ》流、桓武《かんむ》平氏の高棟王《たかむねおう》流などがあげられる。そのうちでも、白河上皇に仕えた藤原為房とその子顕隆、鳥羽上皇に仕えた顕頼の為房流三代は、実務官僚系近臣を代表する存在であり、先に引用した『愚管抄』で慈円が藤原顕隆・顕頼父子をあげたゆえんである。

藤原為房は、藤原北家の祖、藤原冬嗣《ふゆつぐ》の孫の高藤《たかふじ》を祖とする中流貴族で、京山科《やましな》の勧修寺《かんじゅじ》を氏寺としたことから「勧修寺《かじゅうじ》流藤原氏」と呼ばれている。為房は能吏《のうり》として聞こえ、後三条《ごさんじょう》天皇の信任厚く、譲位後は院判官代《いんのほうがんだい》となった。白河天皇の信任も厚く、譲位後は院別当《いんのべっとう》となり、正三位参議《さんぎ》まで出世した。中級貴族である勧修寺流としては画期的なことといえる。

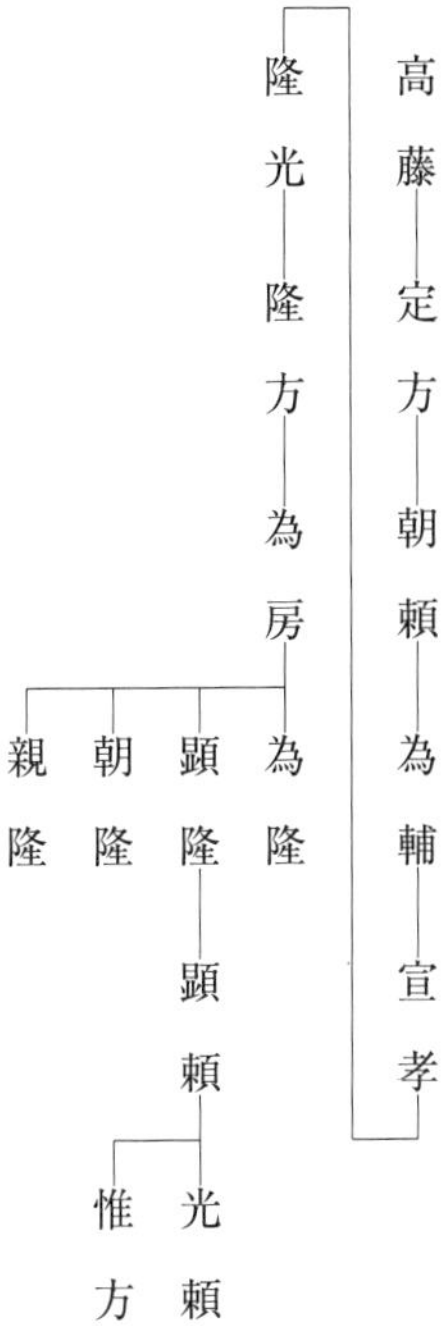

図12　勧修寺流藤原氏略系図

さらには、為房は白河上皇に仕えるとともに、摂関家の藤原師実・忠通にもその家司《けいし》（執事《しつじ》）として仕えた。これは、為房が優れた実務能力の持ち主であったからである。たとえば、蔵人《くろうど》としては、後三条天皇の時代に六位蔵人を、白河・堀河天皇のときには五位蔵人を、そして鳥羽天皇の時に蔵人頭となった。しかも、この間太政官の事務局職員である権左少弁・左少弁を兼任しているのである（蔵人と弁官《べんかん》の兼任の意味については後にふれる）。為房は勧修寺流藤原氏としては画期的な正三位参議の地位まで登ったが、それは彼の晩年の天永《てんえい》二年（一一一一）のことで、その四年後の永久《えいきゅう》三年（一一一五）に亡くなった。そして、彼の子、為隆《ためたか》・顕隆・朝《とも》隆《たか》・親隆《ちかたか》もいずれも公卿に昇っている。

このうち為房の子顕隆は、『今鏡』に「夜の関白」と称されたと記されている。それは、彼が夜間に院御所におもむき、時として昼間に開かれた関白以下による政務決裁を否定することもあったことから付けられた異名である。『愚管抄』によれば、彼は、藤原忠実罷免後の関白人事に関して、忠実の叔父右大将家忠《いえただ》の補任《ぶにん》の可否を院から尋ねられたが、彼の返答によって白河は家忠の補任を断念したという。摂関の人事という国政の最重要事項について、大きな力を持つに至ったのである。彼は保《ほう》安《あん》元年（一一二〇）従三位に昇り、権中納言にまでいたった。大治《だいじ》四年（一一二九）に五十八歳で他界した。

『愚管抄』に名前のあがった顕隆の子顕頼は、顕隆同様白河上皇の側近として仕えたが、特に鳥羽上皇に重用され、「君の腹心」と呼ばれたという。久安《きゅうあん》三年（一一四七）、平清盛《きよもり》の郎等が祇園社で乱闘事件を起こした件で、鳥羽上皇の御所に摂政以下の公卿が召集され、平忠盛《ただもり》・清盛父子の処罰を検討した際、すでに顕頼は権中納言の地位を退いていたにもかかわらず、「大事たるにより」列席を命ぜられ、さらにひとり上皇の御前に召されて、公卿とは別に意見を聞かれている。かれは久安四年にこの世を去るが、彼のあと鳥羽院政の中枢に食い込んだのが保元の乱の原因をつくった藤原通憲《みちのり》、すなわち信西《しんぜい》入道で、ついに院近臣が国政を大きく揺り動かしたのである。

実務官僚系の近臣の特徴は、太政官における文書作成やその伝達を担当した弁官、あるいは天皇の側近としての蔵人（蔵人頭、五位蔵人）という実務を担った点だが、特に弁官・蔵人の両者を兼任する地位を「職事《しきじ》弁官《べんかん》」といい、太政官、天皇の双方に関わることで、摂関期には取り次ぎ役としての地位であったものが、次第に院の政策決定を実質的に補佐する立場になっていったのである（井原一九九五）。

彼ら院近臣と呼ばれた者たちは低い家格の出でありながら、ある者は受領層として経済的奉仕の功績から、またある者は実務官僚としての能力を認められ、院政のもとで政権の中枢に参画するようになったのである。

院政期の政務

ここでは、少し煩瑣《はんさ》な説明になるが、実務系の院近臣が活躍するにいたった背景にある「職事弁官」と呼ばれる蔵人が太政官の弁官を兼官《けんかん》する意味について考えてみよう。これは、官僚制のもとで縦割りの行政機構の複数の職を兼任することの意味を考えることであり、ひいては院政期の官僚機構の特色を考えることでもある。

律令制のもとでは、二官八省《にかんはっしょう》とよばれる中央行政機構と、地方に置かれた国司などの官司によって国家機構が成り立っており、そのなかで天皇のもとで太政官が全体を統制していた。太政官は、政策

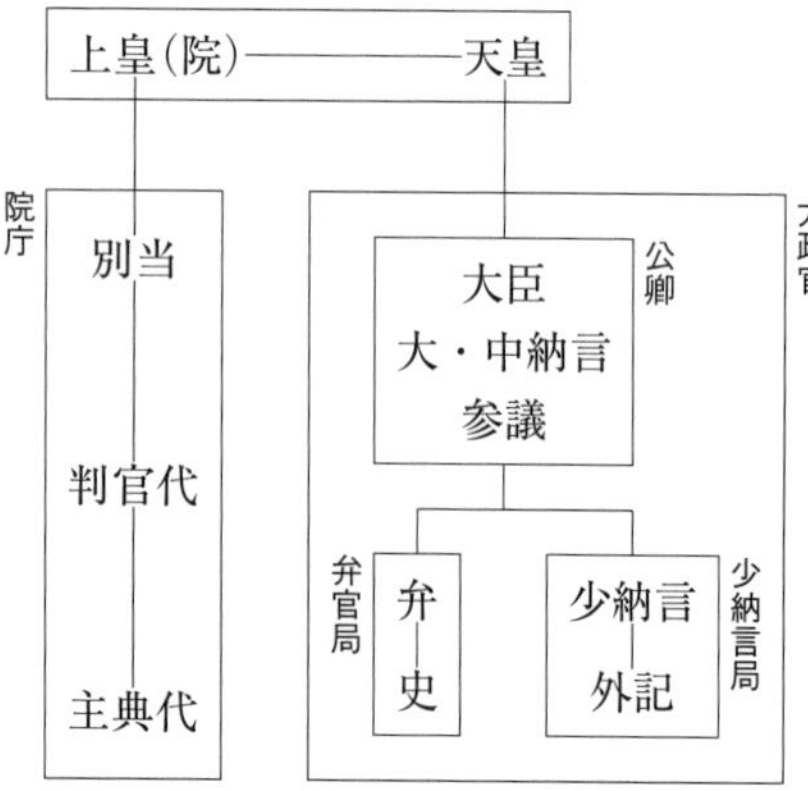

図13　太政官と院庁の政治構造

を決定する議政官《ぎせいかん》としての公卿と、そのもとで実務を担う事務局としての役割を果たす少納言局《しょうなごんきょく》と弁官局《べんかんきょく》から成り立っていた。

　このうちの少納言局は少納言と外記《げき》から構成され、詔《しょう》勅《ちょく》の奏宣《そうせん》、公文《くもん》の校勘《こうかん》、内印《ないいん》・外印《げいん》の管理などを担当した。一方、弁官は太政官符以下の公文書の作成と校正という文書行政に携わるとともに、太政官の庶務をはじめ、太政官と中央諸官司・諸国との連絡・命令の伝達・諸官司や諸国からの申請の受理など、幅広い役割を担った。これらの太政官における政務を遂行したのが、「上卿《しょうけい》」とよばれる担当行事や儀式ごとに決められた公卿であり、上卿がすべての政務を取り仕切ったのである（土田一九六五・一九九二）。

　少納言・外記と弁官を比べると、弁官は位階の上では少納言や外記よりも上位に位置付けられていて、弁官が太政官の中でも中核的な役割を果たしていた。本来の中央行政機構は、この太政官の系統のみであったが、平安時代にはいると、薬子の変を契機に天皇の内廷関係で蔵人が置かれるようになり、そこからやがて蔵人所が成立し、さらには一本御書所《いっぽんごしょどころ》、大歌所《おおうたどころ》、絵所《えどころ》、作物所《つくもどころ》、御厨子所《みずしどころ》などの天皇の家政機関である「所」が成立し、その職員として別当・預《あずかり》・寄人などの職員が整備されるようになった。これを「令外官《りょうげのかん》」と呼び、律令制に基づく本来の官職（正官《せいかん》）を有しつつ、令外官を兼任することになるのである。

こうした変化に沿って、政治のあり方も変化する。律令制のはじまった奈良時代では、天皇が出御して直接政治を行う「朝政《ちょうせい》」「旬政《しゅんせい》」という形と、大臣や大納言、中納言が行う「官政」「外記政《げきせい》」という形があった。「政」とは、諸司・諸国から中央政府（朝廷）への上申された事項を聴く政務のありかたであるが、平安時代になると、「外記政」以外の「政」は儀式化して政務の中心は「外記政」になった。その外記政も摂関政治が始まる一〇世紀末までには衰退しはじめ、諸司・諸国からの上申は弁官から直接、蔵人を介して天皇や摂関に申し上げる形（これを「奏事《そうじ》」という）が多くなる。こうした「奏事」が政務の中心になると、上卿の役割が後景に退き、蔵人頭と弁官を兼務する「頭弁《とうのべん》」はもちろん、弁官が五位蔵人を兼ねる場合も多くなるなど、弁官の役割がますます重要になるのである（玉井二〇〇〇）。

一一世紀以降になると、外記局を統率する大外記は中原・清原の両氏が世襲するようになり、弁官局の「史」に関しても、左大史《さだいし》を小槻《おづき》氏が世襲するようになるなど、太政官の実務官人クラスでは、官職の世襲が起こってくるのである（佐藤一九八三）。こうした動きに対応して、弁官や蔵人についても、摂関期から院政期にかけて新しい動きが見られる。

弁官についてみると、もともと平安時代前期までは弁官には上級貴族が就くことが多かったが、摂関期以降になると中級以下の貴族「諸大夫」が就くようになる。とりわけ、勧修寺流藤原氏、日野《ひの》流藤原氏、桓武平氏の三つの家系が目立つ。いずれも実務官僚層を輩出する家であり、弁官の職務に必要な事務能力が特殊な技能として特定の家に保持され、弁官の職をそうした家が独占するようになったのである（橋本一九七六）。

蔵人についてみると、摂関期には弁官で蔵人を兼ねる「蔵人弁《くろうどのべん》」が目立つようになったことがあげられる。もともと蔵人は天皇側近の秘書官であったが、天皇と太政官を結ぶ仕事を担っており、そのことから天皇の側近としての人物以外に、事務官僚としての能力を持つ人物も任命された。弁官はその役割を果たす上で最も適任だといわなければならない。そして、摂関政治のもとで、天皇と摂関・公卿の連絡を円滑にとるために、天皇の側近たる蔵人に、弁官が任命されるようになるのである。勧修寺流藤原氏には五位蔵人になる者が多いのはそのことを示している。

この「職事弁官」の役割を解明した井原今朝男は、上卿を軸とした公卿による合議政治としての太政官政治から、職事弁官を介して天皇・摂関・院の三者が共同で統治する院政下の政治体制へ移行したことを述べ、それを「職事弁官政治」と定義づけた（井原一九九五）。そして、それが藤原道長の時期に成立し、院政のもとで完成したとしている。

井原は摂関期における職事弁官の成立の特徴として、第一に、蔵人方《くろうどがた》の台頭、第二に陣定の空洞化、第三に職事弁官の内覧への直属、第四に道長が一上《いちのかみ》として太政官機構を掌握したことをあげている。そして、院政期に、国政が職事弁官を介した天皇・摂関・院による共同統治によって行われていたことを述べ、院政下の職事弁官政治の特徴として、第一に、天皇・摂関（内覧）・院と公卿会議や上卿など太政官機構を結ぶ役割は、摂関期には蔵人頭や蔵人弁が行っていたが、院政期にはそれ以外の五位蔵人や弁官によっても果たされるようになったこと。第二に院政下の職事弁官は、院・天皇・摂関の三者合議、あるいは院と公卿や太政官機構とを結ぶ院奏の役割をほぼ独占的に果たしていること。第三に、院政期の職事弁官が摂関家の家司や院司にも補任される事例が激増すること。ここから、院司を兼ねた職事弁官による院奏の定着という事態が進み、後白河院政以後、院伝奏による国政への関与がはじまるのであり、ここに中世の職事弁官政治が完成したとする。

この井原説は、摂関政治や院政が成立する背景に、実務官僚機構としての「職事弁官」の成立があることを明らかにしたものであり、院政期の政治機構が「太政官機構」であるといった場合、もはや律令制下の公卿合議制にもとづく太政官機構ではない点には留意しなければならない。

三　鳥羽院政と摂関家

1――王家の内部分裂

白河上皇と鳥羽天皇

白河《しらかわ》上皇による関白忠実《ただざね》の罷免《ひめん》という事件が保安《ほうあん》元年（一一二〇）に起こったことを契機に、白河上皇は朝廷の内外を掌握することとなったこと、院＝上皇を「治天の君」とする政治＝院政がここに確立したことは二章で述べた。

白河上皇は、堀河《ほりかわ》・鳥羽《とば》・崇徳《すとく》の三代の天皇、四十余年の長きにわたって「治天《ちてん》の君」の地位にあった。延久《えんきゅう》四年（一〇七二）からはじまる白河親政期から数えれば半世紀を越える。関白忠実の罷免はその晩年の出来事であり、白河院政下での上皇の権力の大きさを物語るものであった。

かつて、「院政とは、天皇を中心とする朝廷貴族たちが、その古代的な政治権力と政治体制とを維持するためにつくりあげた、最後の政治形態である」とする評価（石母田一九六四）が多くの賛成を得ていた時期があった。それは受領《ずりょう》を権力基盤とする貴族政権説（林屋一九五五）と大きく対立していた。現在では、摂関・院政期の朝廷が「古代的な政治権力」とする説は否定され、王権を中心に、複数の寺社・貴族の権門《けんもん》が並び立つ都市貴族による中世的な性格を持つ政権という評価が有力になっている。そして、院政はそうした複数の権門寺社が並び立つ中で、それらを王権がまとめあげるために生まれた専制的権力だと考えられるようになった。権門同士、寺社同士、あるいは権門と寺社の間で生じたさまざまな矛盾を調停する権力ということになろう。

しかし、調停者としての「王権」も、上皇が天皇の父として大きな権力を持ったとしても、天皇自身にも自己の意思が存在するのであり、誰が天皇の地位にあるかということが院政を進める上でも大きな意味を持つのである。したがって、専制君主たる院と、他の上皇、天皇との対立は当然存在しうるものであった。これは、「院政」という政治形態が持つ基本的な矛盾であり、院の権力が大きくなればそれだけ深刻な状況をもたらす可能性が増えることになる。

さて、白河上皇は嘉承《かしょう》二年（一一〇七）七月、堀河天皇が二十九歳で亡くなると、五歳の宗仁《むねひと》親王（鳥羽天皇）を即位させた。これを契機に白河上皇の権力が大きくなったこと、養女として育てていた閑院《かんいん》流藤原氏の藤原公実《きんざね》の女の璋子《しょうし》（待賢門院《たいけんもんいん》）を鳥羽天皇の中宮《ちゅうぐう》としたこと、その入内《じゅだい》の翌年の元《げん》永《えい》二年（一一一九）に璋子が皇子顕仁《あきひと》を生んだこと、そしてこの皇子が実は白河上皇の子であるとささやかれていたことなどは、先に触れたところである。

『古事談《こじだん》』によれば、鳥羽天皇もそのことは承知で、顕仁親王を「叔父子《おじご》」とよんだといわれている。ことの真偽を確かめるすべはないが、いずれにしろ璋子が美人の誉れ高く、はじめは鳥羽天皇に愛され、その間に四皇子・二皇女をもうけている。その一人が雅仁《まさひと》親王、後の後白河《ごしらかわ》天皇である。白河上皇は鳥羽天皇の意思を無視し、顕仁親王が五歳になった保安四年（一一二三）一月、鳥羽天皇を退位させ、親王を即位させた。崇徳天皇である。まだ十九歳の鳥羽天皇は不満であったに違いないが、絶対的な権力を持つ祖父白河上皇に対抗する術はなかった。そして、このころから白河と鳥羽の間は円滑を欠くようになり、その関係は冷却したものになっていった。鳥羽上皇はあらゆる点で白河院政に対して批判的な姿勢をとるようになったのである。

白河上皇の死と鳥羽院政の開始

鳥羽天皇を退位させ、強引に崇徳天皇を即位させてから六年、大治《だいじ》四年（一一二九）七月、白河上皇は七十七歳の生涯を終えた。例年になく暑い夏であったが、下痢をおこした白河上皇は一夜のうちに重態になり、七月七日急死した。堀河天皇に仕え、白河上皇の信任も厚かった藤原宗忠《むねただ》（中御門右大臣宗忠）は上皇の死を記した『中右記《ちゅうゆうき》』のなかで、上皇は「天下の政をとること五七年、意に任せ、法にかかわらず叙位《じょい》・除目《じもく》をおこなわれた」「法皇の威は四海に満ち、天下帰服し、幼主三代の政をとる」「政は叡慮《えいりょ》より出で、全く相門《しょうもん》（大臣）に依らない」などと評したのに続け、「理非を決断し、賞罰を分明にしたもうたが、愛憎をはっきり示し、貧富の別を明らかにされた。男女を偏愛することはなはだしく、天下の秩序を破られたので、上下の人々は心労にたえなかった」と総括している。

白河上皇が亡くなった時、崇徳天皇はまだ十一歳であった。表向きは天皇の父である二十七歳の鳥羽上皇が院政を開始したのは当然である。貴族たちもそれを当然のこととして受け止めていたのであり、院政は政務のありかたとして定着したといえる。ここに二八年に及ぶ鳥羽院政が開始された。

鳥羽上皇はまず白河上皇が半世紀にわたって集積した財宝を納めた蔵に封をさせた。その数は京、白河、鳥羽などに分散して計二百余個所もあったという。院政開始にあたって、その財政的基盤を確保したといえる。また、鳥羽上皇はすでに待賢門院・崇徳天皇をとりまく勢力を警戒しはじめており、白河院政の方針を否定し、政治体制を刷新しようとしたのである。上皇はまず、院庁の官人の任命を

図 14　鳥羽上皇（『天子摂関御影』）

行ったが、一気に入れ替えをするのではなく、一部の入れ替えにとどめ、徐々に人事の刷新・交替を進める方法をとった。

鳥羽院政が白河院政の否定といわれる理由のうち、特に重要な点は荘園に対する政策の転換があげられる。鳥羽院政が始まってまもなくの大治四年十一月三日、鳥羽院庁は院庁牒《いんのちょうちょう》（『根来要書《ねごろようしょ》』下）を発した。牒とは官庁から他の官庁に用件を伝える文書の形式のひとつで、この院庁牒は鳥羽上皇の意思をうけて、院庁が紀伊《きい》国の国司にあてて出したものである。内容は、高野山大伝法院《だいでんぼういん》領

の紀伊国石手荘《いわで》の立券荘号《りっけんしょうごう》を紀伊国に命じている。これは、荘園を新たに認めることを意味しており、後三条《ごさんじょう》天皇の延久《えんきゅう》の荘園整理以来の荘園整理政策を実行した白河院政の政策を否定するものであった。この文書は、鳥羽院政のもとで発せられた文書のうちで最も古いものであり、これ以後、鳥羽院政は荘園の設立を積極的にすすめることになるのであるが、院政のもとでの公領や荘園のようすについては後でふれることにする。

王家の内紛　鳥羽上皇は誕生後間もなく生母（苡子《いし》）を産褥《さんじょく》で失い、五歳の時には父堀河天皇の亡くなったあとをうけて皇位についたが、この幼帝の面倒をみたのは、摂政の忠実であった。忠実は鳥羽との間に外戚《がいせき》関係はなかったが、摂政の職分を通じて親愛の感情が生まれたとしても不思議はない。しかも、保安元年（一一二〇）に忠実が失脚したのは、もともと鳥羽天皇と忠実が相談して、忠実の娘勲子《くんし》（立后《りっこう》して泰子《たいし》と改名）を入内《じゅだい》させようとしたことが原因であったから、白河上皇が亡くなると、忠実の復権の動きがはじまった。まず、鳥羽院政がはじまるとまもなく、鳥羽上皇は忠実を出仕させ、さらに前例のないことであるが、長承元年（一一三二）一月十四日に上皇の命令、すなわち院宣により忠実を内覧に命じた。ここに忠実は失脚以前の地位に戻ることになった。忠通は依然として関白の地位にあったが、実際は有名無実となったのである。上皇はさらに、問題の勲子（泰子）を、白河上皇の遺言に反して院中に迎えたばかりか、「太上天皇（上皇）の夫人を皇后に立てた例はまだ聞いたこともない」（『長秋記《ちょうしゅうき》』）という非難をよそに、長承三年三月十九日、勲子（泰子）の立后の儀式を実施した。泰子は後に皇后の地位を退いて女院《にょいん》となって高陽院《かやのいん》と呼ばれ、父忠実から広大な所領を与えられ、上皇と忠実を結ぶ絆となった。当然、上皇は泰子に皇子誕生を期待したが、皇女の誕生をみたのみであった。

鳥羽上皇はさらに、白河上皇の近臣として活躍した藤原長実《ながざね》の女《むすめ》で、美貌の噂の高かった美福門院《びふくもんいん》得子《とくし》を入内させた。長実は父顕季《あきすえ》と同様、多年諸国の受領を歴任し、莫大な財力を奉仕することで権中納言にまで昇ったが、その地位は「諸大夫《しょだいぶ》」と呼ばれる中級貴族であった。一方、母は左大臣源俊房《みなもとのとしふさ》の女方子《ほうし》である。この得子が宮中に姿をあらわすようになったのは、長承《ちょうしょう》三年（一一三四）頃、得子十八歳の頃のことであった。

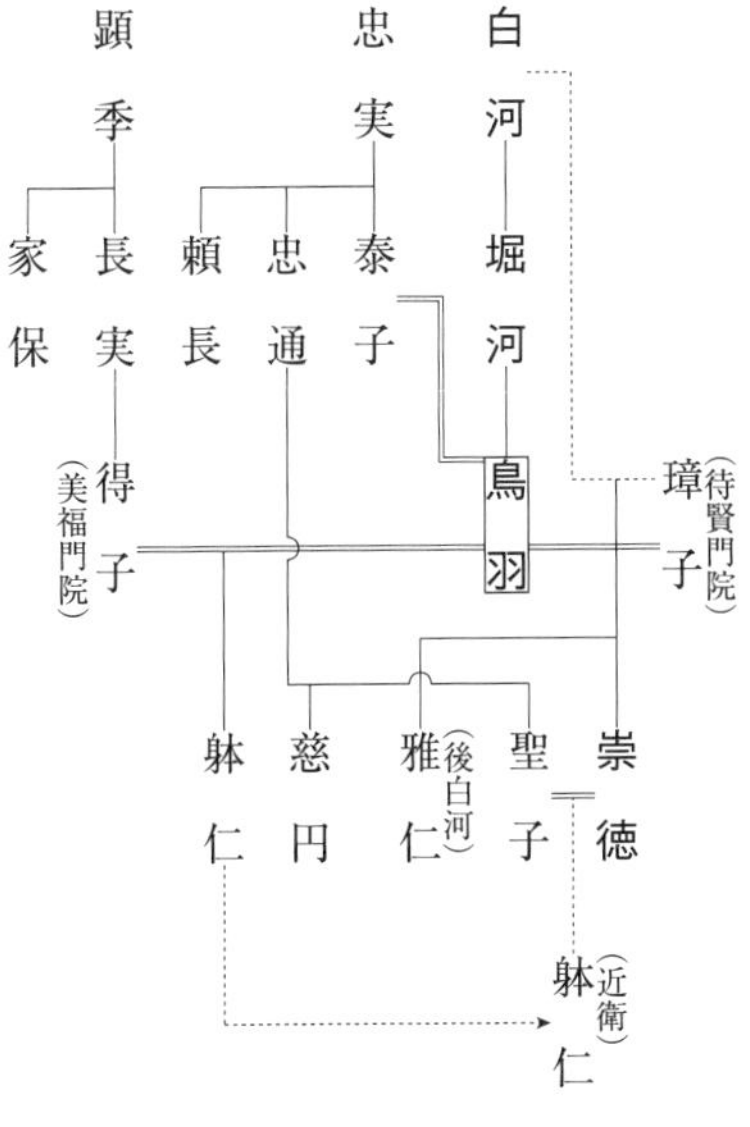

図15　鳥羽上皇関係略系図

この二年後に皇女を産み、保延《ほうえん》二年（一一三六）に従三位《じゅさんみ》、さらにまた皇女を産んだのち、保延五年五月、ついに皇子をもうけた。躰仁《なりひと》親王、後の近衛《このえ》天皇である。この躰仁親王は、鳥羽上皇の子ではあったが、得子が諸大夫出身という事情からであろうが、崇徳天皇の中宮藤原聖子《せいし》の養子として親王宣下《しんのうせんげ》・立太子《りったいし》が行われた。かたちの上では崇徳の子ということになる。

美福門院に男子が誕生したことを契機に、上皇と待賢門院との不和は決定的となった。宮中における待賢門院の権勢は、我が子崇徳天皇の在位中は保たれていたが、やがて崇徳は皇位を追われることになる。

鳥羽上皇は躰仁親王を三ヵ月後には東宮《とうぐう》にたて、東宮が三歳になった永治《えいじ》元年(一一四一)十二月七日、土御門殿《つちみかどどの》において崇徳天皇から養子躰仁親王へ譲位が行われた。近衛天皇である。この時、鳥羽上皇が用いた策略について、『愚管抄《ぐかんしょう》』は次のように記す。

……永治元年十二月に御譲位ありける。保延五年八月に東宮にはたたせ給にけり。その宣命《せんみょう》に皇太子とぞあらんずらんと思召けるを。皇太弟とかゝせられけるとき。こはいかにと崇徳院の御意趣にこもりけり。

すなわち、鳥羽上皇は崇徳天皇には躰仁親王を天皇の子として譲位することをすすめ、崇徳はそれならばと譲位を承諾したが、譲位の宣命には、「皇太子」とは書かずに「皇太弟」と書いてあったというのである。皇太弟に譲位したとなれば、崇徳上皇が天皇の父として院政を行う根拠を失うことになる。新帝の父鳥羽上皇が院政を継続するということになったのである。さらに、近衛天皇の即位とともに美福門院得子は立后された。院近臣家出身者として初めて皇后になったのである。この結果、美福門院の権勢が高まり、待賢門院の勢力は大きくそがれることとなった。鳥羽上皇による院政体制の確立である。

一種の謀略によって皇位を失った崇徳上皇の失意は大きかった。しかし、崇徳はこの後十余年、重《しげ》仁《ひと》親王の即位とそれによる自らの院政の実現に望みをかけながら自重の日々を送ることになった。この皇位継承の経緯が、やがて保元の乱の遠因のひとつとなるのである。

2——摂関家の分裂

忠実と忠通

白河院政の方針に対抗する姿勢は、上皇と摂関家との関係にも現れた。当初藤原忠実は、白河上皇の信任もあり、院政にも参画していた。そして鳥羽天皇が皇太子のころ、皇太子《こうたいし》傅《ふ》に任ぜられ鳥羽天皇と近い関係となる。鳥羽の即位後も摂政・関白となり、内覧に任じていた。しかし、鳥羽天皇が成長するに従って、白河上皇との関係が微妙になるにつれ、忠実の地位にも変化があらわれた。白河院政の末期には、上皇と忠実の意見が異なることもあり、ついに保安元年(一一二〇)十一月に内覧を停止させられたのである。翌年三月には忠実の嫡子忠通が関白となり、忠実は宇治に隠棲《いんせい》の身となった。この事件を契機に、摂関家内部で忠実と忠通父子の間に反目が生じてきた。

この摂関家内部の対立の背景には、前代の白河上皇の摂関家への感情的な要因があった。『愚管抄』

によると、白河上皇と忠実とは仲が悪く、上皇は忠実を「オイコメテ」、その子忠通を取り立てたのであり、こうした上皇の「僻事《ひがごと》」のために摂関家は勢力を失ったとしている。もっとも、『愚管抄』の著者慈円《じえん》は忠通の子であるから、一面では当時の状況を反映したものとも考えられるが、慈円が忠実を「執《しゅう》ふかき人」と評している点をはじめ、忠実と忠通の対立、忠通と頼長《よりなが》の対立をめぐる『愚管抄』の記事は差し引いて考える必要がある。

忠実の復権を契機に、鳥羽院政のもとで摂関家は勢力を盛り返し、忠実を中心とする摂関家の政治的影響力は強くなった。しかし、その反面、そのことから摂関家内部の主導権争いを生じさせ、忠実・忠通の対立から、ついには忠通・頼長兄弟の争いを招くにいたったのである。ここにも保元《ほうげん》の乱の遠因をあげることができる。

忠通と頼長

藤原忠実は、忠通・頼長兄弟を比較して、「兄は風月《ふうげつ》に長じ、弟は経史《けいし》に通ず」（『台《たい》記《き》』）と評した。つまり、忠通は和歌、音楽などに通じた風流人であり、頼長は中国の経書や史書に明るい学者だと、その対照的な人物像を示している。それは、人柄という点でもいえるようである。

生まれの面をみると、忠通の母は右大臣源顕房《あきふさ》の女師子《しし》で、従一位にまで昇った高い身分の出であった。これに対して、頼長の母は家司《けいし》として忠実に仕えた土佐守藤原盛実《もりざね》の女であった。両者の生母の身分の違いには雲泥の差があったのである。

図16　藤原忠通（右）と藤原頼長（ともに『天子摂関御影』）

この身分の違いを意識してかどうかはわからないが、頼長は長じて酒や遊びも退け、学問に励み、人並みすぐれた学才を身につけていった。頼長の勉学ぶりは彼の日記『台記』をみればいたるところにみることができる。康治《こうじ》二年（一一四三）、二十四歳になるまでに読んだ経書、史書は一〇三〇巻にのぼっていて、その後も勉学の姿勢は衰えず、常に書物を手から離さなかったという。

忠実はこうした頼長の態度をみて、しだいに彼に期待をかけるようになっていった。天養《てんよう》二年（久安元・一一四五）四月、彼が二十六歳のとき、忠実は律令格式《りつりょうきゃくしき》、除目叙位《じもくじょい》、官奏格記《かんそうきゃくき》などの先祖伝来の貴重な記録類を頼長に与え、「お前は次男に生まれたが、おそらく我が家を受け継ぐのはお前であろうから」（『台記』）とその理由を語った。こうした忠実の行為を、頼長に対する偏愛によるものとする見解もあったが、それは必ずしも当を得た見方とはいえない。家の継承について、長男から長男へと伝えられるべきだとする考え方は当時の貴族社会にはまだ一般的ではなかった。むしろ、家の継承は後継者の年齢や才能などによって決められるべきだとする考えが強かったのである。

そうした目で久安元年の時点での摂関家を眺めてみると、忠通は四十九歳で摂政。これは保安二年（一一二一）に父忠実の失脚をうけて関白となって二五年を経ていた。一方の頼長は二十六歳、内大臣になってからほぼ一〇年を経ようとしていた。そして忠通の長男、基実《もとざね》はまだ三歳の幼児であった。むしろ頼長の子兼長《かねなが》・師長《もろなが》がともに八歳、隆長《たかなが》が五歳で、基実よりも年長という状況であった。

こうしたなかで、頼長の学識の深さは際立っていて、頼長には何かと批判的な『愚管抄』でさえ、「日本第一の大学生（大学者）、和漢の才に富む」と評しているほどである。忠実が忠通から頼長に摂関の地位を譲らせる考えを持つにいたったのは、摂関家の全体からみると妥当な考えといってよいのではないか。

かえって、基実が成長するまで摂関の座にとどまろうという忠通の態度のほうが利己的な考えというべきかも知れない。そして、以下に述べるさまざまな経過を経て保元三年（一一五八）、ついに十六歳になった基実を関白とすることに成功するのであるが、十代の関白の誕生という異例の事態は結果として、摂関の権威の低下を招くことになるのである。それは白河院政下で低下した摂関家の権威回復を目指していた忠実にとって最も避けたい事態であった。

忠実は父師通のあとをうけて康和《こうわ》元年（一〇九九）に二十二歳の若さで内覧となり、嘉承《かしょう》二年（一一〇七）の鳥羽天皇即位に際しては摂政となり、永久《えいきゅう》元年（一一一三）には関白となった。白河上皇とそれをとりまく高階為章《たかしなのためあき》、藤原顕隆《あきたか》などの反摂関家的な院近臣《いんのきんしん》と対抗しながら、摂関家や春日大社・興福寺などの氏神、氏寺の保護をはかるとともに、摂関家の勢力の維持、発展をはかった。そして、保安元年の関白罷免という事件を経験しながらも、白河院政から鳥羽院政への転換の中で復権し、摂関家の勢力回復に努めようとしていたなかで、忠実が頼長にいかに大きく期待していたかが知られるのである。頼長もこの忠実の思いにこたえ、朝廷の儀式復興に努め、そのことを通じて摂関家の朝廷における主導権確立に努力したのである。

忠実は忠通を説得し、氏長者《うじのちょうじゃ》と摂関の座を頼長に譲らせようとしたが、しかし、忠通から頼長へのバトンタッチはスムーズには運ばなかった。それは、忠通にも現職の摂関としての自負もあり、また摂関を自らの子に伝えたいという願いも当然あったに違いないからである。忠通の立場としては、摂関と氏長者を頼長に譲ったとして、その後に頼長から自分の子（基実）に譲られるという保証がなければ、父忠実の説得に従うことはできなかったと思われる。

関白と内覧の並立

こうしたなかで、頼長の養女多子《たし》の入内という問題がおこり、これをきっかけとして兄弟の対立はいよいよ公然たる事態となった。

頼長は妻の姪にあたる多子を幼少の頃から養って養女とし、成長の後に近衛天皇の後宮に入れる内諾を鳥羽上皇から得ていた。久安《きゅうあん》五年（一一四九）に予定されていた近衛天皇の元服が延期されたこ

図17　美福門院

とから入内の時期はずれこんだが、久安六年正月、多子の入内が実現した。

この多子入内をめぐって、忠通はその入内を妨害し、あるいは立后には表立って反対した。

そして、多子に対抗して美福門院得子の養女となっていた藤原呈子《ていし》を引き取って養女とし、多子入内の後を追ってこれを宮中に入れたのである。この呈子の入内が美福門院の後押しによるものであることは明らかで、世間でもそう噂されたという。

こうした忠通の強硬な態度から、かれが父忠実とたもとを分かつことを決意していたことがうかがわれる。久安六年九月二十六日、忠実はついに非常手段に出た。源為義《ためよし》らの武士に警護させる中で、忠通との父子の縁を切り、氏長者《うじのちょうじゃ》の地位を忠通から取り上げ、頼長に与えたのである。こうして、摂関家の分裂は決定的な段階をむかえた。

このような状況のもとで、鳥羽上皇のとった態度がいっそうの混乱を引き起こした。上皇は忠実の処置を支持するかのように忠実の願いをいれて頼長に内覧の宣旨を下す一方、忠通に対しては見捨てることもなく、摂政から関白に任じたのである。ここに、関白と内覧が並立するという前代未聞の事態が生まれた。

こうした上皇の優柔不断な態度の背景には、忠通の背後にあった美福門院の影響があったと思われる。そして、政局の焦点は、近衛天皇の後継問題に移ることとなり、美福門院の動向がカギを握ることとなった。

3―摂関家の再興

院政の成立によって、摂関家は政権の座から降りることになった。最も大きな問題は人事権を上皇に握られたため、受領をはじめとする中・下級貴族や武士などが摂関家の影響下から離れていったことである。そのために、受領らに依拠していた儀式の費用調達に支障が出たり、儀式への奉仕者が減少するなどの問題が起こり、これが摂関家が上皇に従属せざるを得ない一因ともなっていた。こういう状況を打開しようと努力したのが藤原忠実であった（元木二〇〇〇）。

摂関家領荘園の動向

折しも、白河院政下の荘園整理策は転換し、鳥羽院政のもとで院領荘園はじめ多くの荘園が設立されるようになった。そこで忠実は、まず経済面では、多くの荘園を集積して経済的基盤の建て直しをはかった。

たとえば、鎌倉時代の建長《けんちょう》五年（一二五三）の「近衛家所領目録」によれば、藤原道長の子頼通《よりみち》の時代に成立した荘園は、大きく四条宮寛子《かんし》、高倉北政所を経て藤原師実《もろざね》の室麗子《れいし》、師実に三分割されたが、それを忠実一人の所領としたり、嘉承元年（一一〇六）十二月には頼通の養女嫄子《げんし》と後朱雀天皇の間に生まれた皇女で、前年に没した祐子《ゆうし》内親王の高倉一宮領を伝領している。さらに、永久二年（一一一四）六月には、四月に死去した祖母源麗子の荘園を所有するにいたっていることから、麗子の所有する冷泉宮領、堀河中宮篤子《とくし》内親王領をも入手したものと考えられる。

これらは家領に関して、その相続方法を再編したということだが、これに加えて、地方豪族と連携して荘園を拡大、新立している。その代表的な例が薩摩《さつま》国島津《しまづ》庄である。これは大宰府官人平季基が開発して頼通に寄進した時には数百町歩の荘園であったが、忠実の時代に大幅に拡大されて八〇〇〇町歩にも及ぶ広大な荘園になっており、さらに鎌倉時代初期には薩摩、大隅《おおすみ》、日向《ひゅうが》の三ヵ国にまたがる大荘園となっている。また、宇佐《うさ》八幡宮領が摂関家の家領化したのも忠実の時であり、奥州の藤原清衡《きよひら》と提携して奥州にも摂関家領を確保している。

こうした忠実の摂関家領再建策の結果、経済的基盤の再建に成果をおさめることができた。このことは、忠実の時代に摂関家の家政経済の状況を記録した『執政所抄』という帳簿が成立したことにも示されている。この帳簿をみると、年中行事の費用は「下家司《しもけいし》」（後述）の活動と荘園からの調達によっていて、摂関家の経済が荘園によって成り立つようになっていたことを示している。

院の家政機関としての「院庁《いんのちょう》」が存在したように、摂関家にも「摂関家政所」という家政機関が存在した。もっともこうした「政所」は親王や他の三位《さんみ》以上の貴族が設置することができたから、摂関家だけが特別であったわけではない。

家政機構の整備

摂関家政所が確認できるのは、少しさかのぼるが、延長《えんちょう》三年（九二五）に「政所」が石塔を造ったという『貞信公記抄《ていしんこうきしょう》』の記事で、一〇世紀はじめには摂関家の政所が成立していたことがわかる。政所は別当をはじめ、令、知家事《ちけじ》、大少の従《じゅ》、書吏《しょり》、案主《あんじゅ》等の職員によって構成されていた。このうち、別当は四・五位クラスの中級貴族が任命されるが、家政機関の最上層を構成し、さまざまな儀式の実施事務にあたった。令は律令にも規定された「家令《かれい》」の系譜を引く職名で、本来は太政官によって任命されるものであったが、平安時代になって他の政所職員同様、主君の命で任命されるようになったらしい。以上の別当・令は「家司」と呼ばれた。これに対し、知家事以下の従、書吏、案主等は「下家司」と総称され、位階も六位以下に限定されていた。

政所は、律令制のもとにあった「家務所」の系譜を引きながらも、新たな役職である別当の存在に示されるように、律令制の枠組みから脱却した新たな家政機関として成立、発展したのである。

次に問題なのは、摂関家が主宰して行う年中行事等の儀式への出仕者が減少して、儀式を実施することに支障が生じてきたことである。これを解決するためには、政所職員を統制し、これを把握することが必要になる。そのために機能したのが「侍所《さむらいどころ》」である。この「侍所」という名称は、鎌倉幕府や室町幕府などの武家政権の御家人統制機関としてよく知られている。しかし、侍所は先に述べた政所同様、摂関家をはじめとする公家貴族の場合にも置かれた家政機関のひとつである。侍所の名称が初めてみえるのは宮中で、天皇の居所である「清涼殿侍所」という名称が儀式書にみえる。これは「殿上《てんじょう》の間《ま》」のことで、そこには殿上人《てんじょうびと》（五位以上のもののうち（六位蔵人を含む）、天皇の日常生活の場である清涼殿南廂への昇殿を許されたもの）の出勤管理に関する「日給簡《ひだまいのふだ》」や宴会・儀式用の大盤、椅子、日記簡などが置かれていた。

貴族の家政機関としての初見は『貞信公記抄』の延喜《えんぎ》十九年（九一九）十月の記事で、摂関家（藤原忠平《ただひら》）の侍所である。忠実の時代の侍所は、蔵人所と呼ばれることもあったようで、そのようすを示す史料（『類聚雑用抄《るいじゅうざつようしょう》』）によると、そこには宮中の殿上の間（侍所）と同様、台盤《だいばん》、日給簡、名簿唐櫃《みょうぶからびつ》、着到《ちゃくとう》などがあった。こうした備品から判断すると、宮中の侍所と同様、家人の出勤や人事を管理したり、宴会を催したりする場所で、侍所の職員は宿直《とのい》を行った。

なお、「侍」の本来の意味は、六位級の官人及びその家柄の者を指していう呼称であり、侍を武士と同じ意味とするのはかなり時代が下り、少なくとも鎌倉時代までは六位級の下級官人のことを意味していた。摂関家はじめ貴族の侍所は、そうした六位級の官人である侍が伺候《しこう》し、家政機関職員の出勤管理や人事管理などを統括する機関であったのである。こうした家人統制に関する機能が鎌倉幕府の侍所に継承されたのである。

忠実の時代には侍所に関する記事が多く見られる。それは、史料の残り方などの面を考慮するとしても、侍所の機能が発展し、家人統制に力を入れるようになったためと考えることができる。荘園管理に関する政所の機能、家人統制のための侍所の発展、ここに摂関家が中世的権門に成長していく姿を見出すことができる。

4——院政の成熟

国王の氏寺法勝寺

時代は白河上皇の時代にさかのぼるが、承暦《じょうりゃく》元年（一〇七七）十二月十八日、法勝寺《ほっしょうじ》の堂舎《どうじゃ》完成供養が行われた。所在地は平安京郊外の白河、今の京都市左京区岡崎にあたる。白河天皇・その祖母陽明門院《ようめいもんいん》、中宮賢子《けんし》以下の皇族、関白師実以下の公卿殿上人が臨席し、庭にしつらえられた舞台では種々の舞楽が奉納され、三〇〇人の僧侶による供養会が行われた。完成した堂舎は、金堂《こんどう》・講堂・五大堂・阿弥陀堂・法華堂などで、金堂付属の回廊《かいろう》、鐘楼《しょうろう》、経蔵《きょうぞう》、僧坊、釣殿《つりどの》御所、南大門、南面東西脇門、北大門、北小門、北面東西脇門、西大門、西面南北門、西面南次門、三面築垣《ついがき》などもやがて完成し、壮大な伽藍《がらん》をあらわすことになる。有名な八角九重塔は、やや遅れて永保《えいほ》元年（一〇八一）十月二十七日に心柱《しんのはしら》が建てられ、永保三年十月一日に薬師堂、八角円堂とともに完成した。建設は続き、応徳《おうとく》二年（一〇八五）には常行堂、天仁《てんにん》二年（一一〇九）に

図18　法勝寺発掘遺構全景

は北斗曼荼羅堂、保安《ほうあん》三年（一一二二）には小塔院が完成している。この小塔院には小塔二六万三〇〇〇基が納められ、さらに大治《だいじ》三年（一一二八）に円塔一八万余基が加えられている。その豪勢さは他に例をみるものがなく、『愚管抄』は「国王の氏寺《うじでら》」と称している。

こうした堂塔はすべて成功《じょうごう》によって造営された。最初に完成した分についてみると、金堂・講堂・回廊・鐘楼・南大門は高階為家《ためいえ》の播磨《はりま》守重任《ちょうにん》の功、五大堂は藤原良綱《よしつな》の阿波《あわ》守の功、阿弥陀堂は藤原顕綱の丹波《たんば》守の功、法華堂は藤原仲実《なかざね》の某国受領の功によって建てられている。

法勝寺の造立は、承保《じょうほ》二年（一〇七五）六月に始まったが、その建設地付近にはもともと白河殿と呼ばれる摂関家の別邸があったらしい。古く九世紀半ばに摂政藤原良房《よしふさ》がこの地に別邸を構えたのが始まりのようで、それは基経《もとつね》、忠平からさらに道長へと伝領された。桜の名所で、公卿らが招かれて、観桜の宴やさまざまな行事が催されたという。

この邸宅は道長から頼通へ、さらに師実へと伝えられたが、承保元年二月頼通が亡くなると、師実は白河天皇に献上したのである。そこには、前代の後三条天皇と頼通の対抗関係とは変わり、白河の中宮賢子が師実の養女という関係から、師実は形の上で白河の外戚となったということがあったのではないかと思われる。

なお、近年の発掘調査で、法勝寺金堂跡遺構の下の東西の二条の溝が、またその東方にも東西の二条の溝が発掘されていて、白河殿の遺構の可能性が指摘されている。これがそうだとすると、白河殿の跡地に法勝寺が造立されたことが確実になると思われる（堀内二〇〇六）。

ところで、法勝寺は当初三綱《さんごう》と白河上皇の関係者を含む俗人の実務者以外は常駐せず、僧侶はふだんはほとんど住んでいなかったという説（山岸一九九八）と、白河の地は頼通の時代から急速に開発が進み、寺辺に僧俗が常住する舎屋《やかす》が立ち並ぶ都市的景観を有していたとする見解（上島二〇〇六）が並立している。前者の説では、法会が行われる際は、京内外から本寺を別に持つ僧侶が法会の時だけ集まってくるのであり、ふだんは人気もない巨大な伽藍が、法会に際しては多くの僧侶、人々でにぎわうという光景を想像することができるとしている。一方後者では、白河の地は頼通による白河殿の整備を契機に都市的性格を持つようになり、法勝寺の造営により中世的な都市景観を有するようになったとしている。いずれにしても、十二世紀初頭に次々と「六勝寺」と総称される国王の氏寺が建てられると、白河地区はさらに大きく変貌することになる。

まず、二条大路東端の北側に、康和《こうわ》四年（一一〇二）に堀河天皇の御願寺尊勝《そんしょう》寺が、元永《げんえい》元年（一一一八）に鳥羽天皇の御願寺最勝《さいしょう》寺が、南側には大治元年～二年に待賢門院の御願寺円勝《えんしょう》寺が、保《ほう》延《えん》五年（一一三九）に崇徳天皇の御願寺成《じょう》勝《しょう》寺、久安《きゅうあん》五年（一一四九）に近衛天皇の御願寺延《えん》勝《しょう》寺が、というように白河院政期から鳥羽院政期にかけて次々に造立されていった。そして、この間、嘉保《かほう》二年（一〇九五）に院御所として白河南殿（泉殿）が、永久二年（一一一四）にはその北側に白河北殿が造営されている。

ところで、法勝寺の伽藍配置は、塔・金堂・講堂・薬師堂が南北に一直線に並んでいたことが文献資料から判明している。いわゆる四天王寺《してんのうじ》式伽藍配置で、復古的な景観を呈した国家鎮護の寺院という性格が指摘されている。しかし、法勝寺の特色はもうひとつある。それは他の「五勝寺」にはない、大きな池をもつ庭園があることである。これは法勝寺が摂関家の邸宅の地に建てられたことから、そこに付属していた園池《えんち》を引き継いだ可能性が指摘されている。復古的な景観を有する鎮護国家の寺院と園池という法勝寺の組み合わせには、参考とした寺院があった。それは、藤原道長の造営した法《ほう》成《じょう》寺である。

法成寺は寛仁《かんにん》四年（一〇二〇）の創建当初は無量寿院《むりょうじゅいん》と称し、出家した道長が住む僧坊（寝殿）と阿弥陀堂、池付き庭園からなる浄土教的な寺院であったが、治安《ちあん》二年（一〇二二）に金堂と五大堂が完成して以降、金堂を中心とした本格的な寺院、法成寺として発展していった。白河上皇は法勝寺を造営するにあたって、道長のつくった法成寺を模倣することで摂関政治からの政治の継続性を意識しつつ、法成寺にはない「八角九重塔」という異質な、しかもきわめて目立つ建物を加えることで、白河上皇の独自性を主張し、摂関政治を乗り越えようとする立場を明確にしたのではないか、とする説が提唱されている（美川二〇〇三・上島二〇〇六）。

王家の都市鳥羽殿

一方、鳥羽の地に建てられた王家の御所たる鳥羽殿は、白河院政が開始された応徳《おうとく》三年（一〇八六）当初から白河上皇譲位後の御所として構想、建設された。場所は現在の京都市南区上鳥羽、伏見区竹田・中島・下鳥羽一帯にあたり、一四世紀頃まで代々院御所として使用された。この地は、平安京から南へ三キロ、賀茂川と桂川の合流点に位置し、山陽道も通る交通の要衝で、平安京の外港《がいこう》としての役割を持つ場所であった。

建設期間は白河・鳥羽院政期のほぼ全期間にわたるが、まず第一段階として、院政開始二年目の寛《かん》治《じ》元年（一〇八七）に南殿、翌年に北殿と造営がはじまり、その後寛治四年に馬場殿、寛治六年四月の泉殿の完成という、白河院政前期の事業があげられる。白河上皇は、白河の地に国家的法会を行う法勝寺の造営を進めつつ、鳥羽の地には王家の御所を造営したことになる。鳥羽殿の南殿付属の御堂として証金剛院《しょうこんごういん》が完成するのが康和《こうわ》三年（一一〇一）で、それまでは寺院の存在はうかがうことができない。

鳥羽殿について『扶桑略記《ふそうりゃくき》』によれば、百余町に及ぶ領域の半分ほどを占める「南北八町、東西六町」の池が存在していたが、これは園内の築山《つきやま》とともにこの地が離宮としての遊興空間であることを示している。実際にも、歌会、観月会《かんげつかい》、舟遊びや、競馬《くらべうま》、騎射《きしゃ》、流鏑馬《やぶさめ》などの武芸が盛んに行われた。

一方、政務の場としての「院御所」は、むしろ京中に中心があった。白河院政期では、朝廷の重要な政務のひとつ、除目《じもく》は、京中の院御所で行われることが多く、院御所議定が九八例確認されるうち、鳥羽殿八例、白河殿二例で、残りは京中の院御所で行われている。つまり、京外に位置する白河や鳥羽の地は、王家の家政について審議する場であったということができる。

鳥羽殿には、「武者所《むしやどころ》」「御厩《みまや》」「鳥羽御倉《みくら》」「北面衛府《ほくめんのえいふ》」「仏所《ぶつしょ》」「納物所」「修理所」などがあったことがわかっているが、このほか重要なものに貴族の直廬《ちょくろ》（宿所）、すなわち白河上皇、鳥羽上皇の院近臣の宿所である。これは、鳥羽殿が院御所と院近臣の宿所から構成されていたことを示している。

ところで鳥羽殿の各殿舎には、白河上皇および鳥羽上皇によって仏堂が営まれた。先にあげた最初に造営された証金剛院のほか、北殿には勝光明院《しょうこうみょういん》（保延二年（一一三六年））、泉殿には成菩提院《じょうぼだいいん》（天承元年（一一三一））、東殿には安楽寿院《あんらくじゅいん》（保延三年）、田中殿には金剛心院《こんごうしんいん》（久寿《きゅうじゅ》元年（一一五四））が造営された。とりわけ、保延五年（一一三九）に鳥羽院近臣の藤原家成《いえなり》によって三重塔が安楽寿院の東に造営されている。この塔は後に本御塔と呼ばれ、上皇が保元元年（一一五六）に没した際にはこの本御塔が墓所となった。現在の安楽寿院の本尊である阿弥陀如来像は、この本御塔の本尊として造られたものと推定されている。その後久安四年（一一四八）頃には鳥羽法皇の皇后美福門院のために別の三重塔が建てられ、こちらを新御塔と称した。なお、美福門院は遺言により高野山に葬られており、新御塔には鳥羽法皇と美福門院との子で夭折《ようせつ》した近衛天皇が葬られることになった。

この法勝寺の造立とそれに引き続くいわゆる「六勝寺」の建立、院御所の造営によって、白河の地が平安京の外郭に位置する新たな都市空間として発展していくことになるのであり、鳥羽の地は、王家が軸となった権門都市としての姿をあらわすようになる（本書六―3参照）。

王家領荘園の形成

白河院政期の荘園整理の方針は、鳥羽院政下で放棄され、そのもとで摂関家領荘園の再編・拡大が行われた。ここでは、王家自らが荘園の集積・拡大を行い、いわゆる王家領荘園、院領荘園を形成した点について述べよう（高橋一樹二〇〇四）。

一二世紀初めから中ごろの鳥羽院政期は、院や女院による御願寺造営が頂点を迎えた時期であった。先に述べたように、平安京の郊外、白河・鳥羽の地にあわせて十数ヵ寺が建立されたのである。

ところで、白河の地に法勝寺を創建し、六勝寺の先鞭をつけた白河上皇は、御願寺の経済的基礎には「封戸《ふこ》」を充《あ》て、不足分を荘園でまかなうという方針を示した。しかし、現実には一一世紀末から一二世紀初めの頃には律令制的な給付制度である封戸制度は十分機能することができなくなっており、白河上皇の荘園整理の方針があるにもかかわらず、実際には天皇の御願寺においてもその経済的基盤は荘園に依拠していた。そして、鳥羽院政期になってこの動きが加速されたのである。したがって、そのほとんどの御願寺には新たに付属の荘園が立荘され、それが王家領の基礎のひとつとなったのである。

十三世紀前半に八条女院領《はちじょうにょいんりょう》と呼ばれる二二一ヵ所の荘園から構成された所領があった。これは、多くの王家領荘園群のなかでも最大級のものであった。八条院というのは、鳥羽上皇と美福門院との間に生まれた皇女である。この所領のうち、中核となる直轄《ちょっかつ》領七九ヵ所をはじめ、安楽寿院領四八ヵ所、歓喜《かんぎ》光院《こういん》領二六ヵ所など、大半の所領は、鳥羽院政期に集積されたものと推定されている。

なかでも、鳥羽殿に造営された安楽寿院付属の荘園は、成立期には四三ヵ所の荘園からなり、その分布は畿内を中心にその周辺から畿内近国の二八ヵ国にわたって分散している。この四三ヵ所の荘園のうち、四ヵ所は白河上皇の時代に立荘《りっしょう》されたことが明らかであるので、残りの三九ヵ所は鳥羽院政期に立荘されたのである。

ちなみに、この八条院領荘園は、八条院→春華門院《しゅんかもんいん》昇子内親王《しょうしないしんのう》→順徳《じゅんとく》天皇→後高倉《ごたかくら》院→安嘉門院《あんかもんいん》→亀山《かめやま》院→後宇多《ごうだ》院→昭慶門院《しょうけいもんいん》憙子《きし》内親王→後醍醐《ごだいご》天皇と伝領され、大覚寺《だいかくじ》統《とう》の荘園の中核を構成した。

一方、長講堂領《ちょうこうどうりょう》荘園も王家領荘園のもうひとつの中核となった。これは、後白河院の院御所である六条殿《ろくじょうどの》内に建立された持仏堂「法華長講弥陀《ほっけちょうこうみだ》三昧堂《ざんまいどう》」（長講堂）を起源とする。後白河院は長講堂とその所領を寵姫丹後局《たんごのつぼね》所生の宣陽門院《せんようもんいん》覲子《きんし》内親王に譲った。四二ヵ国八九ヵ所に及ぶ膨大な荘園群は、その後、後深草《ごふかくさ》天皇→伏見《ふしみ》天皇→後伏見《ごふしみ》天皇→花園《はなぞの》天皇→光厳《こうごん》天皇→崇光《すこう》天皇→後小松《ごこまつ》天皇と伝領され、持明院統《じみょういんとう》の重要な経済的基盤になった。

白河院政期から始まった王家領荘園の形成には院近臣が深く関わっていた。白河院政期の立荘に関わった近臣としては、村上《むらかみ》源氏の源顕房《あきふさ》、藤原末茂《すえしげ》流（四条流）の藤原顕季《あきすえ》らが知られる。特に藤原顕季は、白河上皇の皇女郁芳門院《いくほうもんいん》（媞子《ていし》内親王）の菩提を弔うために皇女の住まいを六条院として造進し、その荘園として伊賀《いが》国鞆田《ともだ》荘を立荘するに際して、平正盛《まさもり》の私領寄進を仲介したことで有名である。これにより、伊勢平氏が白河上皇と結びつき、勢力を拡大するきっかけをつくったのである。

重要なのは、王家領荘園群の形成は、鳥羽院政期に入って急速に進んだことであり、そこに院近臣として大きな役割を果たしたのが、藤原末茂流の藤原家成であったことである。家成は院近臣藤原顕季の孫にあたり、受領系の院近臣であった。この顕季の人脈をみると、かれの嫡男長実《ながざね》は白河・鳥羽両上皇に仕えた近臣で、その女得子（美福門院）が鳥羽院の寵愛を得て、諸大夫《しょだいぶ》層出身としては異例の皇后になり、近衛天皇やその姉暲子《しょうし》（八条院）を生んでいる。顕季の二男家保《いえやす》も両院の近臣で、三条烏丸《からすま》の院御所や鳥羽殿の証金剛院などの造営を行った。この家保の子が家成で、鳥羽院第一の寵臣となったのである。鳥羽院政下において、待賢門院から美福門院へと鳥羽院の寵愛が移ったことを契機に、家成と美福門院が連携し、宮廷社会に勢力を占めるに至った。

家成は、諸大夫層の家柄でありながら、鳥羽院の寵臣として厚遇を受

図19　院近臣略系図

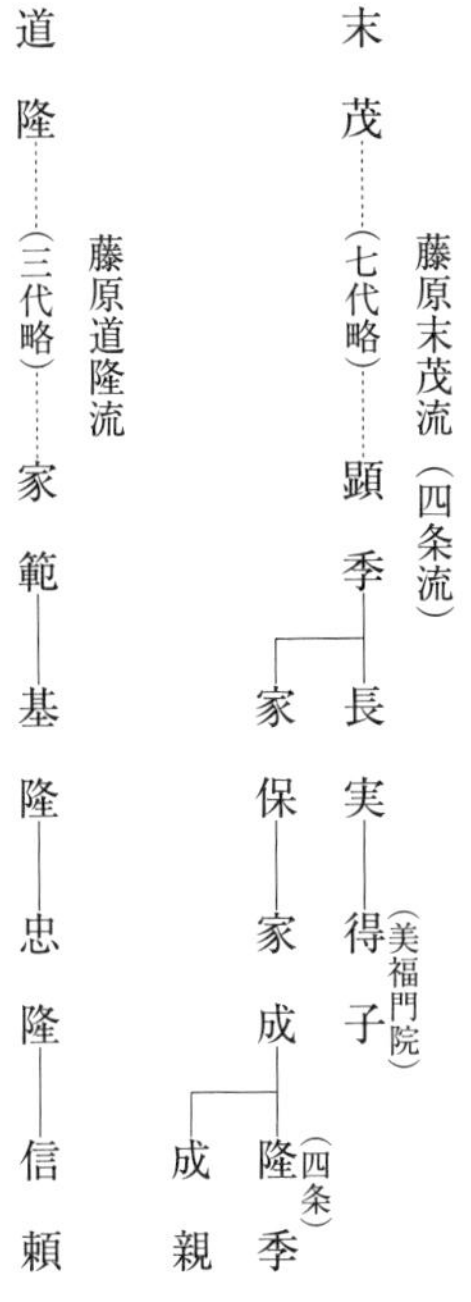

けて公卿にまでのぼり、家格を上げた。近臣として播磨・越後《えちご》などの大国を四ヵ国同時に与えられ、その経済力で院への奉仕を行った。こうして家成が造営を請け負った御願寺には、白河の宝荘厳院や仏頂堂、鳥羽殿の安楽寿院（本御塔）、勝光明院（宝蔵）、金剛心院などがあったが、これらの寺院で行われる法会や儀式を行うための財源としての荘園も自らの知行国で立荘したのである。

四　軍事貴族から武士へ

1――武士の成立

武士とは

武士とはどのように発生したのであろうか。このことについて、従来は次のように考えられていた。

まずは、教科書などに書かれている旧来からの通説である。

〝律令制の下では、奈良時代は弾正台《だんじょうだい》・衛府《えふ》・京職《きょうしき》、平安時代初期に検非違使《けびいし》が加わり、京内の警察活動を行い、地方では国司・郡司が治安の維持にあたった。ところが、平安中期以降、律令制が動揺し、国家による治安維持活動が弛緩《しかん》してきたため、盗賊や群党がおこった。そこで、地方豪族や有力農民は自ら開発した所領を守るために武装し、そこから武士が発生した〟と。

これは、武士は在地に根を張った「在地領主」に起源があり、草深い田舎＝地方から発生したという説である。

これに対し、近年においては、「職能的武士論」という考え方が登場してきた。すなわち、初期の武士は、律令制下の五衛府を中心とした武官や、宇多《うだ》天皇の時代に創設された「瀧口《たきぐち》」のことを意味したが、やがて内裏の警護をした近衛府を中心とした武官に武芸や武器・武具が継承され、さらにそれが一〇世紀以降都に拠点を有した源氏や後には平氏に受け継がれ、それが武士となった、という説である（高橋昌明一九九九）。これは、武士は王権によって認知・認定された存在であるという考え方にもなる。

また、国衙《こくが》の軍事政策の中から武士が生まれたとする説もある。この説では、職能的武士論を批判し、武士は国家から追捕官符《ついぶかんぷ》という犯人逮捕の命令を受け、罪人の追捕、反乱鎮圧などの軍事行動をとる権利と義務を手に入れた、世襲的戦士身分であるとする。この見解では、承平《じょうへい》・天慶《てんぎょう》の乱の意義を重視しつつ、延喜《えんぎ》年間に追捕官符や押領使《おうりょうし》などが再編、強化された点をより重視し、九世紀末から一〇世紀初頭における東国の反乱の鎮圧者を武士の出発点として位置づける（下向井一九九五・二〇〇二）。

これらに対し、承平・天慶の乱の鎮圧者の子孫が、兵のイエの成立する一〇世紀末頃に「武士」という職能を誕生させたという新しい考えもある。この説は、職能的武士論を踏まえながら、武士成立の契機として、貴族のイエが成立する一〇世紀後半に武士のイエも成立したこと、その「イエ」にとって承平・天慶の乱の鎮圧者であったことが極めて重要な「記憶」として武士のイエ自身にとどまらず、社会的な記憶として定着していったことを論じている（元木一九九四、川尻二〇〇二・二〇〇七）。

「武士」という言葉がはじめて見えるのは、『続日本紀《しょくにほんぎ》』養老《ようろう》五年（七二一）正月甲《こう》戌《じゅつ》条に「文人・武士は国家の重みとする所なり」とあるもので、奈良時代では「文人」に対する言葉として用いられており、衛府の武官としての職能を表している（高橋昌明一九九九）。ただ、これを平安時代の武士と関係づけることはできない。というのは、古代の「武士」、たとえば奈良時代以前の佐伯《さえき》氏以下の軍事氏族は平安時代には武士としては現れない。また、律令制下の衛府の官人としてみえる小野《おの》氏、坂上《さかのうえ》氏、紀《き》氏などは、一〇世紀以降、明法道《みょうぼうどう》、文《もん》章道《じょうどう》などの文人（文官）として活躍するようになり、軍事貴族として活躍した形跡はないのである。したがって、奈良平安初期までの軍事氏族と、一〇世紀以降の武士との間には系譜的な関係を見出すことはできず、同じ「武士」といってもそこには断絶があると考えざるをえない。

承平・天慶の乱と「兵」

武士の発生を考えるうえで重要なのは、平安時代中期以後の武士に対する見方である。摂関時代頃には武士の条件として「家ヲ継ギタル兵《つわもの》」（『今昔《こんじゃく》物語集』巻二五—七）とあるように、「イエ」、「血統」が重視されていたのである。そして、この武士のイエの成立にとって一〇世紀前半の承平・天慶の乱、とりわけ平将門《たいらのまさかど》の乱が重要な契機となっていたと考えられる。

将門の乱は都の貴族にとって、後の時代にまで記憶にとどめるべき重大事件であったらしい。そのことは、この乱を契機に、坂東に国司が赴任するのに際して、押領使を兼任し、随兵《ずいひょう》を付けることを認められるという先例が成立したり、将門の乱・藤原純友《ふじわらのすみとも》の乱の平定に感謝するために、天慶五年

（九四二）に初めて行われた石清水八幡宮《いわしみずはちまんぐう》の祭祀が、後の石清水八幡宮臨時祭《りんじさい》の始まりであったことなど、朝廷の政務や儀式にも影響を与えていることからもわかる。承平・天慶の乱は、それほど都の貴族にとって忘れることのできない事件であった。また、安和《あんな》の変のさいに「禁中の騒動、ほとんど天慶の大乱のごとし」（『日本紀略《にほんきりゃく》』安和二年（九六九）三月二十五日条）とされたり、院政期の南都《なんと》北嶺《ほくれい》の強《ごう》訴《そ》に際して「天下の災い、未だかくの如きこと有らず」「将門の乱逆の如くんば、偏《ひとえ》に追討すべきに依り、強いて大事に非ざるか」（『永久《えいきゅう》元年記』）として、強訴が将門の乱を上回るとしたり、さらには源頼朝《みなもとのよりとも》挙兵の第一報を聞いた九条《くじょう》（藤原）兼実《かねざね》が「あたかも将門のごとし」（『玉葉《ぎょくよう》』治承《じしょう》四年（一一八〇）九月三日条）と述べるなど、天慶の乱は中世の争乱の濫觴《らんしょう》として記憶されるべきものでもあった。

こうした天慶の乱に対するマイナスイメージ（畏怖と嫌悪）の記憶は、逆にこの乱を鎮圧した者（兵）＝貞盛《さだもり》流平氏、清和《せいわ》源氏、秀郷《ひでさと》流藤原氏に対する特別な見方を生んだと思われ、平安貴族の「武士」に対する観念を規定し、それが武士のイエの成立に大きく影響したと考えられる（川尻二〇〇二・二〇〇七）。

中央政権と軍事貴族

九世紀末から一〇世紀初めにおこった坂東における群党蜂起に対して、政府は軍事的対応に迫られ、まず、東北地方の服属した蝦夷《えみし》を俘囚《ふしゅう》として国衙《こくが》の武力に登用し、騎射《うまゆみ》を導入したが、俘囚の末裔が武士となったわけではない。むしろ、「群党」を構成する地方豪族の一部を国衙の武力として組織化した点が重要である。

すなわち、九世紀後半頃から国衙は院宮王臣家《いんぐうおうしんけ》の家人《けにん》を「諸家兵士」として、あるいは富豪浪人を集めて「諸国兵士」として国衙の軍制に組織化し、動員する体制をつくり、かれらを押領使、追討使《ついとうし》、追捕使《ついぶし》などの軍事的役職に任命していったのである。

まず、押領使についてみると、その初見は将門の乱であるが、起源は延喜年間の群党蜂起を鎮圧した時にさかのぼると推定されている。将門の乱に際しては、武蔵介《むさしのすけ》源経基《つねもと》が将門の謀反を朝廷に訴え、それが受理された日に、東国の権介《ごんのすけ》（相模《さがみ》権介 橘 是茂《たちばなのこれもち》、武蔵権介小野諸興《おののもろおき》、上野《こうずけ》権介藤原維条《これつな》）を押領使に任命している。また、常陸《ひたち》国府が将門に襲撃された後には、坂東八ヵ国の掾《じょう》が任命され、それが押領使になっている。人名のわかるものとしては、下野国の藤原秀郷、常陸国の平貞盛《さだもり》、相模国の橘遠保《とおやす》、上野国の平公雅《きんまさ》、下総《しもうさ》国の平公連《きんつら》があるが、いずれも各地の有力者である。将門の乱を契機に坂東諸国を中心に押領使が常置されるようになり、国司が兼帯《けんたい》する場合のほか、部内の武勇に秀でた有力者が任命される場合があった。押領使は一国単位で任命され、太政官から諸国宛に下された追捕官符に基づいて軍事行動を起こすことができた点が重要である。

追捕使、追討使は同じものであるが、おおよそ九世紀から一〇世紀は追捕使、それ以後は追討使と呼ばれるようである。追捕使の初見は延暦《えんりやく》十六年（七九七）であるが、一〇世紀には検非違使を務める衛府官人が都から派遣された。一一世紀には、検非違使の尉《じょう》と検非違使の志《さかん》がセットで任命される例がみえるが、その後武勇に秀でた源平両氏が任ぜられるようになった。

さて、武士が生まれる契機について、「追捕《ついぶ》官符《かんぷ》」が果たした役割を重視する研究がある（下向井一九九五・二〇〇一、川尻二〇〇二・二〇〇七）。この官符は争乱の犯人の追捕を命ずる勅符《ちよくふ》・官符・宣旨《せんじ》などの命令のことで、追捕官符を受けた者は、軍勢の徴発・追捕の軍事行動を認められ、押領使、追討使、追捕使として鎮圧することができれば恩賞に預かることができたのである。追捕官符自体はすでに奈良時代から存在するから、それ自体が武士を誕生させたわけではないが、将門の乱に際して出された、天慶三年（九四〇）正月十一日官符の持つ意味が注目されている。

この官符は、将門を殺害した者に四位と田地を、次将《じしよう》を滅ぼした者に官爵を賜ることを約したものだが、将門の乱後、藤原秀郷が従四位下下野守、平貞盛が従五位上右馬助《うまのすけ》に大抜擢されたり、数十人の者が恩賞に預かったのも、この官符に基づくものであった。

秀郷流藤原氏、貞盛流平氏、清和源氏ら、天慶の乱の平定に功績のあった者の家系に属する者が「武士」として認知され、一〇世紀末期に「イエ」が成立することによって、武士が成立したとする考え方によれば、武士の成立にとって、追捕官符、とりわけ天慶三年正月十一日の太政官符の持つ意味はきわめて大きいことになるのである（川尻二〇〇二・二〇〇七）。

承平・天慶の乱は、九世紀末から一〇世紀初頭における地方社会の転換にともなう矛盾が集中してあらわれた事件であった。政府はこの大乱を克服することを通じて次の時代の社会、摂関時代＝王朝国家の繁栄を実現していった。そして、軍事的には、この兵乱の鎮圧に功績を上げた平貞盛・藤原秀郷・源経基の三つの家が、京の「兵」＝中央軍事貴族の地位を確立し、その子孫は貞盛流平氏・秀郷流藤原氏・清和源氏（河内源氏）として摂関時代に中央軍事貴族（兵家貴族）、地方軍事貴族として活躍することになったのである。

都の武者＝京武者の源流

将門の乱の後、平定に功績のあった藤原秀郷は六位の押領使から一足飛びに従四位下下野守に、平貞盛は従五位下右馬助に任命され、純友の乱の平定に活躍した源経基は太宰少弐《だざいのしように》に任命された。これらの官職は四位・五位の「諸大夫《しよだいぶ》」の地位に相当し、中央貴族の任ぜられるものである。このことは、かれらが乱の平定の功により、その政治的地位を六位以下の「侍《さぶらい》」から四位・五位の「諸大夫」「通貴《つうき》」に大幅に向上させるとともに、その活動拠点を都に移したことを示している。

そして重要なのは、かれら中央軍事貴族が、緊急時に際して天皇の直接の命令で軍事目的で動員されるようになったことであり、いわば天皇・朝廷の直属の武力として位置付けられたことである。公式の武力である検非違使や衛府ではなく、職務とは直接関係のない軍事貴族を、「堪武官人」（『西宮記《せいきゆうき》』天徳《てんとく》四年（九六〇）十一月十四日）、「堪武芸之輩」（『扶桑略記《ふそうりやつき》』天延《てんえん》元年（九七三））などとして動員している。ここに、特定貴族にのみ結びついていた諸家兵士の段階とは異なった、朝廷直属の新しい軍制ができあがったのである。

元木泰雄は、摂関時代における軍事貴族を、それ以前の貴族（院宮王臣家）の私兵としての「諸家兵士」、国衙が富豪浪人を集めて組織した「諸国兵士」の段階から質的に異なる存在として、「兵家貴族」と呼んでいる。その特徴は、武芸の世襲を実現し所領と郎従《ろうじゅう》（郎等《ろうとう》）を組織していながら、追討使としての選任基準が、持っている武力の評価よりも、追討使にふさわしい検非違使などの公的官職の有無によっていること、つまり「武士」であることが武力の発動の条件になっていない点にある。

なお、一一世紀後半以降になって明確化する都の武士＝「京武者」は、この「兵家貴族」の段階から発展し、保持する公的官職に関係なく、武士の家柄であることを前提としつつ、武力の評価によって王権に動員される存在とされており、一二世紀半ばの保元《ほうげん》の乱・平治《へいじ》の乱を経て、「武家の棟梁《とうりよう》」が成立するとされている（元木一九九四）。

さて、その後の中央軍事貴族の動向をみておくと、源経基の子源満仲《みつなか》は、安和二年（九六九）に起こった安和の変で左大臣源高明《たかあきら》を密告した人物で、かつてはこれをきっかけに、清和源氏が摂関家と強く結びつくことになったと理解されてきた。それは、この事件が藤原北家の他氏排斥の最後にあたり、そのきっかけをつくった満仲は摂関家の奉仕者と理解されてきたからである。

しかし、この事件の性格が藤原北家の「他氏排斥」という側面はあるものの、むしろ源高明は醍醐《だいご》天皇の皇子で、かつ北家に属する右大臣藤原師輔《もろすけ》の女婿であることから、天皇の外戚である摂関家と、父系の血縁関係にある皇親・源氏という天皇一族内部の内紛と考えた方が良いことが指摘されている。したがって、必要以上に満仲と北家の関係を主家と従者と関係としてとらえる必要はなく、満仲と高明の関係も敵対的な関係ということはできないという（元木一九九四）。

『今昔物語集』巻十九―四「摂津《せっつ》守満仲出家《しゅっけ》の語《こと》」には、満仲について、

> 世に並び无《な》き兵にて有ければ、公けも此れを止む事无き者になむ思食しける。亦大臣・公卿より始て世の人皆此れを用ヰてぞ有ける

と述べている。世に並びなき兵＝軍事貴族であった満仲は、天皇をはじめ各大臣・公卿らに起用されており、摂関期においては、多くの貴族と接触していたとすべきだと考えられている。

ところで、安和の変では藤原秀郷の子の千晴《ちはる》も連座して失脚し、隠岐《おき》国に流された。このことで秀郷流藤原氏は、軍事貴族の第一人者としての地位を清和源氏に譲ることになったが、中央軍事貴族としての地位は失うことはなかった。千晴失脚後の秀郷流藤原氏は、千晴の弟千常《ちつね》、文脩《ふみなが》、文行《ふみゆき》らが都の武者としての活躍を続け、摂関時代には摂関家に、院政期になると院の北面に伺候《しこう》し、検非違使や衛門府《えもんふ》官人《かんじん》に代々就任している。ちなみに、歌人にして秀郷流故実を伝える弓馬の達人西行《さいぎょう》は、俗名佐藤義清《さとうのりきよ》といい、文行から数えて七代目にあたる中央軍事貴族である（野口二〇〇一）。

地方（辺境）軍事貴族の動向

将門の乱を鎮圧した貞盛流平氏、秀郷流藤原氏は中央軍事貴族の地位を得るとともに、その一族は将門の乱の舞台であった坂東の地で国衙と関係をもちながら勢力を伸張させていった。以下、坂東における地方軍事貴族の動向を概観しておこう。

図20　秀郷流藤原氏略系図

まず、秀郷流藤原氏であるが、安和の変で千晴が失脚した際、秀郷流の本拠地下野国に対して太政官符を下し「故秀郷子孫に教喩《きょうゆ》を加えるべき」ことを命じている。おそらく、千晴に服属する勢力の挙兵を警戒したものと思われる。都の秀郷流の中央軍事貴族と、下野に勢力をもつ秀郷流の地方軍事貴族が密接な関係を持ちながら、現地に勢力を拡大していたことを物語っている。

実際、鎮守府将軍を世襲した文行の弟・兼光の子孫の系統は、坂東に土着し勢力を築いた。鎌倉時代に秀郷流の嫡家を標榜《ひょうぼう》する小山《おやま》氏や、院政期に奥州にきわめて大きな勢力を有するにいたった奥州藤原氏がこの系統に属すが、その他関東一帯に多くの秀郷流の武士団が分流したのである（野口二〇〇一）。

平貞盛やその弟繁盛《しげもり》の系統（貞盛流平氏＝常陸大掾《だいじょう》氏の祖）についてみると、貞盛やその子孫は中央軍事貴族として都を舞台に活動したが、繁盛の子維幹《これもと》は常陸国に勢力を築いていった。都と坂東（常陸）に分かれながらも、両者の間に密接な関係が保たれていたことは、常陸国の介（事実上の守）に貞盛の子維叙《これのぶ》・維将《これまさ》・維衡《これひら》や維幹などが相次いで補任され、これと連携して繁盛の子の維幹の系統が常陸の豪族として発展したことから知られる。また、貞盛の父国香《くにか》の弟の平良兼《よしかね》の子の公雅の系統も、都の武者として活動する一方、伊勢《いせ》方面にも進出し、貞盛流と対抗した。

これらに対し、同じく国香の弟平良文《よしぶみ》の子孫は、南関東に勢力を有した。良文は「村岡五郎《むらおかごろう》」を称して下総国相馬《そうま》郡に所領を有したが、『将門記《しょうもんき》』に登場せず詳しいことは分かっていない。しかし、良文流平氏は、上総《かずさ》氏、千葉氏をはじめ、三浦氏以下の坂東八平氏に含まれる豪族を含んでいると思われ、房総半島・武蔵・相模にその勢力を及ぼしたものと考えられる。この良文流のなかに次に述べる平忠常《ただつね》（千葉氏の祖）が含まれるのである。

図21　貞盛流平氏・良文流平氏略系図

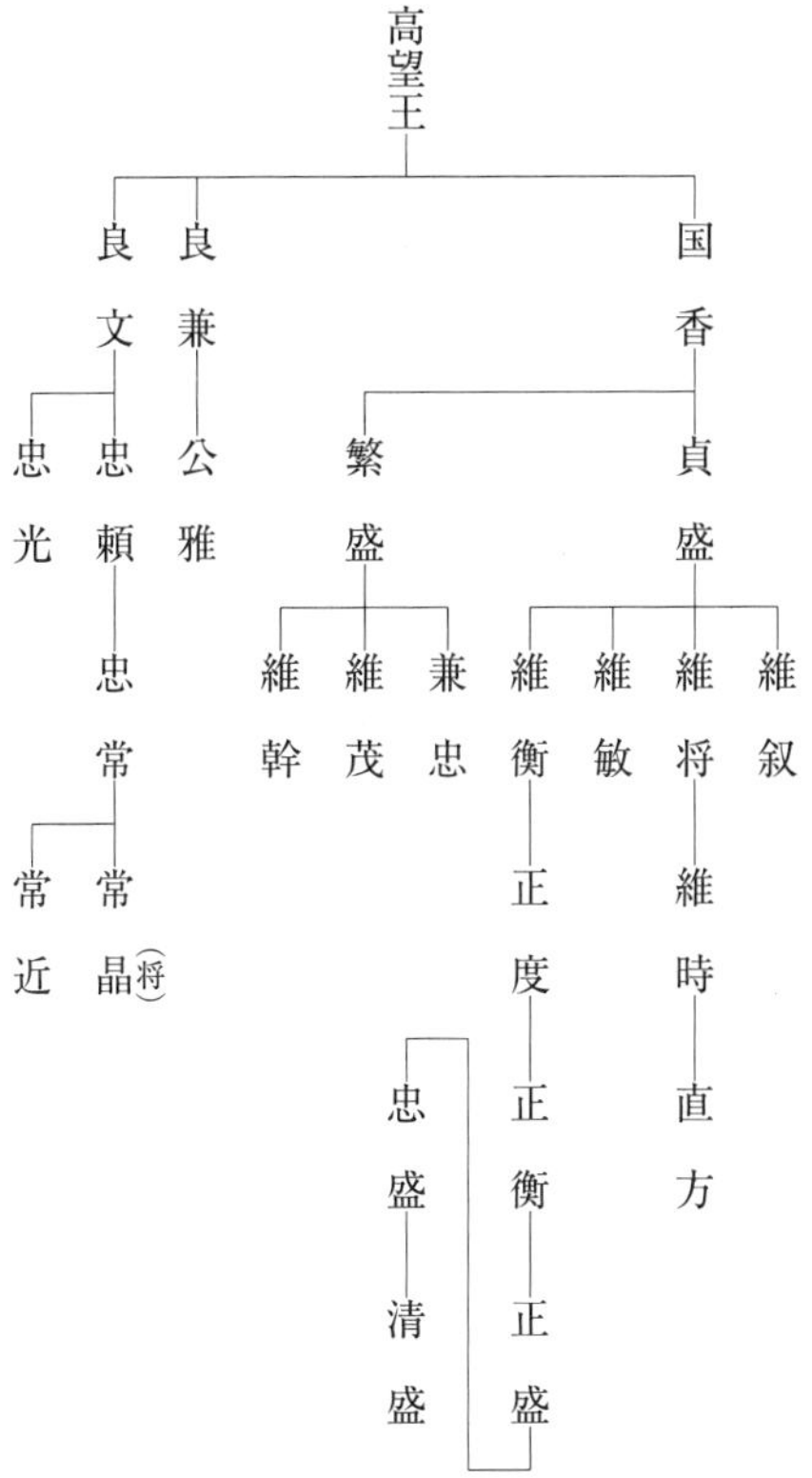

2―「源平」勢力の胎動

「東の源氏、西の平氏」

一〇世紀から一一世紀の武士の発生・発展期の中央・地方の軍事貴族の勢力分布は、都を中心とする畿内に清和源氏が、坂東には桓武平氏の勢力が拠点を置いていた。源経基を祖とする清和源氏は、満仲《みつなか》・頼光《よりみつ》・頼信《よりのぶ》、そして頼義《よりよし》・義家《よしいえ》、さらには為《ため》義《よし》にいたるまでその活動は畿内に拠点を置いていた。摂関家を中心とする中央貴族への奉仕関係をもとに、中央政権内部での武力（武威）をほぼ独占し、東国に拠点を置く平氏に対し優位を保ったのである。以下に述べる平忠常《ただつね》の乱の源頼信による鎮圧、陸奥守鎮守府将軍たる頼義・義家による前九《ぜんく》年《ねん》・後《ご》三年《さんねん》合戦への関与を通じて、源氏勢力の東国への拡大が図られた。

一方の平氏についてみると、高望王《たかもちおう》以後、坂東に勢力を扶植《ふしょく》した桓武《かんむ》平氏は、一〇世紀以降南関東への進出が完了していた。そうしたなかで平氏内部での勢力争いに端を発した一〇世紀の平将門の乱や、一一世紀の平忠常の乱がおこり、貞盛《さだもり》流平氏や公雅《きみまさ》流平氏は坂東を離れ、畿内周辺の伊勢・伊賀方面に進出することになった。

一一世紀後半に中央政界では、摂関政治にかわり院政が始まった。摂関政治のもとで中央政権の武力を独占していた清和源氏は、白河院政の時期にはいると源氏内部での内紛も重なって勢力が後退することになった。

こうした時期に源氏にかわって中央政権の武的基盤を担うようになったのが、平氏であった。平氏の院政政権での勢力拡大のきっかけは、平正盛が伊賀国の開発所領《かいほつしょりょう》を白河上皇の皇女媞子《ていし》内親王（郁《いく》芳門院《ほうもんいん》）の菩提所六条院《ぼだいしょろくじょういん》へ寄進したことである。その後、院の北面の武士に登用され、院政を支える武力として、西海の海賊追討や都の強盗追捕などに活躍し、さらには白河院の造寺・造塔事業に功をなし、その結果熟国たる西国諸国の国守（受領《ずりょう》）を歴任した。平氏の勢力基盤が西国に移るのは、この西国受領の歴任という事態が大きく関与している。院政への関与は正盛の子忠盛《ただもり》の時代にも続き、ついには清盛による政権奪取へと進むのである。

この節では、以上概観した源・平両氏の動向を中心に、武士がどのようにその勢力を拡大していったのかをみることにしたい。

図22　清和源氏略系図

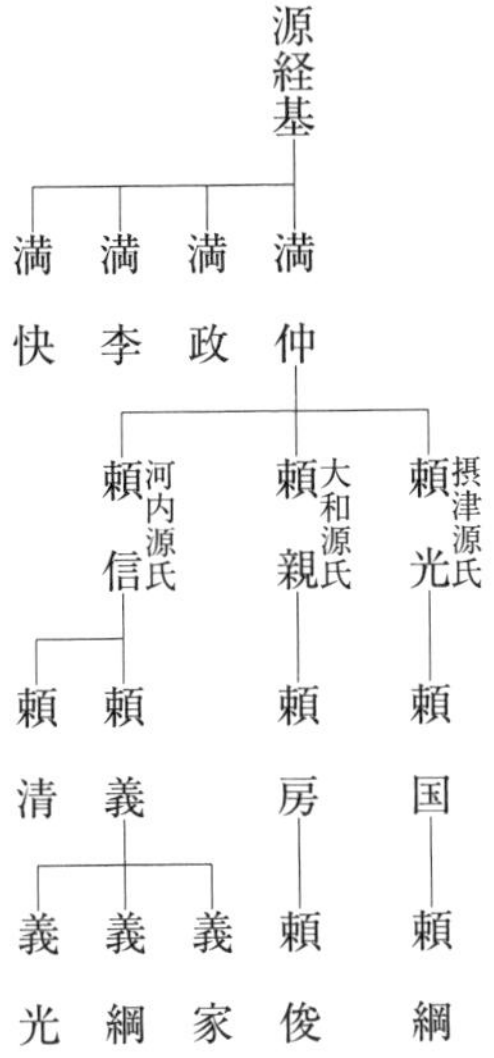

平忠常の乱と源頼信

鎌倉幕府の創始者源頼朝は河内《かわち》源氏の出身であるが、頼朝やその父義朝《よしとも》が河内に勢力基盤をもっていた様子はなく、その勢力基盤は東国にあった。文字通り「河内」に基盤を置いた河内源氏が、後に東国に勢力を有することになった出発点に位置するのが、源頼信であった。

頼信は、承平・天慶の乱で平将門を訴え、藤原純友に対する追捕使となった源経基の孫にあたり、藤原氏北家による最後の他氏排斥事件である安和の変で、左大臣源高明の「謀反」を密告した満仲の三男である。

彼が拠点を置いたのは河内国古市《ふるいち》郡壺井《つぼい》（大阪府羽曳野市）の地であった。ちなみに、父満仲が摂津国多田《ただ》に拠点を置き、その長子（頼信の兄）頼光がそれを継承（摂津源氏）、また次兄頼親《よりちか》は大和《やまと》に拠点を置いた（大和源氏）。それは、軍事力や経済力を背景として活動するためには、京周辺に拠点を置くことが必要不可欠であったからである。ただし、頼信が頼光・頼親らの兄と違った点があった。それは、頼光・頼親はあくまで都の武者（京武者）としての活動が中心で、経済的基盤も畿内近国にあったのに対し、頼信は積極的に東国との関わりを持とうとした点である。

最近の研究によれば、頼信は永延《えいえん》元年（九八七）二月に左兵衛尉に補任され、長保《ちょうほう》元年（九九九）までに上野介に、また長和《ちょうわ》元年（一〇一二）以前と同五年以前の二期にわたって常陸介（重任《ちょうにん》か）に任命されている（横澤二〇〇五）。その背景に、祖父経基、父満仲や叔父満政《みつまさ》らが武蔵《むさし》・常陸の国司をつとめていて、その際地元につくりあげた地盤があったことが想定される。また、頼信の母が和泉式部《いずみしきぶ》の夫で武人肌の貴族として知られる藤原保昌《やすまさ》の妹であることに注目し、保昌の祖父元方《もとかた》、曾祖父菅根《すがね》の系譜は坂東に基盤を持つ軍事貴族の家系で、元方は将門の乱の征討大将軍にも選ばれていて、母方が坂東に持っていた地盤も考慮すべきことが指摘されている（野口二〇〇七）。

さて、京周辺に拠点を置いた源氏が、東国との結びつきを強めるきっかけとなった事件が起こった。頼信による平忠常の乱平定である。事の起こりは万寿《まんじゅ》五年（一〇二八）五月頃のことである。房総地域一帯に勢力を有した上総権介《ごんのすけ》平忠常（桓武平氏の平良文《よしぶみ》の孫）が安房国守惟忠（姓不詳）の館を襲撃して焼き殺し、またかれの従者が上総国において上総介（上総国は親王が守になる親王任国《しんのうにんごく》なので、介が受領である）県犬養為政《あがたいぬかいためまさ》の館を占拠するという事件が発生した。事件の背景は不明であるが、この年が上総国の国司の任の終年にあたっていて、国司交代に関わって何らかの問題が起こったのかもしれないし、前年の万寿四年十二月に中央では藤原道長が他界していて、そうした中央政界の動向に乗じた動きと考えることもできる。

ところで、忠常の祖父である平良文について、将門が殺害されたことを最初に伝えた人物であることが史料から確認できることが明らかになった（川尻二〇〇八）。良文もまた、将門の乱を契機に軍事貴族の家としての資格を得たのであり、忠常はまさに将門の乱平定者の子孫たる軍事貴族の系譜を引く人物であったのである。

さて朝廷は、六月五日、平忠常とその子常昌《つねまさ》（常将・恒将）らを追討する宣旨を出し、二十一日には追討使の人選にとりかかり、選定の陣定が行われた。候補にあがったのは、源頼信、平正輔《まさすけ》、平直方《なおかた》の三人の武者と、法律の専門家である中原成通《なかはらしげみち》であった。公卿たちが推挙した人物は、「伊《い》勢前司《せのぜんじ》源頼信」で、その理由として「事に堪ふ」（追討使の任にふさわしい）とされている。しかし、後一条天皇《ごいちじょう》は、検非違使平直方（平維時《これとき》の子）を追討使、明法《みょうぼう》官人中原成道を追討使次官に任命した。武者と法律家という組み合わせが採用されたことになる。

問題は、陣定《じんのさだめ》で公卿たちが一致して推した源頼信ではなく、後一条天皇がなぜ平直方らを任命したのか。もちろん、陣定は公卿の参加する最高幹部会議ではあるが、決定機関ではなく、その結論が天皇・摂関に覆されることはありうることであった。そこで、当時後一条天皇が二十一歳、関白藤原頼通が三十七歳ということから考えると、この決定は頼通の考えであった可能性が高い。そして、その背景に、かねて房総地域で平氏一族同士、平将門の乱の平定に功のあった平貞盛の系譜をひく貞盛流平氏の常陸大掾《だいじょう》氏と、平良文の系譜をひく良文流平氏との間で敵対関係があり、常陸大掾氏の直方が、良文流の忠常を打倒する好機とみて積極的に追討使任命を望み、頼通に働きかけたのではないか、と推測するのが通説である。しかし、摂関家との関係で言えば、頼信の方がはるかに密接な関係にあったから、この説は説得力のあるものとは言いがたいとして、むしろ、当時関白頼通は政界の長老である右大臣藤原実資《さねすけ》に意見を求めて物事を決めることが多かったことから、藤原実資が平直方を推し、それが天皇、頼通に採用されたのではないかとする説（下向井二〇〇二）もある。

ところで、都で追討使任命が進められている頃、忠常は上総をも勢力下に入れた。上総国司の妻子は都へ脱出をはかるも、忠常に同調した在地勢力の援助を得られず、右往左往するばかりであったという。このことから、忠常の乱が、国司の支配に対する在地勢力の反発を背景とした幅広い勢力基盤に拠《よ》っていたことが想定される。在地の郡司百姓等が国司（受領）の非法に対し、これを朝廷に訴えるといういわゆる国司苛政上訴《かせいじょうそ》闘争が一〇世紀末から一一世紀初めに全国的に頻発したが、これはそうした動向の一角を形成している。違いは、朝廷に訴えるのではなく、直接武力によっていることである。

もっとも、忠常は国司に対して実力を行使し、対抗したが、朝廷に対する叛意《はんい》はなかったと思われる。七月下旬から八月にかけて、忠常は自らの家来を上京させ、内大臣藤原教通《のりみち》らに追討の停止を働きかけた。この使者は検非違使に捕らえられたが、その尋問のなかで、忠常が二、三十騎で夷灊山《いしみやま》（千葉県いすみ市）に立て籠もっていること、教通の返事は夷灊山に届けてほしいといっていることを述べた。朝廷首脳はこれを受け入れず、八月五日、追討使平直方、中原成道は二百余人の随兵を引き連れ「見物上下、馬を馳せ、車を飛ばし会集すること雲の如し（身分の上下を問わず（多くの者たちが）、馬を走らせ、牛車《ぎっしゃ》をとばして集まった）」（『小右記《しょうゆうき》』）という状況の中、坂東に赴いた。

ところで、乱の勃発した長元元年（一〇二八）六月以降の長元年間（〜一〇三六）の坂東諸国の国司の補任状況をみると、上総介に直方の父維時（長元元年七月見任《げんにん》）、武蔵守に平公雅《きんまさ》の孫致方《むねかた》（長元三年六月見任）、甲斐守に追討使の最有力候補であった源頼信（長元二年任）、安房守に平維衡の子正輔《まさすけ》（長元三年三月補任）と、追討使支援体制を整えた。特に、上総介に平維時を、安房守に正輔を任命したことは、かれらが貞盛流平氏の出で、維時は追討使平直方の父であることから考えて、この人的配置が貞盛流平氏を追討使と上総介・安房守に任命し、敵対関係にあった良文流平氏に対抗させて乱の鎮圧にあたらせることを意図していたことを示している。なお、長元二年二月、東海・東山・北陸道諸国に対し、直方に協力して忠常を追討するよう命じた追討官符が出されている。

さて、追討使平直方、中原成道の活動はどうであったか。どうも、追討は初めから不調であったようである。下向後に直方から政府に戦況報告がなされた形跡は無く、おそらく合戦らしい合戦は無かったのではないかと考えられている。いたずらに時間ばかり費やしていたことから、政府も追討使更迭《こうてつ》を考え始めた。こうしたなか、文官である成道は老母の病気を理由に帰京を望んだり、直方との不和が伝えられるなど、追討に消極的だったことから、長元二年十二月、追討使を解任されている。

長元三年五月、直方からようやく忠常の動静がもたらされた。それは夷灊山に立て籠もる軍勢が減ってきたというものであった。続いて入ってきたのは、忠常が出家して常安と名乗っているという情報であった。これは、明らかに忠常が講和を求めているということを意味していた。六月には忠常の所在が不明になったこと、忠常が下野国の前鎮守府将軍藤原兼光（藤原秀郷の子孫）を介して直方に贈り物を送ってきたこと、などが報告された。

長引く戦乱は諸国の荒廃をもたらした。たとえば、上総国では、二万二千九百八十余町あった国内の総田数が、乱後の長元四年にはわずか一八町にまで減少していたという。この数字がどの程度の実態を反映しているかは難しいが、この荒廃の主たる原因は、戦闘でもたらされたものではない。追討使や諸国兵士の活動に必要な兵粮米の徴収権が、追討官符で認められていたが、これを口実に行われた激しい収奪によるものではなかったかと考えられている（下向井二〇〇一）。隣国下総でも、国内は「亡弊」といわれる状況で、国守藤原為頼さえ飢餓に苦しみ、その妻も「憂死」するありさまであった。

朝廷は、こうした事態により坂東諸国の「亡弊」がこれ以上進むことを懸念し、事態の転換と収拾をはかるべく、長元三年七月、追討使平直方を更迭するにいたった。これにかわって、同年九月、甲斐守源頼信が追討使に任命され、あらためて坂東諸国に忠常追討の官符が下された。

頼信は忠常の子息の法師を伴って任国甲斐に下向した。坂東諸国亡弊という状況のもと、これ以上の負担をかけず忠常の追討を実現することが頼信に課せられた使命であった。それを促すかのごとく、朝廷は長元四年正月の叙位で頼信を従四位下に叙した。おそらく甲斐へ向かったのはこの前後のことだろう。

頼信は子息の法師を使者に立て、忠常を説得したと思われる。同年四月、忠常は子息常昌《つねまさ》らを伴って甲斐国にいた頼信のもとを訪れて降伏した。頼信は戦わずして忠常を降伏させた。その理由の第一が、田地の荒廃と人々の疲弊＝諸国亡弊という事態にあったことは間違いないであろう。忠常がいくら武力の上ですぐれていたとしても、経済的破綻のなかではこれ以上の抗戦は無意味であった。

では、なぜ同じ平氏である直方に対しては徹底抗戦の態度をとった忠常が、頼信には従順になったのであろうか。史実かどうかはわからないが、『今昔物語集』巻二五—九に「源頼信朝臣、責平忠恒の語」という話がある。この説話は、国衙に組織された「国衙軍」が、国司軍と地方豪族軍から構成され、そのうちの国司軍が国司直属軍である「館《たち》の者共」と「国の兵共」から成り立っていたことを物語る著名な史料である。

話のあらすじは次のようである。

平忠常の乱をさかのぼること二〇年ほど前、下総国の兵平忠恒（忠常、以下同じ）は強大な勢力をもって上総、下総を支配し、官物も納めず、常陸国司の命にも従わなかった。怒った頼信は忠恒に対して攻撃することとし、忠恒とは先祖以来の敵である常陸の豪族平惟基《これもと》（維幹）の軍勢三〇〇〇騎、頼信の率いる「館の者共」「国の兵共」二〇〇〇騎の軍勢で下総へ向かった。これに対し、忠恒は衣河《きぬがわ》河口付近の舟をすべて隠し、渡河の妨害をはかった。ところが、「家の伝え」としてこの地の浅瀬の存在を承知していた頼信は、その日のうちに忠恒の館に到着し、忠恒を降伏させた、というのである。

この降伏の時に、忠常は、

「我は攻められぬるにこそあるなれ。今は術なし。術なし。奉らむ」と云ひて、忽《たちま》ちに名簿《みょうぶ》を書きて文差《ふみさし》にさして、怠状《たいじょう》を具して、郎等を以て小船に乗せて向かひて寄せたりければ、守（頼信）これを見て名簿を取らしめていはく、「かばかり名簿に怠状をそへて奉れるは、既に□しにたるなり。それをあながちに攻め討つべきにあらず」

と、馬をとって返したので、軍勢も引いた、というのである。

すなわち、頼信が常陸国の国司であった時、忠常は頼信にそむいて戦ったが敗れ、降伏して名簿を提出したというのである。名簿を提出する（名簿を捧げる）というのは、自分の名前を書いて、相手に差し出すということで、これは従者《じゅうしゃ》になる手続きであった。乱が起こった時点ですでに忠常は頼信の家来であったわけだから、諸国亡弊のなかで戦わずして降伏したのもうなずける。

頼信は忠常を武力で討とうとはしなかったらしい。追討使に任命されても、すぐ出発した様子は無いし、第一、忠常の子息を自らの使者に立て、交渉を第一としたことがわかる。忠常降伏をめぐる不思議な事態はほかにもあった。降伏した忠常が、頼信に伴われて都に赴く途中重病となり、六月六日、美濃国で病死したのである。あまりに都合の良い病死で、何か背景があるような感もあるが、それ以上のことはわからない。頼信は忠常の首を持って十六日に京に入った。

忠常の子どもたちはまだ降伏してこなかったが、朝廷では議論の末、首領が降伏したからにはこれ以上かれらを追討する必要はないという姿勢をとった。降伏した者ということで、首は従者に返され、獄門に晒される事はなかった。こうした一連の状況から、頼信が忠常一族をかばったのではないかと思われる。平将門の子孫が滅ぼされてしまったのに対し、忠常の子孫は千葉氏、上総氏などを名乗り、後に源頼朝の御家人として活躍するのである。

さて、平忠常の乱を平定した源頼信は武名を上げるとともに、坂東の豪族との結びつきを強めることとなった。その契機となったのは、頼信の嫡男頼義が忠常の乱から間もない頃、乱の平定に失敗した貞盛流平氏の平直方に婿として迎えられたことである。頼義の嫡男義家、次男義綱《よしつな》、三男義光《よしみつ》らは平直方の女と頼義の間に生まれた子たちである。これにより、頼義は貞盛流平氏の伝えてきた所領や鎌倉の屋敷、そして坂東（相模）における伝統的権威を直方から譲り与えられたのである。後にふれる前九年《ぜんくねん》合戦、後三年《ごさんねん》合戦で頼義や嫡男義家に相模の武士が側近として従ったのは、このためであったと思われる（野口二〇〇七）。

さて、頼信は追討の勲功賞（ほうび）として当初丹波《たんば》守に任命されることを申し出たが、後に美濃《みの》守にかえた。この変更の表向きの理由は、美濃に母の遺骸が埋葬されているからということだったが、実のところ、坂東の者が頼信に多く従っていて、美濃のほうがその往復のために都合がよいという噂が貴族の中に広まっていた。頼信が坂東に多くの従者を従えていることはよく知られていたのである。

ただ、頼信の場合の従者は、後の源頼朝と御家人の関係とはおおよそ異なっていた。頼朝の場合は、治承《ちしょう》・寿永《じゅえい》の内乱という国家的規模での内乱のなかで形成されたもので、その主従関係は所領を媒介としたものとなっていた。それに対し、頼信の場合は、それには程遠く、かれの武名に対する崇拝と頼信の庇護に対する期待によって成り立っていたということができる。

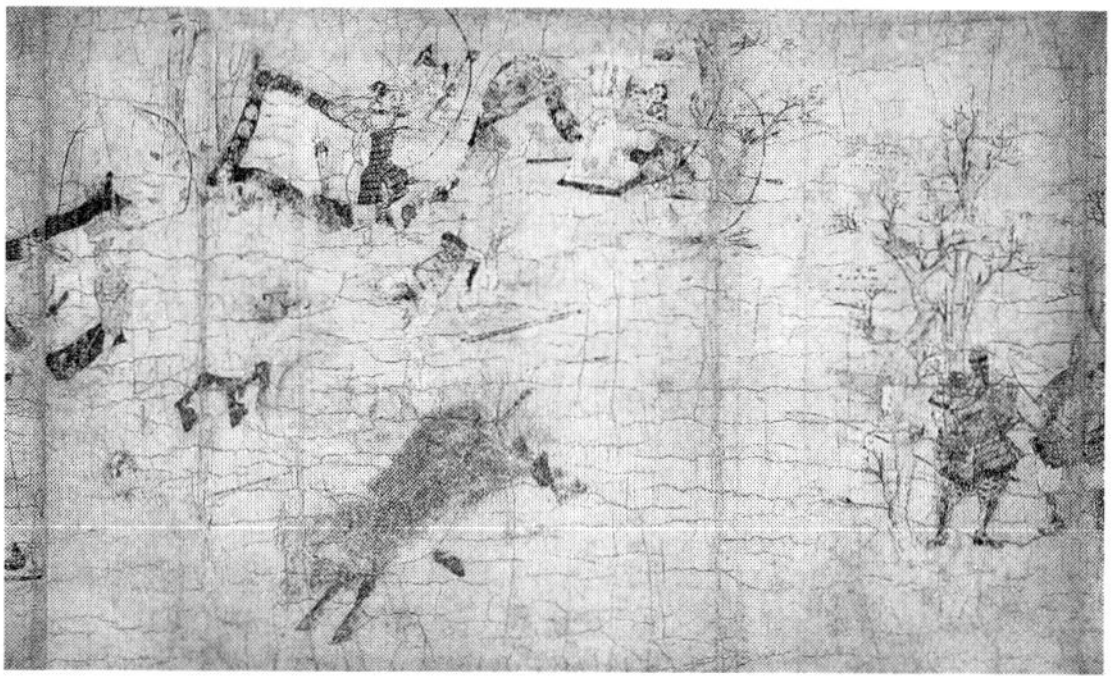

図23　阿久利河の夜襲（『前九年合戦絵詞』）

前九年合戦と源頼義

永承《えいしょう》六年（一〇五一）、「末法《まっぽう》」の年となる永承七年の前年、陸奥国でその後の兵乱に結びつく事件が起こった。陸奥守藤原登任《なるとう》や在庁官人《ざいちょうかんじん》の軍勢が、納税を拒否するなど国司の命を無視する俘囚《ふしゅう》の長・安倍頼良《よりよし》を攻めたが、逆に大敗を喫したのである。

ここに登場する「俘囚」とは、朝廷に従い服属した「蝦夷《えみし》」のことである。平安時代の初め、桓武天皇の時代に武力を用いた東北地方の蝦夷政策が行われたが、その結果服属した蝦夷を本拠地から引き離し、東北各地をはじめ全国に居住させた。このうち、陸奥国衣川関《ころもがわのせき》以北に六つの郡が置かれ、総称して「奥六郡」と呼ばれた。この六郡の郡司として俘囚を支配していたのが安倍氏である。なお、安倍氏はエミシ系の豪族とするのが通説だが、これを土着した受領とする説もある（戸川一九九九）。

この事件に対し朝廷は、源頼信の嫡男頼義を陸奥守に任命し事態の収拾をはかった。赴任直後の永承七年五月六日、関白頼通の姉、上東門院彰子《じょうとうもんいんしょうし》が病にかかり、その平癒を祈って大赦《たいしゃ》が行われた。そのなかで、安倍頼良はその罪を不問に付された。頼良はこれを喜び、国守頼義に臣従を誓い、「よりよし」の同訓をはばかって名を「頼良」から「頼時《よりとき》」に改めた。こうして陸奥守源頼義は安倍氏を手なずけ、その役割を果たしたかにみえた。ところが、天喜《てんぎ》四年（一〇五六）、任期満了をひかえた頼義が胆沢《いさわ》城の鎮守府《ちんじゅふ》で政務（鎮守府管内の徴税）を行うために管内を巡検《じゅんけん》した。それが済み、多賀城に帰ろうとしたところ、「阿久利河《あくとか》」（比定地未詳）付近で在庁官人のひとり、権守藤原説貞《ときさだ》の子息光貞《みつさだ》の従者や馬が何者かによって襲撃されるという事件がおきた。「娘を、妹を俘囚に嫁がせることはできない、と断ったことを貞任《さだとう》は深く恨んでいる。かれの仕業に違いない」と説貞、光貞は頼時の長男貞任が犯人だとして頼義に訴えた。これを聞いた頼義は、貞任を呼び出して処罰しようとしたが、頼時は貞任の引き渡しを拒み、衣川関を封鎖して頼義に反抗した。前九年合戦のはじまりである。

開戦の経緯はきわめて不自然であり、このことから事件の首謀者やその背景については複数の考え方が出されている。まず、最も有力なのが源頼義の「陰謀」説。すなわち、陸奥守重任を果たすために功名をねらって安倍氏を挑発したとするのが通説である。当時の奥羽地方は馬・鷹羽・砂金などの宝庫であり、北方との交易も盛んだった。したがって国司としての収入は莫大なものがあったから、延任《えんにん》、重任は望むところであった。しかし、功名といえば前任の国司に対抗した安倍氏を服従させ、年貢を納めさせたことがあるから、それで十分で、任期終わりに突然に陰謀に走るというのはいかがなものか、という疑問も残る。

事件の発端が権守藤原説貞にあったことから、開戦の中心に在庁官人を想定する説もある。たしかに、安倍氏の圧迫に苦しめられていた在庁官人が、頼義の在任の機会をねらって安倍氏に反撃するという可能性も否定できない。しかし、在庁官人にはたとえば藤原清衡《きよひら》の父経清《つねきよ》のように安倍氏に加担した者もおり、俘囚の側にも安倍氏に従わない者もいたから、単純な構図でないことは確かである。

こうしてみると、開戦の背景は単純にはいうことができず、頼義が仕掛けた可能性が高いものの、国衙権力の伸長と内部対立、俘囚内部の分裂などの要因も複雑にからんで、大きな事件に発展したとするのが適切だろう（棚橋一九八八）。

頼義から頼時「謀反《むほん》」の報告を受けた政府は、天喜四年八月、頼義に頼時追討の宣旨を下した。朝廷公認のもと、頼義は軍勢を率いて頼時が籠もる衣川関に軍を進めた。この時のようすを『陸奥話記《むつわき》』では、「坂東の猛士、雲のごとく集まり、雨のごとくに来たる」と記す。ただ、このことから、頼義が坂東一帯に勢力を結集した武士団をつくりあげていたとすることはできない。頼義軍の構成は、ごくわずかの精鋭の側近と、各地から動員した大多数の武力から成り立っていたのである。その軍勢の中には、頼時の女婿、平永衡《ながひら》と藤原経清があった。なお、この経清は、平将門を倒した藤原秀郷の子孫と伝えられ、陸奥国亘理《わたり》郡に本拠を置いていた。後の奥州藤原氏の祖である。

しかし、頼義軍は在庁官人相互の対立などで足並みがそろわず、途中頼義が配下の讒言《ざんげん》により永衡を斬ったことから、経清が頼義の軍を離れるなどの事態も起こり、思わしい戦果はあがらなかった。開戦の年の暮れ、合戦の最中にもかかわらず朝廷は頼義の任期満了をうけて、藤原良綱を新任の国司に任命した。しかしかれは合戦に怖気《おじけ》づき実際には赴任せず、十二月、頼義は陸奥守に重任されたのである。この重任は頼義にとって願ってもないことであったが、事態は泥沼の長期戦へと突入していくことになった。

天喜五年七月、頼義は朝廷に再度頼時追討の宣旨の発給を要求し、頼時と同族の安倍富忠に助力を求めた。それを知った頼時は富忠が頼義に加勢することを思いとどまらせようと説得に向かったが、富忠の伏兵に襲われ落命した。これに対し、貞任はじめ頼時の子息たちはかえって一致結束し、奥六郡の入口、衣川関を閉ざして抗戦の姿勢を示した。

同年十一月（現在の十二月）、追討官符を得た頼義は衣川関に向かったが、厳寒のなか寒さと飢えに疲弊した頼義軍は、黄海《きのみ》（岩手県東磐井郡藤沢町付近か）の合戦で貞任軍の前に大敗を喫したのである。これ以後、頼義方は守勢にたたされ、国内の徴税もままならない事態となったまま、二度目の任期を終えることとなった。

朝廷は新しい国司に高階経重《たかしなつねしげ》を任命した。このことは、頼義の更迭を意味するが、経重が文官であることから、安倍氏に対する軍事的行動を朝廷が放棄したことを示している。しかも、経重は着任まもなく帰京する。国内の人々が自分に従わず、前司頼義に従うのを目の当たりにしたためである。

頼義は任期満了前に、出羽国の山北三郡（雄勝《おがち》、平鹿《ひらか》、山本《やまもと》）の俘囚の主清原光頼《きよはらのみつより》・武則《たけのり》兄弟に財宝を贈って応援を働きかけていた。その説得は、武則に名簿を捧げたと言われるような卑屈なものであったらしい。その甲斐あって、康平《こうへい》五年（一〇六二）七月、清原氏は頼義軍への助勢を決断、八月九日一万余騎と伝えられる清原軍が到着、頼義は三千余騎を率いて陸奥国府を出発、清原軍に合流したという。七陣に編成した追討軍のうち、頼義が指揮する第五陣以外の六陣の指揮官はすべて清原一族で占められ、第五陣も頼義直属軍、在庁官人軍、武則軍から成っていた。征討軍といっても、そのほとんどは清原氏の軍勢であった。戦闘の主体は清原軍であり、そこからこの戦いの性格も変化し、清原氏による安倍氏追討と奥六郡支配の乗っ取りが目的となっていった。

「頼義軍」は安倍氏との戦いに連勝し、九月に入って六日に衣川関が、十一日に鳥海柵《とりのみのき》が落城、十七日には貞任の本拠厨川柵《くりやがわのき》（岩手県盛岡市）を攻略し、貞任は敗死、経清は捕虜となって頼義の前で処刑され、その首は都に運ばれ晒《さら》された。その方法は、苦痛が長引くように鈍刀《どんとう》で斬首させたと『陸奥話記』は記す。

合戦後、頼義は熟国の伊予守、嫡男義家は出羽守、清原武則は鎮守府将軍に任じられた。そして、合戦は源氏に武士の棟梁《とうりょう》としての地位の確立、清原氏に奥州における支配権の拡大をもたらすこととなった。しかし、このことが同時に後三年合戦の原因となるのである。

後三年合戦と源義家

前九年合戦の結果、最も多くの利を得た者は伊予守となった源頼義ではなく、清原武則であった。彼は地方豪族で、しかも「俘囚の主」でありながら、破格の従五位下鎮守府将軍の官位を得て、さらには安倍氏が支配していた陸奥国の旧領奥六郡をもその支配下におさめたからである。清原氏が中央の軍事貴族並みの官位を得たり、奥羽両国に及ぶ広大な範囲を支配下におさめることを認められたのは、武則の武功を評価したということにとどまらない意味をもっていた。それは、奥羽の辺境地帯を「俘囚の主」清原氏の支配に委ねるという朝廷の政策であったと考えられるのである。この後に奥州藤原氏が「独立王国」とも言うべき支配を進める前提がつくられたのである。

さて、延久《えんきゅう》二年（一〇七〇）十二月、陸奥守源頼俊《よりとし》（頼親《よりちか》の孫）は任を終えるにあたって、国境を越えて奥六郡の民衆を襲った北方夷狄《いてき》を追い出し、東の閉伊《へい》、北の糠部《ぬかのぶ》・宇曽利《うそり》、西の津軽《つがる》の夷狄を征服し、「衣曾別島」（北海道南部か）の「荒夷」をも服属させた、と政府に報告した。後三条天皇の親政の一環として行われたこの事業によって、それまで奥六郡、山北三郡として固定されてきた国境は取り払われ、閉伊郡・糠部郡・久慈《くじ》郡・津軽郡が新たに設置されたと考えられている。

この事業に貢献したのが鎮守府将軍清原武則の嫡孫真衡《さねひら》で、その恩賞として鎮守府将軍に任命され、新たに置かれた四郡は清原氏の監督下に置かれた。こうして北方夷狄の地は朝廷の支配の及ぶ地域となった（入間田二〇〇五）。

しかし、清原氏の庶流でありながら一門の頂点に位置し、新たな嫡流として主君のように振舞う真衡に対する一族内部の反発はくすぶっていた。これに対し真衡は、一族の結合を背景として国司に対して自立的姿勢をとるのではなく、国司の権威に依存し、協調する道を選んだ。これが、真衡の異母弟家衡《いえひら》、叔父武衡《たけひら》ら庶流の反感を生むことになった。しかも、真衡には実子がなく、海道《かいどう》小太郎成衡《なりひら》を養子としていた。海道とは陸奥国南部沿岸地方のことで、常陸平氏大掾《だいじょう》氏の一族、海道氏が勢力を有していた。その成衡の妻には源頼義の女《むすめ》を迎えている。真衡は清原氏の総領としての地位を保つために、他家から養子を迎え、関東に勢力を広げた河内源氏から妻を迎えたのである。

永保《えいほ》元年（一〇八二）頃のこと、その婚儀の席で事件は起こった。一族の長老で武則の婿であった吉彦秀武《きみこのひでたけ》は、前九年合戦に際しては、頼義のもとで押領使《おしりようし》に任命されたほどの有力者であった。しかし、婚儀の場で秀武は祝賀の金を朱の盆に積んで頭上に捧げたまま長い間庭にひざまずいていた。これは真衡に家人《けにん》としての礼をとらされたことになる。しかも、それに真衡は気付くことがなく、無視するありさまで、秀武はついに怒りを爆発させた。出羽の本拠に戻り、兵をあげるにいたったのであ

図24　清原氏関係略系図

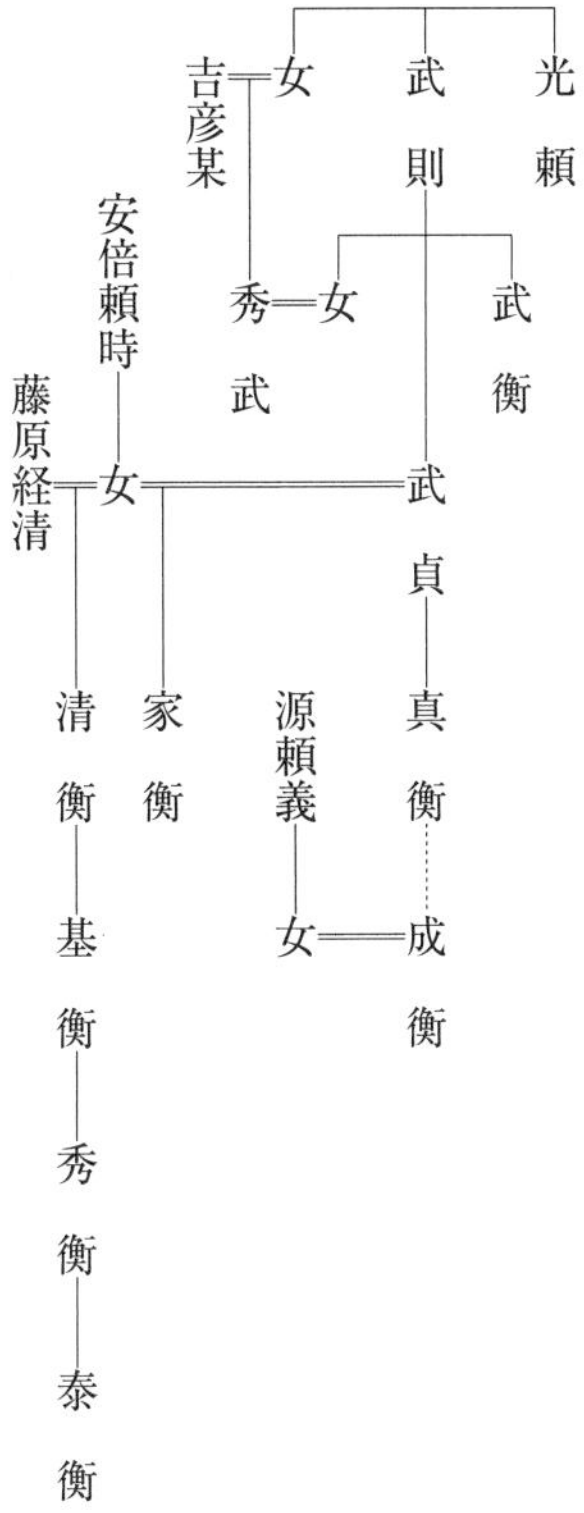

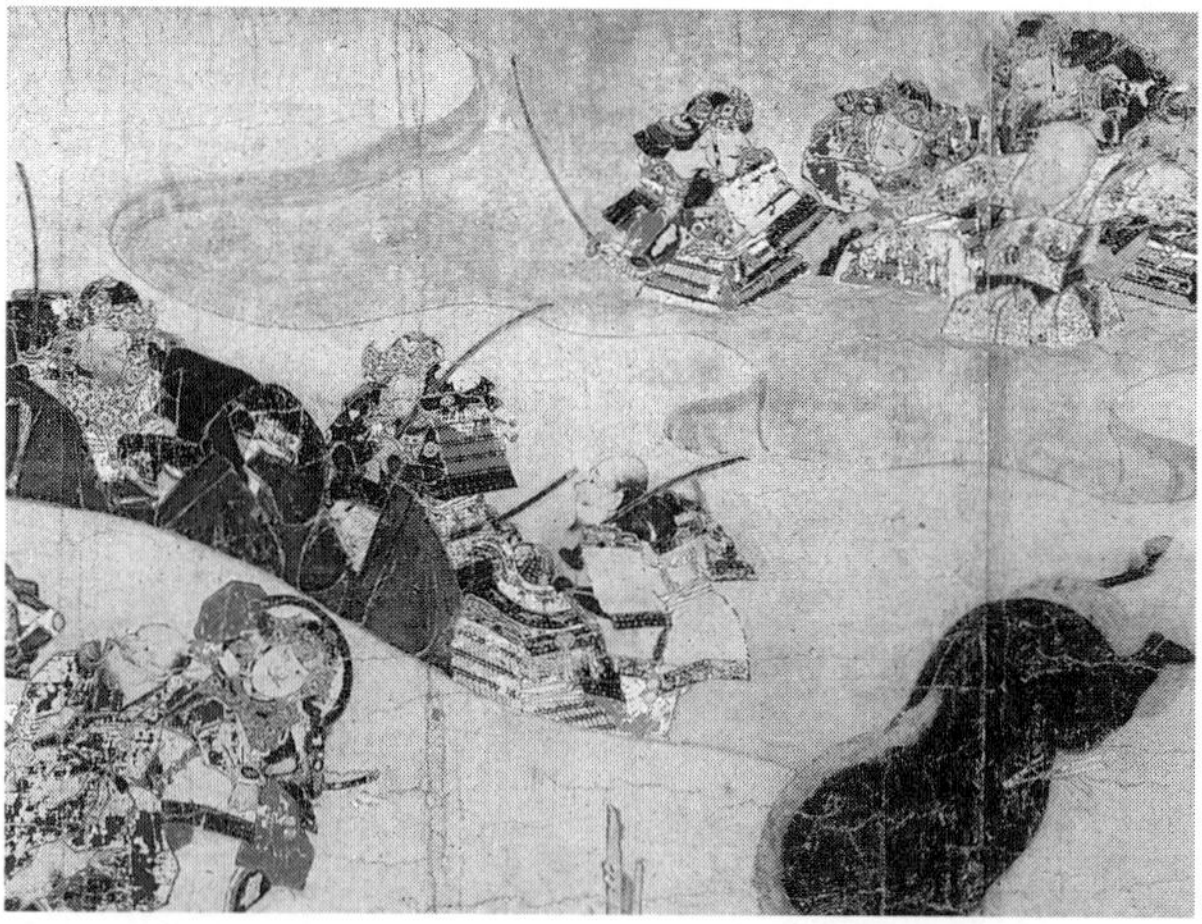

図25　落城後の金沢柵（『後三年合戦絵詞』）

る。真衡の異母弟家衡、その異父兄で藤原経清の遺子清衡もこれに呼応した。こうして、惣領真衡と庶流秀武・家衡・清衡という清原氏一族の対立が頂点に達したのである。

こうしたなか、永保三年秋、陸奥守として赴任してきたのが頼義の嫡男義家であった。前九年合戦終結後二一年目のことである。義家は真衡を支援し、家衡・清衡を破ったが、突然真衡が死去するという事態が生じた。そのために、家衡・清衡は義家に投降し、義家もこれを許し、武則・武貞・真衡三代にわたって清原惣領家が相伝してきた奥六郡司職を召し上げ、三郡ずつに分割して家衡・清衡に与えた。しかし、今度は異父兄弟の家衡と清衡とが対立、主導権争いが始まった。

応徳《おうとく》三年（一〇八六）秋、義家は任期を迎えていた。兄清衡を讒言《ざんげん》した家衡に対し義家は清衡を擁護し、これに褒賞を与えた。怒った家衡は清衡を攻め、妻子を殺害し出羽国沼柵《ぬまのき》に立て籠もった。これに対し義家は家衡追討を決定、追討の宣旨の発給を朝廷に申請するとともに、大軍を率いて出羽国沼柵を攻撃した。しかし、家衡は頑強に抵抗し、冬場の寒さもあり在陣は数ヵ月にも及んだ。義家は苦境に陥り、屈辱のなかで撤退を強いられるにいたった。この様子をみた家衡の叔父武衡も家衡に合流し、新たに金沢柵《かねざわのき》を拠点として抵抗を続けた。翌寛治《かんじ》元年（一〇八七）、義家も弟義光（新羅《しんら》三郎《さぶろう》義光）の来援もあって挽回し、同年十二月、凄惨をきわめた兵粮攻めの末に金沢柵を落とし、家衡・武衡らを討ち取ったのである。

朝廷は、義家の追討宣旨の申請に対し「私戦」としてこれを認めず、したがって恩賞もなかった。これは、義家が坂東をはじめ諸国の兵の信望を集めていて、その勢力が拡大することを恐れていたためと考えられてきたが、近年これに対する異論が出されている。いずれにしろ、事件後、陸奥国守の任を解かれ失意のうちに陸奥を去った義家にかわって、藤原清衡が、平泉を拠点に奥州藤原氏の時代の幕をあけたのである。

義家は武家の棟梁か

義家に対する朝廷の処遇については、武家の棟梁として頭角をあらわしてきた義家に対する警戒が背景にあったのではないか、という見解が通説として唱えられてきた。しかし、先に述べた後三年合戦の経過からわかるように、この事件に対する義家の姿勢は、一貫して清原氏一族の内紛への介入であり、義家の介入が事件をさらに拡大させているのである。朝廷はこうした義家の位置を正確に評価したのであり、抑圧策とはみることはできない。

『奥州後三年記』によれば、もともと清原氏は「国宣《こくせん》を重くし、朝威《ちょうい》をかたじけなく」していたということであり、朝廷に忠実で反乱を起そうという考えはなかったようである。ここに義家が介入し、「国の政事をとどめて、ひとへにつはものをととの」えたとあり、ここから義家が国の徴税を怠り、兵を集めることばかりに奔走したと記している。乱後一〇年を経た承徳《じょうとく》元年（一〇九七）一二月の『中右記《ちゅうゆうき》』には「前陸奥守義家、合戦の間、金を貢がず」と記されている。義家は陸奥守としての納税の仕事を怠っていたというのである。元木泰雄は、後三年合戦後の陸奥守解任後も義家が長く無官であった背景に、義家のこうした姿勢への朝廷のある意味で正当というべき評価があったことを述べている（元木一九九四）。

また、前九年合戦同様、後三年合戦でも義家の動員した武力は東国武士を組織的に動員したとはいえず、両方の兵乱において河内源氏が依拠した武力は、清原氏らの地元の武力や朝廷によって動員されたものが中心であって、東国武士の比重は小さかったと考えられるようになった。

こうした近年の元木泰雄らの武士研究によって、この段階での義家を代表とする河内源氏は、都に拠点を持つ軍事貴族（京武者）の盟主といった立場であり、東国武士の棟梁としての地位を得ていたという通説は再検討を迫られているのである。

五　院政下の武門

1―院政と武門・寺社

院政下の京武者・源氏

後三年合戦《ごさんねん》を「私戦」とされ、しかも陸奥守としての納税の責務を果たさなかったとして、義家は陸奥から帰京した後は、半ば謹慎状態におかれたも同然であった。

その義家は、寛治《かんじ》五年（一〇九一）六月、弟義綱《よしつな》とあわや合戦に及ばんとする事態になった。背景は、それぞれの従者藤原実清・清原則清の河内国での所領争いにあった。この事件を記録した『百錬抄《ひやくれんしよう》』は、朝廷は検非違使《けびいし》を派遣してこの争いを止めさせるとともに、宣旨《せんじ》を五畿七道に発し、義家の随兵《ずいひよう》の入京を禁止し、さらに諸国の百姓が田畠を義家に寄進《きしん》するのを禁止したとしている。

なお、同じ事件について『後二条師通記《ごにじようもろみちき》』は、「諸国国司随兵留めらるべきの官符、諸国に下知せよと云々」とのみ記し、荘園寄進について何も記すところがない。元木泰雄は、これらの記事のうち、前者が後の時代に編纂されたものであることから、『後二条師通記』の記事を採用すべきで、入京が禁止されたのは「義家随兵」ではなく、「諸国国司随兵」であり、また『百錬抄』の荘園寄進の記事は、翌年五月に義家の立てた荘園が禁止された事件を編纂時に混同したことから記事になったのではないかとしている（元木一九九四）。

いずれにしろ、こうした義家に対する措置は、彼が受領《ずりょう》としての責務を放棄し、私戦を構えた問題ある受領と認識されていたことからとられたものであり、決して義家が東国武士を糾合《きゅうごう》していることに対抗してとられたものではないと考えられる。

こうして義家は中央政界の表舞台から姿を消すことになった。かわって武士の第一人者となったのが、弟義綱である。彼は源頼義《よりよし》の次男で兄の義家、弟の義光《よしみつ》と同じく平直方《なおかた》の女《むすめ》を母として生まれた。前九年《ぜんくねん》合戦では、父や兄とともに参戦し、後に左衛門尉《さえもんのじょう》に任じられた。しかし、後三年合戦では、弟義光が陸奥に下向したのに対し、都にとどまっている。そして、義家が都に帰還した寛治二年、義綱は十一月の春日祭における祭使藤原忠実《ただざね》の前駆《ぜんく》として随兵三〇騎とともに随行する役目を担った。この行事を境に、義綱は兄義家に代わって、摂関家の最も信任する武者となっていった。寛治七年（一〇九三）には陸奥《むつ》守に任じられ、翌年隣国出羽《でわ》で国守を襲った平師妙《もろたえ》という豪族を討伐し、その功で美濃《みの》守に転任した。そこで延暦寺の僧を殺害、嘉保《かほう》二年（一〇九五）には義綱の配流を要求する山門の強訴《ごうそ》に直面したが、山門に対する関白師通の断固たる方針のもとで、義綱は処罰されずにすんだ。

こうして中央政界での影響力を伸長させた義綱の一方で、義家は再び歴史の表舞台に登場する。それは承徳《じょうとく》二年（一〇九八）正月、ようやく陸奥国の官物《かんもつ》・公事《くじ》を完済し、受領功過《こうか》を通過した、陸奥守解任後一〇年目のことであった。背景には白河《しらかわ》上皇の意向があったらしいが、その年の十月、義家は白河院殿上への昇殿を許されるとともに、正四位下の位を与えられたのである。「昇殿」とは、上皇の住む殿舎に出入りすることを認められることで、義家が上皇の側近となったことを意味する。義綱が摂関家と結んで武士の第一人者をめざすのに対し、義家は白河上皇に近侍《きんじ》して義綱に対抗する形となったのである。

こうした中で、承徳三年六月に関白師通が急死し、摂関家の勢力が後退することになると、義綱は大きな打撃を受けることになった。そして、義家にも問題が起こった。嫡子対馬守義親《つしまのかみよしちか》の濫行《らんぎょう》である。すなわち、康和《こうわ》三年（一一〇一）七月、大宰府の命に随わず、住民を殺害し公物《くもつ》を奪ったとして大《だ》宰大弐《ざいだいに》大江匡房《おおえのまさふさ》に告発され、政府は彼の追討を検討した。しかし、白河上皇の配慮があったのであろう、追討は実行されず、義家の腹心で後三年合戦にも従った、下野権守藤原資通が召喚に赴いている。しかし、召喚に赴いた資通は義親と結んで、政府が派遣した官使を殺害してしまった。資通は召喚されて獄に下り、康和四年、義親も隠岐《おき》国へ配流《はいる》となった。以後、しばらく義親は表舞台から姿を消すことになる。

嘉承《かしょう》元年（一一〇六）七月頃、義家は京都でこの世を去った。その翌年、隠岐に流されていた義親は、対岸の出雲《いずも》国に渡り、出雲守藤原保家の目代《もくだい》と郎党《ろうとう》を殺害して、官物を奪い取るという事件を起こした。近隣諸国にも義親に与《くみ》する反国衙の動きがあるという噂があり、山陰地方の国衙支配が脅かされる危険が生まれた。ここには、地域的な軍事権力の萌芽をみることができるが、いまだ鎌倉幕府のような広域的な権力にまでは到っていない。こうした事態に白河上皇はもはや義親をかばうことはしなかった。嘉承二年十二月、白河上皇の側近として頭角をあらわし始めた武士、貞盛《さだもり》流平氏の出身である因幡《いなば》守平正盛《まさもり》に義親追討宣旨が下されたのである。追討使に任ぜられた正盛は翌年正月に出雲に到着、ただちに合戦にのぞんだ。勝負は出雲到着から一三日後、都を出発して一ヵ月にして義親の首と従類《じゅうるい》五人の首を取ったという報告が都の貴族たちのもとに届けられた。この結果、正盛は帰京を待たず但馬《たじま》守に遷任《せんにん》されたのである。このことについて、藤原宗忠《むねただ》はその日記『中右記《ちゅうゆうき》』で、

彼身いまだ上洛せずと雖も、まずこの賞あるなり。件の賞しかるべしと雖も、正盛は最下品《さいげぼん》の者。第一国に任ぜらるるは、殊寵《しゅちょう》によるものか。およそ左右を陳ぶべからず。院の辺に候ずる人、天の幸ひを与ふる人か

（賞を与えるのは当然であるが、正盛は最下品の者で、それが第一級の国の国守に任じられるのは、上皇の殊寵があるためである。これについてとやかくは言えないが、上皇の身辺に候ずる正盛は、まさに天が幸を与えている人とでも言うべきであろう）

と述べている。正盛の昇進は、家柄に不相応な破格の任官であったのである。

いずれにせよ、正盛によって「武士の長者」義家の嫡男義親は滅ぼされた。院側近の武士の第一人

者の地位は、義家から正盛へ、河内源氏から貞盛流平氏（伊勢平氏）へと移ったのである。

院政下の京武者・平氏

伊勢平氏は、いうまでもなく承平《じょうへい》・天慶《てんぎょう》の乱を勝ち抜いた平貞盛の子維衡《これひら》にはじまる。維衡は、一〇世紀末から一一世紀にかけての摂関政治期に同族である致頼《むねより》流との抗争を制し、軍事貴族として発展するかにみえたが、河内源氏の活躍にはかなわなかった。摂関政治期を経て白河院政期に入ってもしばらくは六位の地位である「侍品《さむらいほん》」という地位に甘んじざるをえなかった。それが、平正盛の時、源氏から武士の第一人者の地位を奪うまでになったのは、所領の寄進をきっかけに、白河上皇の側近になったことがその契機であった。

すなわち、永長《えいちょう》二年（一〇九七）、白河上皇の愛娘郁芳門院《いくほうもんいん》（媞子《ていし》内親王）の菩提を弔う六条院に、正盛が伊賀《いが》国山田《やまだ》・鞆田《ともだ》村・柘植《つげ》郷を寄進したのである。

郁芳門院は白河上皇の第一皇女で、白河上皇の寵愛を受けていたが、二十歳で亡くなった。上皇はショックのあまり出家して法皇となり、皇女の御所をあらためて寺とした。これが六条院である。正盛の寄進が上皇の歓心を買うためのものであったことはいうまでもない。

これをきっかけに、正盛は白河上皇に接近し、院の北面《ほくめん》の武士に加えられた。もっとも、侍品の家柄の正盛が直接上皇に接近することができるわけもない。おそらくは、その仲介者となったのが藤原為房《ためふさ》や顕季《あきすえ》などの院近臣《いんのきんしん》や、上皇の寵愛を受けていた祇園女御《ぎおんにょうご》であったと思われる（上横手一九八六）。

上皇の寵愛をえた正盛は、隠岐（一〇九七年）から若狭《わかさ》（一一〇一年）、因幡（一一〇六年）へとしだいに豊かな国の受領に任命され、上皇の造寺・造塔事業への奉仕につとめた。

こうした背景があって、義親追討使への任命がなされたのである。そして極めて迅速に義親を滅ぼしたことは先に述べたが、正盛軍が強かった理由は何か。正盛が率いた追討軍の構成は、正盛の私兵と出雲・因幡及びその周辺諸国の国司によって編成された国衙軍によっていたものと思われる。つまり、一〇世紀末以降国衙軍制が整えられていくが、それは、国司の私的従者や在庁官人、国衙に恒常的に組織された国内の中小の武士からなる国司軍と、非常時に国司などの要請によって国司軍に合流する地方豪族軍などから構成されていたと考えられている。朝廷から出される追討宣旨（官符）が武士の成立にとって重要な役割を果たしたことは先に述べたが、この場合、正盛に出された追討宣旨によって、国衙軍が正盛の指揮下に入ることで、義親側を圧倒する軍事力が構成されたと思われる。もっとも、正盛が追討使になりえた重要な条件を考えると、かれが院近臣と密接な関係を形成していたこと、またかれが義親の乱が起こった出雲の隣国因幡守であったことなどがあげられる。武力が第一条件で任命されたとはいえない点に留意しなければならないだろう。

正盛はこの事件があって以後、悪僧の強訴に対してこれを迎え撃ったり、但馬（一一〇八年）・丹後《たんご》（一一一〇年）・備前《びぜん》（一一一三年）・讃岐《さぬき》（一一二〇年）といった瀬戸内海沿岸を中心とする熟国の受領を歴任して、院近臣・北面の武士として白河上皇の造寺・造塔事業に成功《じょうごう》を果たすとともに、海賊の追討を通じて西国の武士を配下に組織化していった。伊勢平氏が西国に基盤を持つようになったのは、正盛の時代における受領の歴任が大きく影響しているものと思われる。

特に、永久《えいきゅう》元年（一一一三）の備前国守への任官については、その後の平氏の動向を考えるうえでも注目すべきであろう。すなわち任官の翌年、海賊九人を捕らえるという事件が起こっている。これは、瀬戸内海における治安維持が正盛に期待されていたことを示している。彼はそのこともあって備前守を重任《ちょうにん》しているが、その任期が終わろうとしていた元永《げんえい》二年（一一一九）、肥前《ひぜん》国藤津《ふじつ》荘の荘司《しょうじ》平直澄を追討した。直澄の首級とともに上洛した正盛の随兵一〇〇人は、「多くは是、西海・南海の名士」であったといわれている。正盛軍が、西国の武士（名士）から構成されていたことを示している。この功により、正盛は元永二年には従四位下に叙せられ、保安《ほうあん》元年（一一二〇）には讃岐守に遷任されたが、保安二年四月、没した。その後を継いだのは、嫡男忠盛《ただもり》である。

忠盛は永長元年（一〇九六）に生まれたが、十八歳にして強盗を捕まえたことで従五位下に叙され、父正盛のもとで白河上皇の近臣として順調に経歴を積んだ。上皇の身辺に仕える女房を妻として与えられたことからも、上皇の寵愛ぶりがわかる。この女性が永久六年正月に清盛《きよもり》を生んだが、その昇進ぶりには目をみはらせるものがあり、十歳前後にして六位で院の非蔵人《ひくろうど》、十二歳で従五位下・左兵衛佐《さひょうえのすけ》に任じられている。そして十八歳の時、父忠盛の海賊追捕の賞の譲りを受けて従四位下に昇進している。こうした武家の出身としては異例の出世は、彼の父が忠盛ではなく、白河上皇であったことの証拠であると考えられている。その後も続く清盛と平氏一族の出世・繁栄の背景にはこうした事情があった。

さて、大治《だいじ》四年（一一二九）七月の白河上皇の死と、それに代わって始まった鳥羽院政は、順調にみえた忠盛に試練を与えることとなった。白河上皇と鳥羽天皇の間の確執から生じた、鳥羽院政における諸政策の軌道修正についてはすでに触れたところであるが、これが白河上皇の側近者に動揺をもたらしたことはいうまでもない。忠盛もこうした政治的変動の渦中にあったが、そのさなか、平正盛によって追討されたはずの源義親を名乗る者が、あいついで現れたのである。これは、平忠盛に対する「挑戦」であり、忠盛にとって身辺の危険すら感じさせるものであった。

「義親」を名乗る者は互いに合戦に及んだり、偽者とされて消えていったが、大治五年十一月に最後の一人で、鳥羽上皇の意をうけて藤原忠実がかくまっていた「義親」が、何者かによって殺されるという事件がおこった。この時、忠盛も容疑者のひとりに上げられ、召し問われている。結局犯人は美濃《みの》源氏の光信《みつのぶ》ということになり、忠盛の嫌疑は晴れたのである。

白河、鳥羽交替期の政治的変動を乗り切り、正盛以来の受領を歴任することで培った財力と、院近臣の人脈によって、忠盛は鳥羽上皇の側近にスライドすることができた。天承《てんしょう》二年（一一三二）三月には、鳥羽上皇の御願《ごがん》による白河千体観音堂《しらかわせんたいかんのんどう》（得長寿院《とくちょうじゅいん》）造営の功により、忠盛は備前守重任と、内《うちの》昇殿《しょうでん》を認められたのである。特に、内昇殿は内裏の清涼殿殿上《てんじょう》の間への出入りを許されたことを意味し、もともとその資格のある公卿を除いた貴族にとっては、最高の名誉というべきものであった。かって、源義家は白河上皇から院の昇殿を認められたが、内昇殿にはそれとは比較にならないほどの権威があった。正盛の時代に「最下品」とみなされた平氏が殿上人《てんじょうびと》の仲間入りをしたのである。とはいっても、つい先ごろまで「最下品」と見下していた者の出世を貴族たちが歓迎するはずもなかった。『平家物語』の「殿上闇討」は、昇殿の年、長承《ちょうしょう》元年（一一三二）十一月二十三日に行われた豊明《とよのあかり》の節会《せちえ》において、貴族たちが忠盛を襲撃しようとたくらんだという話であるが、史実でないとしても、貴族たちが抱いていた感情を反映した話ということはできる。

この話のなかで、殿上人たちが忠盛を殿上で闇討ちしようという計画を知った忠盛は、束帯の下に差した短刀（実は銀箔《ぎんぱく》を貼った木刀）を抜いて殿上人の度胆を抜いたり、忠盛の家人平家貞が殿上の小庭に狩衣《かりぎぬ》の下に腹巻《はらまき》（鎧）を着けて、太刀を差して控えてあたりを威圧させたりしたため、その夜の闇討ちはなかったという筋書きで、無事節会が進み、忠盛が舞を舞っている最中に公卿たちが突然拍子をかえて、「伊勢の平氏はすがめなり」とはやしたてた。「平氏」は「瓶子」で、「すがめ」は「眇目」（片目が悪いこと）と「酢瓶」（酢を入れる容器）の両方の意味になる。伊勢国出身の忠盛が片目が悪いのを、伊勢産の瓶子が酢瓶に用いられるのにかけて、嘲笑したのである。忠盛の急速な昇進を妬んだ質《たち》の悪いいたずらであった。

忠盛も父正盛同様、受領を歴任しているが、これも父同様備前守を重任していることが注目される。忠盛が備前守になったのは白河院政末期の大治二年であるが、任期中の大治四年三月、保延《ほうえん》元年（一一一三五）四月の二度にわたって海賊の追捕《ついぶ》にあたっている。後者の場合、忠盛は「西海に有勢の聞こえある」上に、備前守であるからということで追討使に起用されたが、彼が捕らえて凱旋してきた七〇人の海賊の多くは、実は海賊ではなかったという。つまり、忠盛のパフォーマンスによる武名の宣伝であった。

いずれにしろ、正盛・忠盛の活躍によって平氏の名は瀬戸内海一帯に広まっていて、海賊追討となると平氏が幅を利かすようになっていたのである。そして、それを主導したのは白河・鳥羽両上皇であった。いわば院政によって治安維持の担い手として平氏が育成されたといえる。

忠盛が瀬戸内海地方の受領に任ぜられ、その地域を勢力下に入れようとしたのは、受領として財を蓄え、海賊＝水軍を自己の勢力下に入れるためばかりではなかった。それは、対宋貿易の実権を手にしようとしたためでもあったのである。

肥前国神埼荘《かんざき》（佐賀県）には、一一世紀前半から宋船が来航していた。忠盛の頃、神崎荘は鳥羽院領で、かれは院司《いんのつかさ》として荘園の管理にあたっていた。長承二年、宋の商船が来航した際、忠盛は院宣《いんぜん》と称して大宰府の干渉を排除して宋商船との直接貿易を行った。大宰府はこれに抗議したが、黙認する結果に終わったらしい。清盛に引き継がれる日宋貿易への関わりをうかがうことができる（本書七―1参照）。

さて、仁平《にんぴょう》三年（一一五三）正月十五日、忠盛は五八年の生涯を終えた。その死を悼んだ悪左府《あくさふ》・

左大臣藤原頼長《よりなが》は、忠盛をこう評した。

「数国の吏《り》をへて、富は巨万を累《かさ》ぬ。奴僕《ぬぼく》は国に満ち、武威は人にすぐる。然るに人となり恭倹《きようけん》（つつしみ深い）にして、いまだ奢侈《しゃし》の行なひあらず。時の人、これを惜しむ」（『兵範記』）

かつてその急速な昇進に、貴族が反発した忠盛であったが、頼長からこうした賛辞を与えられるにいたったのである。

こうして、平氏は白河院政のもとで、京武者としての活動を基本にしながら、地方武士の組織化をはかり、かつ独自の経済活動の基盤をかたちづくることになったのである（高橋昌明二〇〇四a・二〇〇七）。

義家没落後の源氏

平氏が白河・鳥羽上皇の平氏育成策とでもいうべき庇護のもとで繁栄していく一方で、義家死後の河内源氏は、義家の嫡子義親が濫行により平正盛によって滅ぼされ、嫡宗《ちゃくそう》を失い激しい内紛に巻き込まれることとなった。

義親追討の翌年の天仁《てんにん》二年（一一〇九）二月、義家が自己の後継者と定めていた四男義忠《よしただ》が何者かに殺害された。嫌疑は叔父義綱《よしつな》とその三男義明《よしあき》にかけられ、彼らを追捕すべく義親の四男で義忠の養子となっていた十四歳の為義《ためよし》と、源頼光の曾孫で美濃源氏の源光国《みつくに》が指名された。二月十六日、義綱は一族を率いて都を離れ、東国に向かった。しかし、近江《おうみ》国で追討使の攻撃をうけ、義綱の五人の子は自害、義綱自身は降伏した。義綱の三男義明は病のため義綱に従わず、乳父滝口季方《たきぐちすえかた》の宿所に隠れていたが、追手によって殺された。なお、義綱は殺人については無実とされたが、都を勝手に離れた罪で佐渡《さど》へ流罪となり、のち殺された。かつては、兄義家と対抗しうる勢力を有した義綱一族の何とも無残な最期であった。

源為義が追討使に起用された背景を考えると、養父義忠のあだ討ちという側面もあるが、河内源氏の後継者としての為義に武勲を与えようとした白河上皇の意図もあったのではないかと考えられる（上横手一九八一・元木一九九四）。実際、追討の功によって彼は正六位上左衛門少尉に任じられたのである。

なお、義忠殺害の犯人としては、叔父義光の関与を指摘する史料（『尊卑分脈《そんぴぶんみゃく》』）もあるが、本当のところはわからない。いずれにしろ、「武士の長者」といわれた河内源氏は、院や貴族の抑圧の結果ではなく、義親濫行とそれを契機とした一族内紛によって自滅の道をたどった。河内源氏のその後の命運は、十四歳の為義に託されたのであった。

源為義（一〇九六〜一一五六）と平忠盛（一〇九六〜一一五三）、白河院政期から鳥羽院政期の源平の当主であるが、同じ院近臣でありながら、対照的な処遇をうけている。両者は院近臣として、悪僧の強訴に対して院の身辺警護につくなど院近臣・院北面としての役割は果たしているものの、忠盛が瀬戸内海周辺の熟国の受領を次々につとめ、その財力をもって院に奉仕したのに対し、為義は源氏と関係の深い陸奥《むつ》守を望んだもののかなわず、父祖のように諸国の受領にも一度も任じられることはなく、しかも昇殿を許されない地下《じげ》官人として、検非違使《けびいし》に終始したという大きな違いがある。その原因の第一は、彼の行動が武骨で粗野な性格を強く帯びていたことにある。為義が家督を継いで五年目の永久二年(一一一四)、藤原宗忠《むねただ》は検非違使別当の任にあったが、彼の日記『中右記』には為義が犯罪者をかくまったり、為義の郎従が東国で国衙の雑物《ぞうもつ》を奪ったりといった、為義についての芳《かんば》しくない記事がしばしば記されている。為義は父祖以来の基盤である東国に忠盛のように受領としてのぞむことができず、少しでも勢力を伸ばすためには犯罪者をかくまうこともやむを得ないというジレンマが存在したのではないか。そして、何よりも為義の境遇には、河内源氏の没落という大きな現実が立ちはだかっていたのである。

平氏が院の庇護を受けながら武士の第一人者として勢力を伸ばしていくのに対し、為義は摂関家と結びついて勢力の伸張を図ろうとした。特に、忠実やその子頼長と結んで、摂関家の家政や家領に対するいわば用心棒として自らを位置付けるにいたるのである。その時期は、保延二年(一一三六)に為義が忠実の舎人《とねり》である源行真を家人としようとしていることから、それ以前に忠実に臣従したものと考えられている。摂関家の家政機関あっての為義という状況がつくりだされたのである。こうして、保元《ほうげん》の乱の一方の勢力、忠実—頼長—為義の陣営がしだいにつくられていった。

北面の武士

ここで、院政下の武士を考えるうえで、欠かせない「北面《ほくめん》の武士」について少しふれておきたい。

まず、「北面」という言葉であるが、これはもともとは建物の部屋のうち、北側にある部屋を指す。院政下では院御所の北側にあった詰所のことで、「北面の武士」はその詰所に控えていた武士のことである。北面の武士の規模を知ることができる有名な記事がある。白河上皇が亡くなった大治四年（一一二九）七月十五日の葬送に集まった人々について記す記述のなかに「此外、北面に候ずる者、信乃守盛重、相模守以下五位六位等、有官《うかん》無官《むかん》の輩《ともがら》、合わせて八十余人」（『中右記』）とあり、八〇人以上のもの「北面に候ずる者」がいたことが分かる。

ただ、この八十余人の「北面に候ずる者」＝「院北面衆」すべてが武士であったかどうか。白河院政期には北面は上・下に分かれ、「上《かみ》北面」と「下《しも》北面」「北面下臈《げろう》」とよばれていた。「上北面」には諸大夫《しょだいぶ》の家格の者が任じられていたが、いわゆる「北面の武士」はこれではなく、そのほとんどが「下北面」である。平正盛も白河上皇に重んじられながらも、父や祖父が諸大夫の身分でなかったために、院殿上人《いんのてんじょうびと》になったことはなく、生涯を通して「下北面」、いわゆる北面の武士のままであったらしい。

公卿《くぎょう》（三位以上）―諸大夫（四位・五位）―侍《さぶらい》（六位以下）―凡下《ぼんげ》（一般庶民）という身分社会の中で、侍と凡下の間には、支配階級と被支配階級という大きな格差があったが、支配階級のなかでは、諸大夫と侍の間に大きな身分的格差が存在したのである。

この北面の武士がいつ置かれたかについて、これまでは白河院政開始と同じ頃の設置という説（吉村一九五三）が通説であった。しかし、近年では『為房卿記《ためふさきょうき》』康和五年八月十七日条の「北面伺候五位六位十人許」とあるのが院北面に祗候する武士の初見であることから、康和四・五年（一一〇二・三）頃に北面の武士が整備されたとする説（米谷一九九三）が通説となっている。この時期は、承徳三年（一〇九九）に白河上皇と対抗した関白師通《もろみち》が三十八歳で急死し、また二年後には父の師実《もろざね》も他界するなど、摂関家が勢力を弱め、白河院政が本格化へと向かった時期である。そうしたなか、白河上皇は私的武力として北面の武士の組織を整備し、一〇世紀初めの宇多上皇の頃に設置され、院の私的武力の役割を果たしてきた院武者所は縮小されたものと考えられている。

なお、院の北面（下北面）に候《こう》じた者の中には、武士出身ではない六位以下の官人子弟も多かったらしく、中には上皇との男色関係から北面に候ずることになった平為俊《ためとし》や藤原盛重《もりしげ》などの例もあり、むしろ北面の制度は、寵童など上皇が直接関係を持ちたい多様な人々を集める場所としての役割を果たしたと見るべきではないかとする意見もある（美川二〇〇三・二〇〇六）。

寺社の強訴と軍事貴族・京武者

院政期の都における最大の軍事問題は、権門寺院の武装と強訴である。寺院内部における武装集団の出現は一〇世紀後半の延暦寺に確認できるが、とりわけ白河親政から院政期にかけて、自立した権門としての道を歩み始めた寺社における武力・強訴が大きな問題となり始めたのである。強訴を行った寺社勢力は「南都《なんと》北嶺《ほくれい》」と総称された。南都とは興福寺・東大寺など旧都奈良の諸寺のことであり、北嶺とは比叡山延暦寺のことである。実際、強訴を行った寺社はほぼ延暦寺、興福寺に限られているのが特徴で、密教系の東寺や仁和寺《にんな》などには悪僧による強訴の例はほとんどみられない。

これらの諸寺の有する武装した僧侶のことを「悪僧」（江戸時代以後、これを「僧兵《そうへい》」と呼ぶようになった。本書では以後、悪僧と呼ぶ）というが、院政期においてかれらによる「嗷訴」＝強訴は頻繁に起こっていたのである。

白河上皇の「三不如意《ふにょい》」、「賀茂《かも》川の水、双六《すごろく》の賽《さい》、山法師、是ぞ朕が心に随わぬもの」と白河上皇が嘆いたという話はすでにふれたが、このうちの「山法師」とは延暦寺の悪僧のことで、総じて悪僧の強訴が白河上皇にとってもネックとなる問題であったということである。

ところで、戦前の歴史家辻善之助の集計によれば、寺社の強訴事件の主なものは、天元《てんげん》四年（九八一）から天文《てんぶん》十八年（一五四九）までの約六〇〇年間に約二四〇回を数えるという。そのうち、院政以前の九〇年間に四回、院政時代の一一〇年間に六十余回、鎌倉時代の約一五〇年間に約一〇〇回、南北朝時代の六〇年間に約四〇回、それ以後の室町時代の約一五〇年間に三十余回を数える（辻一九四四）。寺社の強訴が、院政期になって始まる極めて中世的なものであることがわかる。

悪僧による強訴はすでに摂関期からみえる。古い例では、天暦《てんりやく》三年（九四九）に東大寺の僧徒五〇〜六〇人ばかりが入京して、別当寛救の不法を訴えることがあった。また、天禄《てんろく》元年（九七〇）に延暦寺内の綱紀粛正のために天台座主《てんだいざす》良源《りょうげん》が制定した『二十六箇条起請《きしょう》』には、当時延暦寺内に「裹頭《かとう》

図26　専修念仏停止を訴える延暦寺の悪僧

妨法《ぼうほう》の者」が横行したことが記されている。裏頭妨法とは、頭を袈裟《けさ》などで包み隠し、仏法《ぶっぽう》を妨げる者という意味である。彼らは夕刻時になると念仏堂や講説論義の修行の場に来ては邪魔をし、制する者には暴言を吐き、武器をかざして暴行に及んだという。この起請でそれが禁止されたことはいうまでもない。僧侶が武装するという事態が寺院のなかで見られるようになったのであるが、それは同時に僧侶・寺院同士の抗争や強訴が行われるようになったことを意味する。

この良源であるが、彼は奈良時代の行基《ぎょうき》が任ぜられて以後例が無かった大僧正《だいそうじょう》に任じられるほどの傑僧で、彼は摂関家と結んで延暦寺・天台宗の地位を向上させ、延暦寺中興の祖といわれている。一方で、天台宗内の主要な地位を円仁《えんにん》系（慈《じ》覚門《かくもん》徒《と》）の人脈で固めたため、円珍《えんちん》系（智証《ちしょう》門徒）の反発をまねき、園城寺《おんじょうじ》との長く続く抗争の原因をつくることになった。摂関期における延暦寺をはじめとする寺院の世俗化が悪僧出現の背景にあったのである。

延暦寺をめぐる摂関期の強訴は、延暦寺と園城寺との人事問題に端を発する事例がほとんどであるが、それが院政期になると荘園や末寺・末社をめぐる争いが主な原因となるのである。

一方で、興福寺も藤原氏の氏寺《うじでら》として氏神春日社と一体化していった。ところが、藤原氏の氏寺とはいいながら、藤原氏の有力者との人的関係は希薄で、全国の寺院を統括する僧綱《そうごう》に任命される僧侶の数を数えると、天台宗系や真言宗系の寺院よりも少なく、興福寺が摂関政治のもとで優遇されたとはいえないのである。しかし、院政下で摂関家が勢力を失うことになり、そのことは逆に摂関家と興福寺の接近をもたらすことになった。

さて、強訴といえば、悪僧が神輿・御神体を擁して入京するというイメージがある。それは、寛治六年（一〇九二）の延暦寺の加賀守藤原為房《ためふさ》に対する強訴に際し、日吉《ひえ》社の神輿を先頭に立てて訴え、さらに翌年に興福寺は強訴に際して初めて春日社の神木を押し立てて以後、寺院と関係する神社のご神体を擁した強訴がみられるようになったのである。これは、神威によって強訴を正当化し、自己の主張の実現をはかったのである。実際、嘉保《かほう》二年（一〇九五）の延暦寺・日吉社の強訴に際して、武力で神輿を撃退した関白師通が四年後に急逝してから、神輿・神体を押し立てた強訴の宗教的権威によって貴族たちは恐れをいだくようになり、強訴はいっそう増加した。

ところで、強訴の要求は、延暦寺の場合は各地に荘園を拡大していったこともあって、荘園問題が主な原因であるが、興福寺の場合は人事に関わる要求が多いようである。また、地方で起こった事件が、寺社の本末関係を通じて朝廷に訴えることになったりしたものもあった。

また、寺社による強訴は、荘園支配の拡大などを背景とする寺社権門内部での勢力争いに端を発するような場合でも、その背後に実は院による人事介入があったり、対抗する勢力の一方が院と結びついていたりといった、院政期特有の問題を背景に持っている場合が多いことが指摘されている。

美川圭は、院政期の強訴の本質について、次のように述べている（美川二〇〇三）。

後三条親政を機にした貴族社会と寺院社会の接近、というよりは互いに深くむすびついた関係が、院と近臣僧といった主従制にまで発展し、それが寺院社会のありかたに大きな影響をあたえていく。それゆえほんらい、寺院社会内部の問題である派閥抗争や本末関係をめぐるトラブルが、貴族社会、とくに院周辺と深く関係し、朝廷に強訴がなされるのではなかろうか。たんに、寺院社会内部の矛盾が頂点に達し、それに院が対処するというような単純な図式にはならないのである。

強訴とは、当時の朝廷の政治が生み出したものだといえる。

ところで、これまで概観したように、強訴は延暦寺や興福寺のような大寺院の既得権益の侵害に対して、これをやめさせたり、元通りに復旧させたりすることが目的で、中央政府における政権問題や政治的事件、皇位継承問題などが問題とされることはなかった。したがって、悪僧とよばれた僧侶・神人たちが政府に対して武力で攻撃を加えることはなく、神輿や神木などの御神体を押し立てて圧力を加えたのである。

強訴がこうしたあり方であったため、強訴から院・朝廷を守るべく動員された軍事貴族は、僧侶と合戦に及ぶことを禁じられていたのである。たとえば、元永《げんえい》元年（一一一八）の延暦寺の悪僧による強訴の際、白河上皇は一〇〇〇人に及ぶ「北面にさぶらう人々、郎等」を派遣したが、上皇は次のように命じたという。

「大衆を射るにおよぶべからず、ただ相ふせぐべし。もし制止せらるるに、乱入する輩あらば、たしかにその身をからめ、将《もっ》て参るべし」（『中右記』元永元年五月二十二日条）

ここから、軍事貴族に期待されたのは防御の役割であって、強訴の勢力を武力で攻撃するためではなかったことがわかる。強訴と武士の台頭を結びつける必要はないのである。むしろ、強訴のたびに本来の官職とは関係なく、軍事貴族であることを理由に軍事動員されたことが、武士としての性格を明確化した点が重要であろう（元木一九九四）。

さて、強訴と武士との関係について述べてきたが、もうひとつふれておく必要がある。それは、寺院勢力内部に軍事貴族の系譜を引く一族が入って、寺院の武力を構成する場合もあるということである。その例として著名なのが「日本一悪僧武勇」といわれた興福寺の悪僧信実《しんじつ》で、彼は、大和《やまと》源氏の出身で、大治四年（一一二九）に鳥羽上皇と興福寺が対立した際に、上皇の武力として派遣された武士のひとり源為義が彼をかくまったこと、保元の乱に際して藤原頼長が支援を期待したなどのエピソードでよく知られている。

2──地域秩序の変動と武士団の形成

源義家没落後の源氏を担った為義の時代は、源氏の内紛の影響が残り、また院政と結んだ平氏の躍進もあって、源氏の嫡流にとって雌伏《しふく》の時代ともいうべき時期であった。その間嫡流とは別の源氏一族が北関東に進出していた。それは、南関東の房総地方、相模《さがみ》・武蔵《むさし》・伊豆《いず》方面には坂東平氏の諸流が進出していたためで、源氏はその周辺に勢力を伸ばすことになった。

東国武士団の成立

承平・天慶の乱を契機に成立した軍事貴族の家柄である貞盛流平氏、秀郷《ひでさと》流藤原氏、経基《つねもと》流源氏のうち、貞盛流平氏と秀郷流藤原氏の間で関東の分割が行われていた。それが、平忠常《ただつね》の乱で源頼信《よりのぶ》（経基流源氏）が勢力を扶植し、相互に勢力争いが起こるようになった。貞盛流・秀郷流は地方軍事貴族としての道を選び、経基流は河内源氏を含め中央軍事貴族＝京武者として勢力を拡大していったのである。

河内源氏の義家が「武士の長者」と呼ばれ、一時は勢力を拡大したことは先に述べたが、やがてその嫡流が雌伏の間、義家の子や弟の流れから、関東に勢力を有する武士が成立するのである。次にその様子を概観する。

義家の弟の義光《よしみつ》流は、北関東に基盤を築いた。後三年合戦に際して、義光は義家に従い陸奥に下向して参陣し、その後義光の子義業《よしなり》（義成）は常陸《ひたち》平氏の婿となった。またその子昌義《まさよし》は常陸国北部の久慈郡佐《さ》竹《たけ》郷を中心に勢力を扶植した。のち源氏の流れをくむ佐竹氏が常陸国に基盤をもつのはこのことによる。なお、義業は奥州藤原氏の清衡《きよひら》の前妻との間でも婚姻関係をもち、坂東に血縁関係を広げている。

義光流のもうひとつは、甲斐《かい》国を拠点とした武田《たけだ》氏がある。義光の子義清《よしきよ》は、常陸国那珂《なか》郡武田郷を本拠とするが、やがて地元勢力と対立、その子清光《きよみつ》が乱行を働いたとして父子ともに甲斐に根拠地を移した。甲斐源氏とされる逸見《へんみ》、加賀美《かがみ》、武田などの諸氏、信濃源氏である、佐久の平賀《ひらが》を拠点とした盛義《もりよし》・義信《よしのぶ》父子や、義信の子大内惟義《おおうちこれよし》などはその子孫である。

次に義家の三男義国《よしくに》は、下野《しもつけ》・上野《こうずけ》両国へと進出し、足利《あしかが》氏や新田《にった》氏の祖となった。ただ、この地はもともと秀郷流藤原氏の出身地でもあったから、秀郷流との競合が問題であった。そこで、義国以前の河内源氏とこの地の関係をみると、源満仲《みつなか》や義家が下野守を務めていることや、特に義国は義家と摂関藤原師通の家司《けいし》藤原有綱《ありつな》の娘との間に生まれており、その有綱は上野国の知行国主《ちぎょうこくしゅ》日野《ひの》家の傍流であることなどから、義国の上野国新田郡への進出には、母である有綱の娘の一族の支援が想定されている。しかも、義国は京武者として都で活発に活動しており、従五位下の位階を得て、院北面にも伺候《しこう》していたことが知られる。

こうして北関東には、義家以来の河内源氏の諸流が地歩を築きつつあったのであり、場合によっては、義光流と義国流の間での対立も存在したのである。繁盛流平氏（常陸大掾《だいじょう》氏）の平重幹《しげもと》と結んだ義光と、義国との間で戦われた紛争は、同族同士の争いとして激しいものであった。

こうしたなかで、源氏の嫡流たる為義流が進出する場所は、南関東ということにならざるを得ない。そして、その進出を可能にした条件として重要なのは、平忠常の乱に際して、乱の平定に失敗した平直方《なおかた》（貞盛流平氏）に源頼信の嫡男頼義《よりよし》が婿に迎えられていて、その相伝《そうでん》の所領や鎌倉の屋敷、伝統的権威を直方から頼義に譲り与えられたと考えられる点である。しかも、頼義は相模守であったことがあり、相模国はその足場となったと考えられるのである。

為義は嫡男義朝を関東に派遣し、坂東武士の再編にあたらせた。その義朝は保安《ほうあん》四年（一一二三）に淡路守藤原忠清の娘を母として都で生まれた。そして、幼少の時に坂東に下り、二十三〜二十四歳頃までいたらしい。成長するにおよんで、父祖相伝の地としての相模国鎌倉郷の亀谷《かめがやつ》の館を拠点に、近隣の武士の統合に乗り出し、関東一帯へと勢力の拡大をはかった。

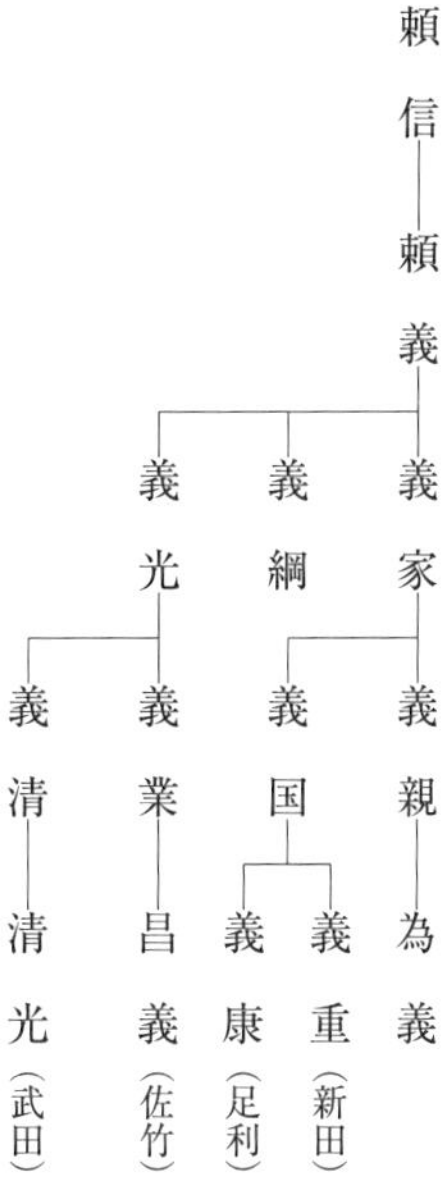

図27　河内源氏略系図

こうして、為義以後、長子義朝は相模・上総《かずさ》・下総《しもうさ》方面に勢力をのばし、次子義賢《よしかた》は武蔵で活動するなど、南関東の地に割り込む形で源氏の勢力が進出していくことになったのであり、保元・平治の乱を契機に始まった内乱期における河内源氏勢力の活動の前提ができあがっていった（野口二〇〇七）。

奥州藤原氏と平泉の王国

奥州《おうしゅう》平泉《ひらいずみ》は、後《ご》三年《さんねん》合戦（一〇八三〜八七）で勝利をおさめた藤原清衡が拠点とし、二代基衡《もとひら》、三代秀衡《ひでひら》のいわゆる奥州藤原氏によって発展した都市である。すでに述べたように、後三年合戦は、出羽《でわ》国山北地方の俘囚《ふしゅう》長の清原武貞《たけさだ》の三人の息子たちの確執がもとになって、そこに都から陸奥守として下向した源義家が介入したことから合戦になったもので、その結果、義家の支援を得た藤原清衡が勝ち残ることになったのである。時に清衡三十三歳、戦いに翻弄された前半生であった。

清衡は、前九《ぜんく》年《ねん》合戦で滅んだ俘囚長安倍《あべ》氏と秀郷流藤原氏の血を引いていた。北奥羽から蝦夷島（北海道）までを勢力下にいれる地域政権としての側面をもちながら、もう一方では、京都の貴族政権との間では定期的に貢納物を納めて朝廷との関係にも配慮するという、両面的な性格を有し、着実に勢力を広げていった。そして、第三代秀衡《ひでひら》の時代にいたって、鎮守府将軍・陸奥守の官職を得て、地域政権として朝廷から公認されたのである。

戦いが終わった奥州には一転して平和が訪れた。清衡は一一世紀末、安倍氏がかつて本拠を置いた衣川《ころもがわ》に近く、交通の要衝であった平泉に本拠を移し、長治《ちょうじ》二年（一一〇五）から残りの半生をかけた大事業に着手した。中尊寺《ちゅうそんじ》の造営である。天治《てんじ》元年（一一二四）に金色堂《こんじきどう》が落慶《らっけい》、そして、着手から二十余年を経た天治三年には主要な堂塔《どうとう》が完成し、三月二十四日、落慶法要が行われた。清衡は七十一歳であった。

同日付の中尊寺落慶供養願文《がんもん》（「中尊寺経蔵文書」）のなかで、清衡は中尊寺建立の意図を次のように述べている。

「思えばこの地には、ながい間戦争がつづき、官軍、蝦夷ともに死ぬものがまことに多かった。鳥獣魚介のたぐいで殺されたものも、むかし、いま数えきれない。魂はあの世に去っても、朽ち果てた屍は、なおもってこの地の塵となって残っている。なんの罪もなく死にゆいた霊魂が、みな浄土往生《じょうどおうじょう》を遂げるように、この修善《しゅうぜん》をささげるものである」

この供養願文は、当時都で当代きっての文章家として知られた藤原敦光《あつみつ》（父が藤原明衡《あきひら》）の起草になるもので、そこには清衡が経験した前半生の戦乱への深い感慨、その犠牲になった多くの命への慈しみ、そしてようやくこの地に平和が訪れたことへの自負が込められている。

清衡は先の願文のなかで自らを「俘囚の上頭《うえとう》」「東夷《とうい》の遠酋」と称している。これは、清衡の支配権の根源が、平安初期の俘囚長である安倍氏、清原氏の権限を引き継いで奥六郡（胆沢《いさわ》、江刺《えさし》、和賀《わが》、稗貫《ひえぬき》、紫波《しわ》、岩手《いわて》）の郡司に任命され、その地位を公的に承認されたことの表明である。ただし、この願文の起草者である敦光の、ひいては都の貴族たちの意識とみれないこともない。そして、これが重要なのだが、清衡は秀郷流藤原氏の流れを引いた軍事貴族という側面をあわせもち、奥羽における摂関家領荘園をあずかる地位につくなかでその地位を確保したのである。

清衡は、大治三年（一一二八）七月十六日、七十三歳の生涯を終えた。『吾妻鏡《あずまかがみ》』はその最期を「入滅の年にのぞみ、俄《にわ》かに始めて逆善を修め、百カ日の結願《けちがん》の時にあたり、一病もなくして合掌し仏号を唱え、眠るがごとく眼を閉じおわんぬ」と記す。

ところで、奥州藤原政権は、清衡・基衡の段階では国司（国衙）の支配から独立していたわけではなかった。『古事談《こじだん》』という鎌倉時代の説話集には、次のような話が載せられている。

基衡の頃、陸奥守として都から下向した藤原師綱《もろつな》は、それまでの代々の国司が行ってこなかった国内の検田《けんでん》（土地の調査）を、朝廷の宣旨を得て行おうとした。ところが、信夫《しのぶ》郡は基衡の所領で、基衡は家人の郡司《ぐんじ》季春《すえはる》に命じて国司の立ち入りを拒んだ。ところが、国司は本格的に応戦し、合戦となった。ことここに到って、宣旨に背いた罪を問われることを恐れた基衡は季春を国司のもとへ渡さざるをえず、かれは斬首されたという。

この話は、基衡の時代、基衡の力が大きくなってきたことを物語ると同時に、国司の権限はなお大きく、奥州藤原氏はいまだ中央政権から独立していたとはいえないことを示している。

奥州藤原氏が名実ともに「王国」といえる政権を実現したのは、三代秀衡の時である。かれは、嘉《か》応《おう》二年（一一七〇）に鎮守府将軍に、養和《ようわ》元年（一一八一）には陸奥守に任じられ、中央政府から奥州の支配を任されたのである。もっとも、陸奥守補任については、治承《ちしょう》四年（一一八〇）の源氏の挙兵に対して、その拠点と化した坂東を背後から牽制させようという平氏の強い意図があったのであるが。

ところで、都の貴族からみた奥州平泉は、金、馬、布などの奥州の特産物や、平泉を中心に行われたであろう北方交易によって入手したアザラシの皮や鷲の羽根などの、武具の材料となる貴重品をもたらす源であった。王家や摂関家への貢進物として、あるいは荘園の年貢として都に運ばれ、その見返りとしてさまざまな文物が平泉に運ばれた。浄土思想に基づく清衡の中尊寺、基衡・秀衡の毛越寺《もうつじ》などが建立された。そして、平泉へは九州の博多を介して中国産の高級磁器である白磁や南海産のオウム貝などがもたらされ、奥州の金がその対価となって海を越えて東アジアへと運ばれた。黄金の国、ジパング伝説の源こそ、陸奥の産金であった。一二世紀の平泉は東日本最大の都市であった。

その平泉の姿が明確になったのが、昭和四十四年（一九六九）から始められた「柳之御所遺跡」の発掘調査であった。特に、昭和六十三年（一九八八）から六年をかけて行われた調査は、北上川の一関《いちのせき》遊水地、平泉バイパスの建設に先立って行われ、当初は記録保存を目的とした緊急発掘調査という性格をもつものであった。そして、一一・二万平方メートル《メートル》にわたる度重なる調査の結果、遺跡の中心年代は一二世紀後半で、二代基衡の晩年から三代秀衡の時期に重なり、堀・橋脚・園地・祭祀遺構・掘立柱建物跡などの遺構や、墨書のある折敷《おしき》、かわらけ、国産及び中国産の陶磁器などが発見された遺跡の中心は、『吾妻鏡』に「平泉館」として記されるものにあたることがあきらかとなったのである

（斉藤一九九二・高橋富雄ほか一九九三・入間田二〇〇五など）。

工事の遂行か、遺跡の保存かが大きな問題となり、地域住民・学会など多くの人びとの関心と保存への動きが高まるなか、事業主体の建設省（現国土交通省）は平成五年（一九九三）、当初の工事計画を変更し、遺跡の保存をはかることと、治水をすすめることの両立をはかった。その結果、遺跡は平成九年国の史跡に指定され、国宝中尊寺金色堂・特別名勝毛越寺庭園などとともに、「平泉の文化遺産」として世界遺産登録をめざしている。

六　院政期の地方支配と京

1――摂関時代の地方支配のしくみ

受領制の成立

摂関時代の国家支配（王朝国家）を支えたのは、九世紀末から一〇世紀初めにかけて行われた国政改革（寛平《かんぴょう》・延喜《えんぎ》の国政改革）によって成立した新しい仕組みであった（木村二〇〇四）。それは、律令制のもとで在地支配を任されていた郡司《ぐんじ》が、在地の共同体を統括して中央政府に貢納物を納めることが困難になってきた情勢を打開するためにとられた政策であった。戸籍・計帳《けいちょう》制度に基づく国司―郡司―郷長《ごうちょう》という支配系統が機能しなくなってきたのである。

こうした状況が生まれた背景には、在地の富豪層（有力農民）が中央の院宮王臣家《いんぐうおうしんけ》と直接に結びついて、在地における郡司や国司の支配に対捍《たいかん》する事態が存在した。

そこで、政府は国司に地方支配の大幅な権限を与え、そのもとで地方支配を立て直すことをねらった。

まず、国ごとに「国図《こくず》」と呼ばれる土地台帳を整備して、国司の管理下におく耕地（公田《こうでん》）を定め、国司はその公田の面積分の田租《でんそ》や、地税化した正税《しょうぜい》（官物《かんもつ》）の貢納を請け負うようになった。そして、その貢納の責任は、国司のうちの長官（守《かみ》）に集中させるようになった（北條二〇〇〇）。こうして、国司の中でも国内支配の実権を与えられた国司は「受領《ずりょう》」と呼ばれた（寺内二〇〇四）。

　政府は、受領にその責任を果させるために、国内の土地を調査して課税する検田権《けんでんけん》などの国内支配権を大幅に与えた。受領は必要に応じて政府の指示を仰いだり、「受領功過定《こうかさだめ》」（一国の支配を請け負わせた受領の成績評価）の上で必要な書類を提出したが、『延喜式《えんぎしき》』などに規定された政府に納めるべき貢納物の品目・数量（式数）を規定量どおり納入すれば、国内支配に関して政府が細かい指示を出すことはなくなったのである。

　こうした体制のもとで受領は、国内の公田を名《みょう》に編成し、名の所有者（経営者）を負名《ふみょう》として把握し、彼らから徴税する体制を一〇世紀前半から後半に整えた。負名に対する課税は、租《そ》・庸《よう》・調《ちょう》・雑徭《ぞうよう》という律令制度の税目ではなく、官物・雑役《ぞうえき》と総称されるものになった。官物は、令《りょう》や格式《きゃくしき》によって定められた租・庸・調や出挙利稲《すいこりとう》・未進率分《みしんりつぶん》などの課税額を総計して段別の額（米や穎《えい》の額）を割り出したもので、検田によって国衙が面積を掌握した負名の土地に、この官物を一律に賦課するというしくみであった。これを「所当官物制《しょとうかんもつせい》」という（平田一九七五）。実際に徴収されたものは、国によってさまざまであったと思われるが、たとえば、見米《げんまい》（現米）・穀《こく》・穎などの水田からの収穫物であったり、一定の換算率で割り出された畠作物や手工業生産物などの場合もあった。実際の運用では、国衙は自らの必要に応じてさまざまな物品を賦課し、それをあとで集計して、穎や米で計算された総額分が納入されていれば、完納とみなすしくみであった。そして、完納したかどうかは、納入を果たした負名や百姓（農民）に返抄《へんしょう》という領収書を渡すことで確認するようになったから、返抄は負名らの貢納の証明書となった（福島一九八八）。

図 28　受領の下向（『因幡堂縁起絵巻』）

国衙の支配機能が重要になるにつれて、国衙のしくみも再編・強化された。一〇世紀後半になると、国司が国内支配を円滑に行うための機関として、検田を行う検田所・田所《たどころ》、正税官物の収納を行う収納所・税所《さいしょ》、軽物《かるもの》（手工業品）を収納する調所《ちょうしょ》、出納所などが整備された。収納所は、郡や郷などの国内の行政単位ごとに置かれ、農民の持っている納税証明書（返抄）を調べて税所に報告した（大石一九七三）。

一方、国司が中央の貴族や官庁に納入するに際し、一〇世紀半ばには弁済使《べんさいし》・国雑掌《くにざつしょう》という使いがあらわれ、国司のもとで貢納物や公文勘会《くもんかんかい》（監査）の実務にたずさわるようになった。彼らは、中央の貴族や官庁への貢納に長じていたが、それは彼らが中央の官庁の下級実務官人出身であったからで

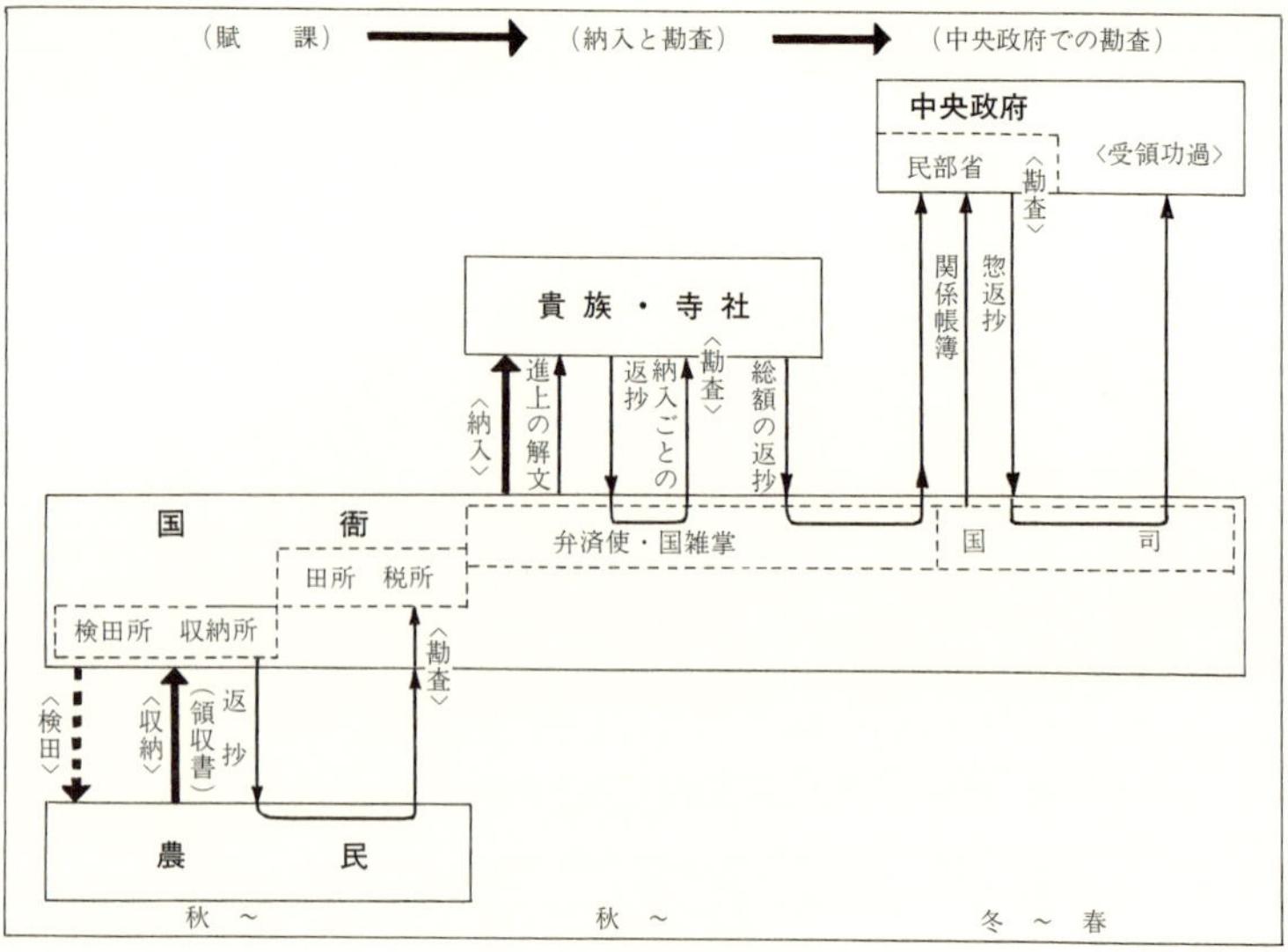

図 29　二重監査の流れ

ある。

受領の監査のしくみ

こうして受領を中心とした支配機構の再編が行われ、院宮王臣家・諸司・諸家などと呼ばれた中央貴族・官庁・寺社（以下「貴族・官庁」と略記）と在地の富豪層が直接結びつくことは制限され、貴族・官庁は国司に対して一定の手続きをふまなければ、在地の支配に関与することはできなくなった。そして、そのかわりに、中央政府は貴族に与えられた封戸《ふこ》などの国家的給付について、国司（受領）が貴族に直接支払うことになったのである。中央政府（大蔵省・民部省）から各貴族に支払われるという律令制度の建前は解体し、各貴族・官庁が自ら国司との交渉で収入を確保するという方式に改められた。そして、国司が貢納の責任を果たしたかどうかは、貴族・官庁から国司に出された貢納証明書（返抄）をもとに中央政府が行う受領功過定（陣定《じんのさだめ》）によって監査されるようになったのである。したがって、各貴族・官庁のもとで国司に対して行われる納入監査（家産制的勘会）と、その結果発行された返抄にもとづく中央政府での受領功過定の二つの監査が摂関時代における国家的給付制度を成り立たせていた（福島一九八六・一九九二）。

国司との直接的な関係で貢納物を受け取ることになった貴族・官庁などは民部省での監査や受領功過定に必要な返抄（領収書）を発行する権利をもっていた。こうして、国司と貴族・官庁との間での現実の納入に対する監査と、それをもとに中央政府が行う文書のうえでの監査（公文勘会）という二重の監査によって、貴族・官庁の財政が運用されるようになると、貴族・官庁に与えられた封戸などの給付は、国家によって保証された権利であったから、その徴収権や返抄（＝債権）を売買することで収入を得ることも行われた。摂関期には、受領功過定と貴族・官庁の家産制的勘会の二重のしくみが、貴族・官庁の財政を支えていた。

貴族・官庁の家政機構の形成

封戸などの国家から保証された給付をもっている貴族や寺社では、国司に前分《ぜんぶん》という手数料を求めたり、貢納物の品質や数量が不足すると返抄を与えなかったり、定められた貢納物と代物の換算率を操作し、納入額を増やしたりすることによって、より多くの貢納物を得ようとするものも出てきた。そのことをめぐって、国司と貴族・寺社の間で争うこともあったが、いったん固定された貢納物の品目や数量は、一〇世紀から一一世紀にかけて、国司と貴族・寺社・官庁の間でつくられた慣習によるように変わっていった。この慣習によって決められた貢納物の品目・数量を済例《さいれい》といった。

貴族や寺社・官庁は、国家から保障された封戸などの国家的給付を管理し、国司からの貢納を監査して貢納を実現するために、公文所や政所などの家政機構を整備していった。たとえば、こうした家政機構を最も早く整備した摂関家の場合、一〇世紀のはじめには、信濃《しなの》国や讃岐《さぬき》国にあった封戸を醍《だい》醐《ご》寺に施入《せにゅう》するために「公文所《くもんじょ》」が封戸の管理を行っていることが知られる。こうした家政機構は摂関家のみでなく、東大寺などの寺社にも公文所や政所が整備されていった。こうした家政機構や人的組織は、国家的給付制度が解体し、一一世紀後半に荘園制が成立するなかで、荘園支配のしくみを組み込んで整備されていった。

2―受領制から知行国・荘園制へ

国衙税制の変化

一〇世紀後半から一一世紀前半の所当官物制《しょとうかんもつせい》のもとでの受領《ずりょう》の苛酷な徴税に対し、郡司《ぐんじ》や農民の抵抗がおこった。こうした農民の抵抗や国内の流通経済の発展のなかで、国衙の税体系も所当官物制から公田官物率法《こうでんかんもつりつほう》へと変化していった（坂本一九七二）。所当官物制では、律令制の租・調・正税利稲《しょうぜいりとう》・交易雑物《こうえきぞうもつ》などの税目が賦課基準として残っていて、それを稲穀などに換算して検田《けんでん》によって把握した国内の土地に賦課していたが、一一世紀半ばに成立した公田官物率法では、そうした個々の律令制的な税目が消え、稲・穀・軽物《かるもの》（布など）が一定の税率で賦課されるようになったのである。

官物の内容は各国ごとに特色があり、伊賀《いが》・若狭《わかさ》などのような米（乃米《のうまい》・見米）を主体としたもの、和泉《いずみ》・大隅《おおすみ》などのように手工業製品などの軽物を主体としたもの、安芸《あき》のように両者が並存するもの、さらには大和《やまと》・摂津《せっつ》・肥後《ひご》などのように官米への一本化が進まず、旧来の官物率法が残るものなどに分けることができる（勝山一九九五）。

国内公田の再開発と開発領主の登場

一〇世紀後半になると、受領は検田権をもとに国内支配を強化したが、一方で負名《ふみょう》の逃亡や没落などで公田が荒廃して、本来確保すべき数量の貢納物が確保できなくなってきた。受領はその責任を果たすために、負名を基本として成り立っていた国内支配の体制を再編し、負名のなかでも「大名田堵《だいみょうたと》」とよばれる有力者や、開発領主《かいほつりょうしゅ》とよばれる在地の有力者（在地領主）が、荒廃した公田を再開発した耕地や、新たに開発した耕地を、別名《べつみょう》・別符《べっぷ》という税率の低い特別な徴税区域として認めた。この結果、負名が郡や郷の管轄下にあったのに対して、別名・別符は郡や郷とならぶ新しい行政区画となった。こうした動きと並行して、一一世紀半ばまでには律令制以来の郡衙《ぐんが》（郡家）の機能が衰え、国—郡—郷という地方行政組織が崩れた。郡と郷は別名・別符同様に国衙と直接つながるようになり、その支配者たる開発領主はそれぞれの領域を支配するために、郡司・郷司《ごうじ》を名乗ることを認められ、その所領を国衙領として確保し、在地領主として成長する基盤をかたちづくった。

受領と在庁

受領制の成立によって、受領は国内支配を請け負うことになったが、そのために受領は子弟などの一族・郎等、有官散位《うかんさんに》（現任の官職のない下級官人）などを連れて国内に下向し、かれらを目代《もくだい》・国使《こくし》（検田使、収納使）などに任命した。かれらは、国内の郡司層らとともに受領の国内支配に組み入れられ、「御館人《みたちびと》」などと呼ばれた。かれらは「在庁《ざいちょう》」として判官代《ほうがんだい》・書生《しょせい》などに任じられ、介《すけ》・掾《じょう》などの「官人《かんじん》」とともに国衙の支配機構に位置付けられた。こうして、受領の支配を在地で支える仕組み、すなわち在庁官人制が成立したのであり、かれらのなかに「兵《つわもの》」「武者」がはぐくまれたのである。

ところで、国衙機構が再編され、在庁官人による行政事務が軌道に乗る一一世紀後半になると、国守はほとんどの期間を京都で過ごし、国務に関する命令は国司庁宣《ちょうせん》という文書によって現地に出すようになった。任国には留守所《るすどころ》とよばれる機関が置かれ、国守の代官として目代が留守所の責任者として京下りの実務官人と、在地の有力領主からなる在庁官人を組織し、国務をとりしきった。

知行国制の展開

一一世紀後半になると、中央政府が貴族や寺社に保障していた封戸《ふこ》などの国家的給付制度がとどこおり、受領功過定《こうかさだめ》と家産制的勘会《かんかい》による受領監査の仕組みも形骸化し、国家財政が行き詰まりをみせるようになった。そこで、摂関家などの上級貴族らは家政機関を整備するとともに、国司の権限（国務）を掌握して、地方からの収入を確保するために知行国に依存するようになった。

知行国制は、摂関家などの上級貴族が子弟や近親者、近臣・家司《けいし》など一族や家政職員を国守に推挙し、国守が朝廷の官司や寺社権門に納める公納物以外の一国から上がる収益を自己の物とする制度である。一一世紀末に白河《しらかわ》上皇が院政を始めて以後、知行国を与える実権は院政を主宰する上皇や法皇が掌握するところとなり、その院近臣《いんのきんしん》を構成する中級貴族に対して知行国が与えられることとなった。院のもとに掌握された国の数は、一二世紀前半までに三十数ヵ国ほどであった。また、院および女院も院分国《いんのぶんこく》が設定され、近臣や近親者を国守に推挙してその国の公納物を収入とする院分国の制度も成立した。

このように、一〇世紀以降成立した受領の家政機関と中央政府の官司や上級貴族・寺社権門の家産制を利用した財政・徴税の仕組みは大きく変化し、院政期には受領が徴税業務などの在地の国務から遊離し、財政や徴税を担う実務官人にゆだね、そのうえに知行国制度が成り立つこととなった。公納物を中央に納める国雑掌や弁済使・弁済所などの「京庫《きょうこ》」が都周辺に整備された。院や上級貴族はいながらにして地方からの公納物を確保することができるようになったのであり、地方財政・税制と中央財政とが結びつく条件が成立するなかで、中世の年貢体系ができあがっていった。

荘園公領制

受領制のもとで、国司は検田権にもとづき国内の土地（公田）を調査し、公田を請け負う国内の有力農民を「負名」に編成し、かれらに官物を請け負わせた。国司は納税に関する課税、免税の権限を行使するようになった。もともと国家が不輸《ふゆ》を認定した「官省符荘《かんしょうふしょう》」についてもその輸・不輸の認定を行ったり、一定の土地からの納税を免ずる「国免荘《こくめんのしょう》」もあらわれた。しかし、国免荘は受領一代限りのもので荘園としては不安定であり、またその面積も限られたものであった。一〇世紀から一一世紀の受領制の時代、いい換えれば摂関政治の時代は、中央官庁、貴族寺社の財源は封戸など国家の設定した給付が中心であった。

一一世紀前半になると、公領の荒廃という事態に対応するため、荒廃公田の再開発を条件に公田の領有を認める政策がとられるようになり、前述した別符・別名、保《ほ》などが開発所領として成立するようになった。その開発を進めたのが大名田堵などと呼ばれた開発領主であった。そして、これらの開発所領を軸に、それを中央有力貴族、寺社の保や別符に指定したり、あるいはその開発所領を有力貴族らに寄進《きしん》したり、さらにはそうした所領を核に、より広大な所領として中央有力貴族が立荘《りっしょう》するなど、さまざまな方法を通じて一一世紀末から一二世紀前半には荘園が飛躍的に増加した。ここに、国衙の支配する公領（国衙領）と、そこから寄進や施入などを通じて立券《りっけん》された荘園からなる社会が成立した。

ところで、一一世紀半ばまでの受領制を軸に構成されていた社会では、納税に関する公文勘会や受領功過定が重要な機能を果たしていた。しかし、各地の開発領主らが開発所領を私領化し、それをもとに公領の私領化や荘園化が進むと、受領の統制のみで中央官庁や有力貴族・寺社への貢納物を確保することはできなくなった。

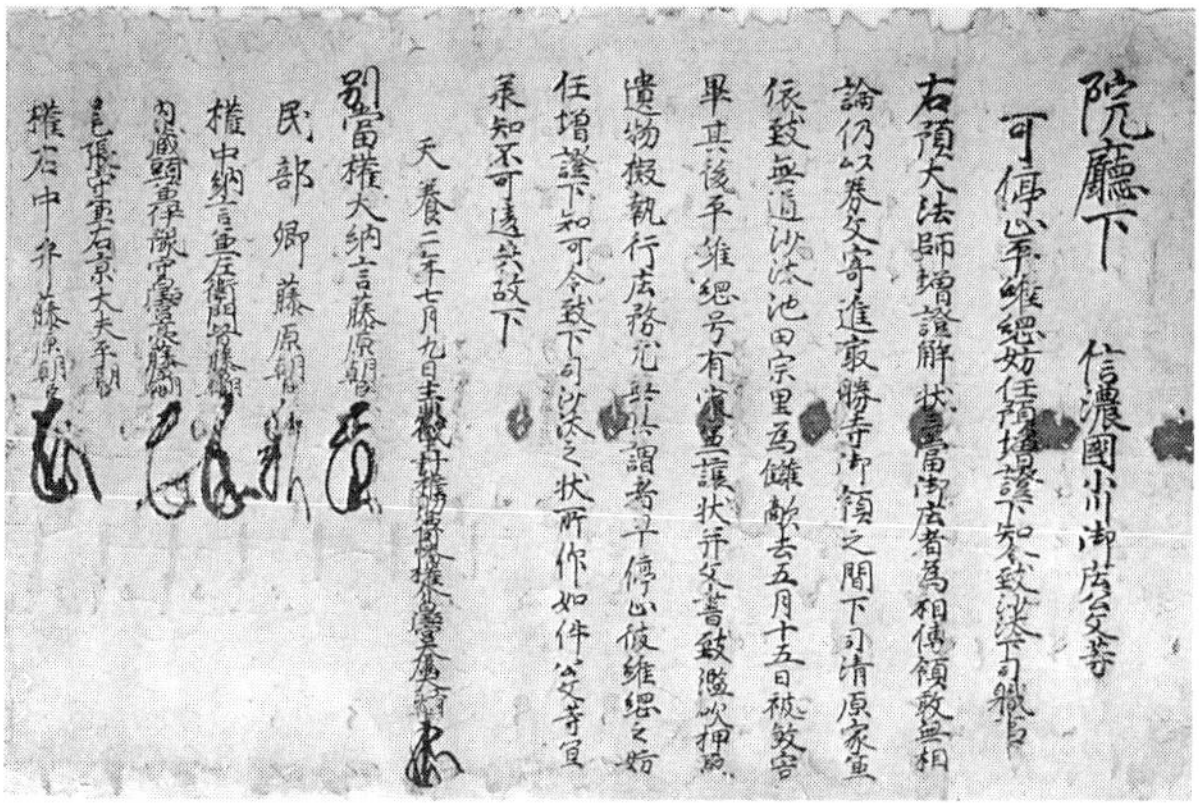

図 30　鳥羽院庁下文

後三条《ごさんじょう》天皇の時に行われた延久《えんきゅう》の荘園整理令では、太政官に記《き》録所《ろくしょ》と呼ばれる審査機関を設置し、荘園・公領を統制する政策がはじめて実施された。ここに、荘園公領制《しょうえんこうりょうせい》が始まる。以後、摂関政治期に政権を握っていた摂関家が一一世紀半ばから後半にかけて摂関家領の根幹部分を成立させた（義江一九六七）。王家領についてみると、急激に増加するのは鳥羽院政期で、つづく後白河院政期にかけて院領、女院領や御願寺への所領寄進・立券が集中した。したがって鳥羽院政期を荘園公領制の確立期とすることができる。そして、後《ご》白河《しらかわ》天皇即位を契機に出された保元《ほうげん》元年（一一五六）の保元新制（荘園整理令）によって荘園公領制は国制として公認されたのである。

なお、これまで教科書などでは荘園制の成立は「寄進地系荘園」と呼ばれる荘園を代表として説明されてきた。それは所領に関する上下の二つ以上の複数の権利＝職《しき》が重層的に存在し、その成立の起点に在地の開発領主（在地領主）からの寄進が置かれることから付けられた名前である。しかし、この通説的理解について再検討の意見が出されている（高橋一樹二〇〇四）。

そもそも、寄進とは自ら所有権を有するものを他人に寄付する行為であることから、開発領主の寄進したわずかな開発地である「私領」が、どのようにして広大な荘園になるのか、そのためには下からの寄進のみでなく、上（王家・摂関家など）からの「立荘」の契機を重視すべきだというものである。そして、その観点から御願寺など王家が主導した荘園が注目されているのである（高橋一樹二〇〇四）。

ところで、院政との関わりでいえば、一国平均役《いっこくへいきんやく》と総称される税制度が成立したことが特筆される。これは、造内裏役《ぞうだいりやく》、伊勢神宮役夫工《やくぶく》、造野宮役《ののみや》、伊勢神宮公卿勅旨役、斎宮巡行《さいぐうじゅんこう》、斎宮帰京役《ききょう》、大嘗会《だいじょうえ》役、御願寺役など、王権に関わる特別の行事について、「天下一同公事、国内平均所役」として、荘園・公領を問わず全国一律に賦課するもので、荘園公領制の成立と相即の関係で成立したのであり、この役は「勅事《ちょくじ》」「院事《いんじ》」と称されたように、院を頂点とする政治支配体制、すなわち分立する摂関・寺社・武家の諸権門・諸勢力の上にたち、荘園・公領を認定する主体として存在する中世的な王権（天皇制）のあり方を示している。

3—王権の基盤としての京

平安京から中世都市京都へ

予《われ》二十余年以来、東西の二京を歴《あまね》く見るに、西京は人家漸《ようや》く稀《まれ》にして、殆《ほとほと》に幽墟に幾《ちか》し。人は去ること有りて来ること無く、屋《いえ》は壊ること有りて造ること無し。其の移徙するに処無く、賤貧に憚ること無き者は是れ居り。或は幽隠亡命を楽しび、当《まさ》に山に入り田に帰るべき者は去らず。自ら財貨を蓄へ、奔営に心有るが若き者は、一日と雖《いえど》も住むことを得ず。往年一つの東閣有り。華堂朱戸《かどうしゅこ》、竹樹泉石、誠にこれ象外の勝地なり。主人《あるじ》事有りて左転し、屋舎《かやす》火有りて自らに焼く。その門客の近地に居る者数十家、相率て去りぬ。其の後主人帰ると雖も、重ねて修《つくろ》はず。子孫多しと雖も、永く住まはず。荊棘門《けいきょくかど》を鎖し、狐狸穴に安《やす》むず。夫れ此の如きは、天の西京《にしのきょう》を亡すなり、人の罪に非ざること明らかなり。東京《ひがしのきょう》四条以北、乾《いぬい》・艮《うしとら》の二方《ふたつかた》は、人々貴賤と無く、多く群聚《ぐんしゅう》する所なり（下略）（『本朝文粋《ほんちょうもんずい》』）

これは、天元《てんげん》五年（九八二）に平安京の風景を描いたものとして有名な慶滋保胤《よししげのやすたね》の『池亭記《ちていき》』の冒頭の一節である。西京（右京）が荒廃しているのに対し、東京（左京）の四条以北への都の中心の移動、平安京外の東と北の郊外へも人口が増えているようすが描かれている。

右京はもともと低湿地で、居住に適さない場所が多かったため、一〇世紀以降水田化・耕地化が進んだ。一一世紀後半から一二世紀になると、右京では街路の機能が失われる場所が生まれ、耕地化されることもあった。

一方、左京は都市平安京の中心を形成した。一条大路《いちじょうおおじ》から二条大路《にじょう》南までは官衙《かんが》町・御倉《みくら》町などの官庁街と、上級貴族の邸宅が集中する地域であり、二条大路南から六条大路《ろくじょう》あたりまでは中・下級貴族・官人の住宅の集中するところで、その中の三条《さんじょう》大路以南の地に商業・手工業に携わる人々の集住する場所が形成されたのである。

そして、一〇世紀後半になると、火災や事件発生の際の地点表示が、都城制にもとづく条坊呼称ではなく、東西南北の大路・小路名の定着とともに、大路・小路の交差地点でその土地の所在を表示するようになる。ただ、土地売買などの物件表示においては、なお条坊制の表示が用いられるが、それも一二世紀半ば以降、大路・小路による表示に切り替わる。そして、一坊のなかを三二戸主《へぬし》で割る宅地割のあり方も、間口×奥行の間数で表示する方法へと変化していった。

このように、『池亭記』にその端緒が見られた平安京の変化から、一〇世紀後半頃に古代の都城制にもとづく方形の規格の都城が、左京（東京）を中心とした中世都市へと変わり始めたことが理解できるのである。

京・白河・鳥羽

かつて棚橋光男は『方丈記《ほうじょうき》』の記事から、都城としての平安京から中世都市へと変貌したときの京都の都市構造を図31のように示した。それによれば、『方丈記』の著者鴨長明《かものちょうめい》の認識する都市京都の構造は、中心に左京があり、その縁辺に河原・白河《しらかわ》・右京が付属し、さらにその周辺に「もろもろの辺地《へんち》」が付属するという三重の構造であったとしている（棚橋一九八八）。

そして、院政の舞台である白河は、左京（平安京）の縁辺《えんぺん》にあたり、鳥羽はそのさらに周辺の「もろもろの辺地」に位置付くことになる。ここで問題なのは、院政の主の拠点がなぜ「縁辺」や「辺地」なのかということである。

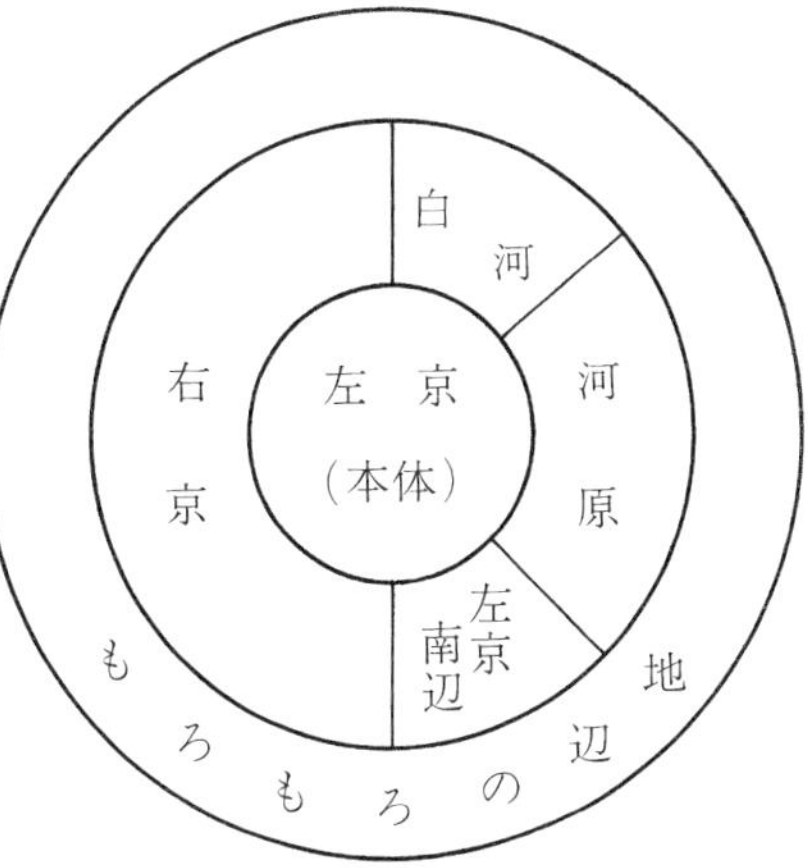

図31　京都の都市構造

平安京の二条大路を東へ進むと、賀茂川を越えて洛東白河へたどりつく。この地は、北に神楽《かぐら》岡《おか》（吉田《よしだ》山）、東に如意《にょい》ヶ嶽《だけ》（大文字《だいもんじ》山）、南に粟田《あわた》山、西に賀茂川を控え、緩やかに北から南西に向きを変え賀茂川へと注ぐ白川によって区画された景勝地《けいしょうち》である。

白河の地には九世紀半ばに藤原良房が別邸（白河殿）を構え、それがその後摂関家に伝領され、藤原師《もろ》実《ざね》の時、承保《じょうほう》元年（一〇七四）に白河天皇に献上され、法勝寺《ほっしょうじ》が建立されたことは三章で述べた。重要なことは、法勝寺がその後に白河院政の拠点となる白河地区の都市開発の基点となったということである。白河・鳥羽二代の院政にわたり白河の地につぎつぎに六勝寺と総称される御願寺が建立され、国家的法会が挙行されるまさに王家の家長─治天《ちてん》の君《きみ》の政治の拠点として都市的発展が遂げられたのである。

一方、平安京を南北に貫く朱雀《すざく》大路から九条《くじょう》大路に面する羅城門《らじょうもん》跡（天元三年（九八〇）倒壊）の地をさらに南に行き、鳥羽作道を直進すると「鳥羽」の地にたどりつく。賀茂川と葛野《かどの》川（桂《かつら》川）の合流点に位置し、南には巨椋池《おぐらのいけ》がある。それは、北からの賀茂川・葛野川以外に、東から宇治《うじ》川、淀《よど》川が、南から木津《きづ》川が集まる場所であったからである。

この地に白河天皇が譲位後の御所として「鳥羽殿」の造営を開始したのは応徳《おうとく》三年（一〇八六）であった。その造営は断続的に白河・鳥羽院政期のほぼ全期間に及んだ。重要なのは、鳥羽殿造営に先行して白河地区には法勝寺などの主要な堂舎《どうしゃ》が完成し、国家的法会が行われたのに対し、鳥羽殿では院御所《いんのごしょ》（南殿・北殿・田中殿・東殿・馬場殿）の造営が先行し、康和《こうわ》三年（一一〇一）になって証金剛院《しょうこんごういん》が完成するまで寺院は存在しない点である。そして、総面積百余町の半分近い面積を占める「南北八町、東西六町」の池の存在は、この鳥羽殿が何よりも離宮《りきゅう》としての遊興空間であることを示している。ここを舞台に院は北面の武士のみならず、公卿・殿上人《てんじょうびと》から摂関家にいたるあらゆる人々に対してその人的支配を拡大していったのである。

ところで、平安時代後期の都と東国を結ぶ主要なルートの一つは、東国へ行く場合、二条大路を東に向かい、賀茂川を渡ると法勝寺西門につきあたり、そこを南下して粟田口を越えて、山科《やましな》、逢坂《おうさか》の関を経て近江《おうみ》国へ入り、そこから舟運で北陸道へ、また草津《くさつ》の追分《おいわけ》を経て東海道、東山道へと向かうというルートである。逆に、東国から都に入るためには、粟田口、白河の地を通ることが必要だった。白河の地は、経済的のみならず、しばしば軍勢の攻防の場にもなる軍事的要衝でもあり、中世都市へと変貌する都の東の玄関であった。

図32　鳥羽離宮発掘現場

一方、鳥羽の地は、賀茂川と葛野川《かどの》（桂川）の合流点にあたり、鳥羽の作道の南端には「南津《みなみづ》（鳥羽の湊）」があり、そこからの舟運は、葛野川、宇治川、木津川の合流点である淀津・山崎津を経て難波からさらに西国への内海航路へとつながっていた。

鳥羽離宮跡については、昭和三十五年（一九六〇）の名神高速道路京都南インターチェンジ建設のための発掘調査以来、平成十九年度までに一五二次を数える調査が継続して行われ、文献に記載された御所や御堂などについて、詳しい情報が知られるようになった。しかし、その結果、高速道路が通り、都市化が進むなかで、鳥羽離宮は記録の中にとどめられることなったことに複雑な思いを感じざるを得ないのである。

また、鳥羽離宮の南にあった巨椋池は、昭和戦前期の干拓事業でその姿を消した。巨椋池のあった伏見区南部・宇治市西部・久御山《くみやま》町の地には工業団地、住宅団地が形成され、かつての姿を想像することは難しいが、鳥羽・淀・巨椋池によって形づくられた舟運交通によって、この地は都の西国に対する窓口となったのである。

白河と鳥羽、それは天皇の統治する「平安京」の政治秩序から離れ、天皇のタブーから解放された、新たな政治を行う場として発展した、白河・鳥羽院政にとっての舞台であった（美川二〇〇二）。

七　東アジアの激動のなかで

1―東アジアの情勢

唐滅亡後の東アジア情勢

中国の天祐《てんゆう》四年（九〇七）、汴州《べんしゅう》の藩鎮《はんちん》朱全忠《しゅぜんちゅう》によって唐《とう》王朝はその三〇〇年に及ぶ歴史を閉じた。寛平《かんぴょう》六年（八九四）に遣唐使の派遣が停止されて十余年後のことであった。これ以後、五〇年ほどの間、中国では五代十国《ごだいじっこく》と呼ばれる諸王朝が盛衰したが、九六〇年、宋《そう》が建国され、再び統一王朝の時代をむかえることになる。

この唐の滅亡という事態は周辺の諸国・諸民族に大きな影響を与えた。北にはモンゴル系の遊牧民族である契丹《きったん》が勢力を増し、諸部族を統一した耶律阿保機《やりつあぼき》が九一六年に契丹（遼《りょう》）を建国し、九二六年には東方の渤海《ぼっかい》を滅ぼした。そしてやや遅れて一二世紀初めには女真《じょしん》族の金《きん》が建国され、しばらくして契丹（遼）は金に滅ぼされた。

朝鮮半島では、七世紀後半以来の新羅《しらぎ》の勢力がかげりをみせ、九〇〇年に半島西南部に後百済《ごくだら》、九〇四年、半島北部には摩震《ましん》が成立し、後三国《ごさんごく》と呼ばれる時代をむかえた。その後、摩震は泰封《たいほう》と国号をかえ、九三五年に新羅を、翌年に後百済を滅ぼし、ここに高麗《こうらい》王朝が半島を統一するにいたった。以後四〇〇年余にわたって半島に君臨することになった。

一〇世紀初めの東アジアにおける五代十国から宋王朝の建国、高麗の半島統一という事態は、それまでの「隋・唐帝国」を軸とした国際秩序に大きな変化をもたらし、各民族が自らの新しい歴史を模索し始めることになった。たとえば、各民族自身の独自の文字が生まれた。契丹の契丹文字、金の女真文字、西夏《せいか》の西夏文字、そして日本における仮名文字など、漢字文化圏のなかから自らの民族の文字文化を生み出す動きが生まれたのである。

日本においては、遣唐使派遣の停止以後、中国王朝との正式な外交関係は途絶した。延喜《えんぎ》二十二年（九二二）、延長《えんちょう》七年（九二九）には後百済の使者が対馬《つしま》に来貢して、かつての百済と倭（日本）の関係に擬《ぎ》して日本を宗主国《そうしゅこく》と仰ぐ姿勢を示したが、日本は朝鮮半島の内乱状況に介入することを避けて後百済を認めず、朝貢を断った。また、渤海が滅びた後の九二九年、渤海国の使者を自称する者が丹後国《たんご》に来貢したり、高麗も九三七年以来、三回にわたって使者を派遣してきたが、朝廷はこれを国家として認め、交易を許可したものの、正式な外交関係は認めなかった。日本から私的に国外に渡航することは禁止され、諸外国の漂流民については、水・食料などを与えて追い返すという方針がとられたのである。

宋からの商船の来航は、九六〇年の宋の建国から平安時代の終わりまでの間の二〇〇年間に九〇回以上を数える（山内二〇〇三）。正式な外交関係がないにもかかわらず、これだけの頻度で交易が行われていたことは注目に値する。宋からの商船の出発地は明州《みんしゅう》（浙江省《せっこう》寧波《ニンポー》）で、東シナ海を横断して肥《ひ》前《ぜん》国値嘉島《ちかのしま》（長崎県五島《ごとう》列島の小値賀《おぢか》島）を経由して筑前《ちくぜん》国博多《はかた》へと来航したのである。所要日数は天候にもよるであろうが、おおよそ一週間ほどと思われる。

遣唐使停止後の一〇世紀から一二世紀の間、正式の外交関係は途絶していた。しかし、「外交」という形式にこだわらず、文化や経済という側面からみるならば、そこには活発な交流が継続していたのである。それは、一つは天台《てんだい》山や五台《ごだい》山などの仏教の聖地への巡礼を通した仏教界の交流であり、もう一つは宋における産業の発達を背景とした活発な民間貿易である。

海を渡った学僧

後に東大寺《とうだいじ》別当《べっとう》になる奝然《ちょうねん》が台州《たいしゅう》商人（陳仁爽《ちんじんそう》・徐仁満《じょじんまん》）の船で宋に渡ったのは、永観《えいかん》元年（九八三）八月（太陽暦の九月）のことであった。一七日間の航海の後、台州（臨海《りんかい》）の浦に着いた一行は、しばらく台州にとどまった後、九月から十月にかけて天台教学の大成者智顗《ちぎ》の聖跡、天台山を参拝した。その後、天台山を出発し、越州《えつしゅう》から杭州《こうしゅう》を経て揚子江《ようすこう》（長江《ちょうこう》）の河口を北上し、揚州《ようしゅう》・泗州《ししゅう》から南京応天府《なんきんおうてんふ》を経て、首都汴京《べんきょう》（東京開封府《とうけいかいほうふ》）へとたどりついた。十二月九日のことであった。

汴京到着の翌々日、一行は宋皇帝、太宗《たいそう》に謁見している。その際、奝然は日本から携えてきた『王《おう》年代記《ねんだいき》』『職員令《しきいんりょう》』『鄭氏注孝経《ていしちゅうこうきょう》』『越王《えつおう》孝経新義《しんぎ》第十五』各一巻と銅器を献上した。これに対し太宗から奝然に「紫衣《しえ》」が下賜され、随行の弟子たちにもそれぞれ袈裟《けさ》が与えられた。

奝然の太宗への謁見は、その後も二度行われたことや、帰朝後の歓迎ぶりなどから、この奝然の渡海を公的な使命を帯びたものとする説もあるが、当時の日本の朝廷の姿勢—国家間の正式な外交関係を結ばない—から考えると、あくまでその入宋は、信仰上のものであったとする考え方が有力である。ただ、その本来の意図とは別に、奝然の入宋は、宋王朝建国後はじめてのものであったから、中国に対する日本の国情の報告という性格を有することになり、公的性格を事実上有することとなったことは否定できず、それ以後の日中の交流に大きな影響をもたらしたのである。

もう一つ、日本の文化に影響を与えたものに釈迦《しゃか》如来《にょらい》像の将来《しょうらい》がある。京都嵯峨野《さがの》の清涼《せいりょう》寺に安置される国宝釈迦如来立像こそ、奝然が中国から持ち帰り、「栴檀《せんだん》の瑞像《ずいぞう》」の名で多くの人々の信仰を集めた仏像である。全国に多くの模像が分布しており、その共通の様式から「清涼寺式釈迦如来像」の名で呼ばれている。昭和二十八年（一九五三）に像内から大量の納入品が発見された。台州妙善寺《みょうぜんじ》の尼清暁らがつくりあげた精巧な五臓《ごぞう》、造像にあたった仏師《ぶっし》や中国僧、在俗の人々がこの像に結縁《けちえん》するために喜捨《きしゃ》した金剛、瑪瑙《めのう》、水晶、文殊《もんじゅ》、仏眼《ぶつげん》、鏡、釧《せん》、鈴、銭などであった。そして、『奝然入宋求法巡礼行並瑞像造立記《にっそうぐほうじゅんれいこうならびにずいぞうぞうりゅうき》』一巻が納められていた。奝然の入宋の様子がわかるのはそれによっている。

奝然に続いて、永延《えいえん》二年（九八八）にはかつて奝然に随行した嘉因《かいん》が宋に巡礼に渡った。さらに長《ちょう》保《ほう》五年（一〇〇三）には寂照《じゃくしょう》が入宋し、三一年にわたって宋に滞在し、日本と宋の仏教の交流をになった。かれは寂心《じゃくしん》（慶滋保胤《よししげのやすたね》）や源信《げんしん》・仁海《にんがい》を師として天台宗と密教を修めた僧で、宋の景徳《けいとく》元年（一〇〇四）に皇帝真宗《しんそう》に謁見し、無量寿《むりょうじゅ》仏像・紺字金字法華経・水晶珠などを献上、それに対し紫衣を下賜され、円通大師《えんつうだいし》の号を授けられ、蘇州《そしゅう》の僧録司《そうろくし》に任じられている。このほか、かれは天台山大慈《だいじ》寺再建のために、日本に弟子念救を帰して知識物（造営のための資金）を募ったことに見られるように、その交流は国境を越えたものであった。当時の左大臣藤原道長《みちなが》が、これに応じ、木槵子《もくげんじ》念珠《ねんじゅ》・螺鈿《らでん》蒔絵《え》二《に》蓋厨子《がいずし》・海図《かいず》蒔絵衣箱《まきえころもばこ》・屛風形軟障《びょうぶがたぜじょう》・奥州《おうしゅう》貂裘《ちょうきゅう》・七尺鬘《かつら》・砂金・大真珠・橦華布《とうかふ》を施入《せにゅう》している。

こうして三一年にわたって宋に留まった寂照は、長元《ちょうげん》七年（一〇三四）、杭州清涼山において没した。これに続いて、延久《えんきゅう》四年（一〇七二）に宋に渡り、膨大な巡礼記『参天台五台山記』を残し、宋の元豊四年（一〇八一）に七十一歳で宋において他界した善慧大師成尋《ぜんけいだいしじょうじん》、その翌年の永保二年に宋の商人劉琨の船に同乗して渡海し、『渡宋記』一巻を残した戒覚《かいかく》、さらには一二世紀後半に重源《ちょうげん》、栄西《えいさい》、俊芿《しゅんじょう》ら、多くの有名無名の人々が日本と中国をつなぐ

図33　釈迦如来像

役割を果たした。

なお、奝然以後の入宋僧たちが、いずれも中国海商の商船に便乗して渡海している点について、乗船料としての大量の物品に魅力があった可能性や、日本僧を乗船させることで有利になる点があった可能性、さらには宋海商の仏教に対する信仰心の問題を指摘する研究も存在する（山内二〇〇二）。いずれにせよ、宋海商が日宋の文化交流に果たした役割の大きさを示している。

刀伊の襲来

長徳《ちょうとく》三年（九九七）十月、朝廷に大宰府からの飛駅使が到着し、「高麗人」が対馬・壱岐《いき》、肥前・筑前・筑後《ちくご》・薩摩《さつま》などの諸国を襲撃し、財物や男女を略奪し、殺害・放火に及んでいるという報告を行った（『朝野群載』巻第二〇）。しかし、高麗人というのは誤りで、奄美《あまみ》島人のおこした事件であった。報告を聞いた朝廷は、さっそく九州の警備を厳重にし、神仏に祈禱するよう命じた。

寛仁《かんにん》三年（一〇一九）四月、大宰府から二度にわたって飛駅使《ひえきし》により「刀伊《とい》」が九州北部に襲来したという報告がもたらされた。「刀伊」とは、高麗の人々が北方の女真族を呼んだ呼び方である。

使者の報告による被害は次のようであった。三月下旬、刀伊は五〇艘の船で対馬、壱岐を襲い、壱岐では国守の藤原理忠《まさただ》をはじめ多くの島民が殺害され、また捕虜となって連行された。刀伊は筑前国の博多湾に浮かぶ能古島《のこのしま》を拠点として、同国怡土《いと》・志摩《しま》・早良《さわら》の三郡を襲った。かれらが乗っている船は、長さが八、九尋～一二尋（一尋は約一・八メートル）、三〇～四〇本の櫂《かい》が付いていて、二、三十人～五、六十人ほどが乗ることができた。戦闘に際しては、前陣が鉾《ほこ》、次陣が太刀《たち》、弓矢という体制をとっていた。これが上陸のときは、一〇〇人ほどが一隊をなして、それが一〇隊から二〇隊といった単位で襲撃をしてきた。その戦い方もきわめて残忍で、馬や牛はもちろん、犬までも殺害して食べ、穀物を奪い民家を焼き、老人・子どもは斬り殺し、壮年の男女は捕虜として捕まえ、船に乗せた。そして、肥前国松浦《まつら》への上陸を最後に忽然と去った。死者の総計三六四人、捕虜の総計一二八九人、牛馬の損害三八〇頭という被害であった。

これに対し、現地では、摂関家の藤原道隆《みちたか》の子で、かねて剛直の聞こえのあった大宰権帥《だざいごんのそつ》藤原隆家《たかいえ》を指揮者として、藤原助高《すけたか》・大蔵種材《おおくらのたねき》以下の大宰府の官人・府兵や、志摩郡住人文室《ふんや》忠光《ただみつ》、怡土郡住人多治《たじ》久明《ひさあき》などの豪族が防戦にあたり、一進一退を繰り返しながらも撃退することができた。

朝廷といえば、大宰府からの報告を受けて会議を開き、使者を大宰府に派遣して要所の警護と外敵の追討を命じ、諸寺社への祈禱・奉幣《ほうべい》を命じたのみで、藤原隆家らの奮戦に報いるところはなかった。この事件を解決したのは朝廷ではなく、北九州の現地の豪族、兵の活躍であり、かれらは次第にその実力を蓄えていったのである。

宋との貿易

遣唐使の停止以後、正式な外交関係は停止された。延喜《えんぎ》三年（九〇三）には、「商船来着のとき、諸院・諸宮・諸王臣家らが、官使（政府の使者）が（大宰府に）到着する前に、使者を勝手に派遣して商船と貿易を行ったり、大宰府に居住する富豪の輩が舶来品を求めて高値で購入する」ことを禁止し、延喜十一年には中国商船の来航回数を制限し、来航は二〜三年以上の間隔をあけるという法律が出されるなどして、貿易を政府の管理下に置こうとしている。

また、商船以外にも外交を求めて使節の来航があった。後百済、東丹《とうたん》、高麗の使節や、江南呉越王《こうなんごえつおう》の使節である。これらに対し、朝廷は政府としての正式な返答を避け、摂関家など政府の首脳の私信という形で対応しているが、一方で大宰府での貿易については国家の統制下に置こうとした。

宋の海商が博多に到着すると、大宰府から朝廷に報告される。朝廷は公卿会議（陣定《じんのさだめ》）を開いて対応を審議し、天皇の最終判断により滞在・貿易の可否を決定する。その結果は、大宰府に伝えられ、許可の場合は大宰府が管理する宿泊施設兼貿易管理施設に収容され、身柄と交易を管理された。一一世紀前半頃までは朝廷（蔵人所《くろうどどころ》）から交易唐物使《こうえきからもののつかい》という貿易管理を任とする使者が派遣され、海商が持ってきたすべての物品を一時的に差し押さえ、朝廷に必要な物品を確保した上で、その残りが民間の取引に任された。一一世紀半ば以降になると、朝廷への来着報告と貿易可否の決定は行われたが、交易唐物使は派遣されなくなった。朝廷による貿易の統制は続いたが、貿易に関する大宰府をはじめとする現地の権限がより拡大されたものと思われる。

かつて、一一世紀以降、宋の商船による荘園内密貿易が盛んに行われたとする考えが通説の位置を占めていたが、近年の山内晋次らの研究により、一二世紀半ば頃までは朝廷による貿易の管理は有効に機能していたことが主張されている。

図34　鴻臚館跡陶磁片出土状況

なお、貿易拠点としての「大宰府が管理する宿泊施設兼貿易管理施設」については、近年の発掘調査の進展により、一一世紀半ばまでは鴻臚館《こうろかん》が、それ以降は福岡市博多遺跡群の地にあった施設へと移ったことが推定されている。しかも、そこから出土する膨大な中国陶磁器などの出土遺物の特徴から、博多遺跡群の一角には「唐坊（房）」とよばれる中国人集住地区があったこと、一〇世紀〜一二世紀の宋海商の商売拠点が、日本国内においてはほぼ博多に限定されていることなどが指摘されている（山内二〇〇二・二〇〇三）。

宋との交易で交換された物品についてみてみよう。一一世紀前半に藤原明衡《あきひら》によって書かれた『新《しん》猿楽記《さるがっき》』には、猿楽師の一家に仮託して当時のさまざまな職業が紹介されている。そのうち、商人の主領である八郎は、「東は俘囚《ふしゅう》の地にいたり、西は貴賀《きかい》が嶋《しま》に渡る。交易の物、売買の種、あげて数ふべからず」とあり、東は東北地方から西は九州の喜界島《きかいじま》まで商売を行っていたとされている。そのなかに、中国からもたらされた唐物として、沈《じん》・麝香《じゃこう》・衣比《えひ》・丁子《ちょうじ》・甘松《かんしょう》・薫陸《くんろく》・青木《しょうもく》・竜脳《りゅうのう》・牛頭《ごず》・雞舌《けいぜつ》・白檀《びゃくだん》・赤木《あかき》・紫檀《したん》・蘇芳《すおう》・陶砂《とうさ》・紅雪《こうせつ》・紫雪《しせつ》・金益丹《きんえきたん》・銀益丹・紫金膏《しきんこう》・巴豆《はず》・雄黄《おおう》・可梨勒《かりろく》・檳榔子《びんろうじ》・銅黄《どおう》・緑青《ろくしょう》・臙脂《えんじ》・空青《くしょう》・丹《たん》・朱砂《しゅしゃ》・胡粉《ごふん》・豹虎皮《ひょうとらのかわ》・藤《とう》茶碗・籠子《ろうじ》・犀生角《さいのいきのつの》・水牛如意《によい》・瑪瑙帯《めのうのおび》・瑠璃壺《るりのつぼ》・綾《あや》・錦《にしき》・羅《うすもの》・縠《こめ》・

呉竹《ごちく》・甘竹《かんちく》・吹玉《ふきだま》の四五品目が、日本の産物として、緋襟《ひきん》・象眼《しょうがん》・繧繝《うんげん》・高麗軟錦《ぜんきん》・東京錦《とうきょうきん》・浮線《ふせん》綾《りょう》・金・銀・阿古夜玉《あこやだま》・夜久貝《やくがい》・水精《すいしょう》・虎珀《こはく》・水銀《みずかね》・流黄《いおう》・白鑞《びゃくろう》・銅・鉄・縑《かとり》・蟬羽《せみのは》・絹・布・糸・錦・纐纈《こうけち》・紺布・紅・紫・茜・鷲羽《わしのは》・色革《いろかわ》の三〇品目があげられている。

このうち、輸出品として主要なものは、金（砂金）をはじめ水銀、蒔絵、螺鈿、扇などであり、輸入品としては錦、綾、香薬、書籍、経巻《きょうかん》、茶碗（陶磁器）などであった。

これによれば、一一世紀頃の初期の日宋貿易の輸入品のほとんどは上級貴族の嗜好品《しこうひん》であった。それが、一二世紀半ば以降になると膨大な量の宋銭《そうせん》が入ってきたのである。中国側の史料では、「東南蕃夷《ばんい》の船舶、歳ごとに中国に至るに、旧は物貨を以って博易《はくえき》するに止まるも、近年頗《すこぶ》る原銭《げんせん》を以って貴と為す。広・泉・四明及び並海の州郡、銭の去る者勝て計うべからず、紹興《しょうこう》三十年（一一六〇）、嘗《かつ》て大いに法禁《ほうきん》を立つ」（森一九七五）と記されている。

ところで、近年の研究で、一一世紀における日本と宋との間の貿易では、宋海商は貿易品を大宰府や上級貴族に売却してその代価を政府が定めた沽価法《こかほう》によって受け取っていたこと、その決済手段は金によって行われ、実際の支払いに際しては米や絹が用いられることもあった。宋銭はこうした貿易の支払手段、決済手段としては不適当で、宋銭の輸入は日宋貿易の決済の必要からではなく、平氏政権の宋銭容認政策のもとで急速に宋銭が流通するようになったことが指摘されている（井原二〇〇一）。

さらに、近年宋銭の貨幣としての流通が公認される以前においてはもちろん、以後においても宋銭が銅材料として、経筒《きょうづつ》の原料や、さらには仏像の材料として用いられた可能性が、銅に含まれる鉛同《どう》位《い》体《たい》比《ひ》の分析結果と、文献史料の読み直しのなかから提起されている（小田ほか二〇〇八）。宋銭をはじめ日宋貿易に関する基本的事項の再検討が必要となっている。

平忠盛と日宋貿易

平清盛によって行われた日宋貿易を考える上で、そのさきがけとなった事件について先に五章で触れたことであるが、補足しておくことにしたい。

長承《ちょうしょう》二年（一一三三）八月、鳥羽院領の肥前国神崎荘《かんざきのしょう》では、その預所《あずかりどころ》であり、また鳥羽院庁の別当《べっとう》でもあった備前守《びぜんのかみ》平忠盛《ただもり》により、「院宣《いんぜん》と号し宋人周新船を神崎御荘領と為し、官に経問《きょうもん》すべからざるの由、下知《げち》する所なり」（『長秋記《ちょうしゅうき》』長承二年八月十三日条）とされた。すなわち、平忠盛は自ら下文を発行して院宣だと言い張って、大宰府の官人のチェックを排除して、直接宋人周新の船との交易を行おうとしたのであり、ここに院領荘園である神崎荘と宋商人との貿易が認められた。

この宋船の来航地については、神崎荘内とする意見と、博多に設けられた神崎荘の倉敷地《くらしきち》とする意見がある。五味文彦は、来航地として有明海《ありあけ》の可能性にも留意しつつ、神崎荘からの年貢輸送は博多に設けられた神崎荘の倉敷（倉庫）であった可能性が高く、したがって宋商船が来航したのも神崎荘博多で、忠盛はそこに注目して大宰府の官人のチェックを排除したのではないかと推定している（五味一九八七）。

いずれにせよ、一二世紀半ばには、朝廷・大宰府の管理する貿易と、荘園領主権門に認められた貿易とが並存するようになっていたと考えられる（井原二〇〇一）。

宋との貿易については、忠盛の子清盛に引き継がれた。保元《ほうげん》の乱後の保元三年（一一五八）清盛が、さらにそれに続いて弟頼盛《よりもり》があいついで大宰大弐《だざいのだいに》に就任し、日宋貿易の拠点を押さえた。清盛は郎等の平家貞《いえさだ》・貞能《さだよし》父子を現地に派遣して大宰府を掌握させた。この平家貞は、先にみた忠盛の「殿上の闇討ち事件」（一三九頁）の時、主人を案じて殿中の庭に潜んでいた腹心の郎等《ろうとう》そのひとである。

忠盛以後、大宰府と都を結ぶ海上ルート、瀬戸内海交通も平氏の掌握下に入っていった。清盛は安芸《あき》守の時代に、航海神である厳島《いつくしま》神社との関係を持つようになり、また「音戸《おんど》の瀬戸《せと》」の修築を行ったと言われている。清盛が日宋貿易に本格的に取り組むようになったのは、平治《へいじ》の乱後である。摂津《せっつ》国大輪田泊《おおわだのとまり》（兵庫《ひょうご》港）に貿易拠点としての役割を見出し、応保《おうほ》二年（一一六二）に家司《けいし》藤原能盛《よしもり》を派遣して大輪田泊を含む摂津国八部《やたべ》郡の検注を行わせ、それを平氏の所領化した。さらに、仁安《にんあん》二年（一一六五）に太政大臣に任じられると三ヵ月ほどで辞退したが、その直後に播磨《はりま》国印南野《いなみの》、肥前国杵島《きしま》郡、肥後国八代《やつしろ》郡南郷・土北《つちきた》郷などを「大功田《たいこうでん》」として子孫に伝えるべき旨の太政官符《だじょうかんぷ》を得た。ここに、明石《あかし》海峡をはさんで、摂津国から播磨国に至る瀬戸内海沿いの地域は平氏の支配化に入った。続いて、長寛《ちょうかん》二年（一一六四）には厳島神社に「平家納経」を行い、仁安《にんあん》四年（一一六九）頃には、清盛は京の六波羅《ろくはら》から摂津国福原《ふくはら》へと隠棲、承安《じょうあん》三年（一一七三）の大輪田泊の改修と瀬戸内海支配とそれを基盤とした「西国国家」構築へと進んでいったのである。

少しさかのぼるが、右大臣九条兼実《くじょうかねざね》は、嘉応《かおう》二年（一一七〇）九月二十日にその日記『玉葉《ぎょくよう》』に、次のように記している。

法皇、入道相国《にゅうどうしょうこく》の福原山荘に向かわしめたまう。これ宋人の来着を叡覧《えいらん》するためとうんぬん。わが朝、延喜《えんぎ》以来未曾有《みぞう》なり。天魔の所為《しょい》か。

摂津国福原の清盛の別荘に、後白河《ごしらかわ》上皇は宋人の到着を見物するために出かけたことに対し、兼実は後白河と宋人の対面を嫌悪したことが記されている。

延喜年間以後正式な外交は停止し、外国使と天皇との対面はなされたことがなかったから、兼実の「天魔の所為」との感想はもっともなことであった。それが、清盛の時代に破られ、しかも「外交」の場が大輪田泊・福原に設定されたのである（高橋昌明二〇〇七）。

2——平安時代後期の文化

かな文字の誕生

平安時代後期（摂関時代～院政期）の文化の特徴は、律令政治から摂関政治、院政へという政治の大きな変動のもとで、平安京から中世都市京都へと貴族社会の舞台も変化し、そのもとで王権を中心に貴族や僧侶たち支配層が新たにつくりだした王朝文化のなかに、旧来の支配体制を打ち破って成長しつつあった民衆の動きが顔を出し始めた点にある。

いい換えるなら、律令制下の唐風文化をふまえながらも、日本独自の文化を形成した摂関期の「国風文化」（木村一九九七）が母胎となって、院政のもとで王権による支配を荘厳《しょうごん》するための、あるいは「富」を形にして示すための造寺造仏がこの時期の文化の主流を形成するのであるが、その王権を支える文化は、一方で民衆の培ってきた文化へのまなざしを含むものであったのである。

ここでは、まず国風文化を概観するところから始め、王権の示した文化の民衆的側面については別にふれることとする。

「かな」は、表音文字として漢字を利用することによって日本語をあらわす真仮名《まがな》（万葉仮名）が奈良時代に用いられたことはよく知られている。この真仮名から、仏典などの漢文訓読のために、真仮名の偏《へん》や旁《つくり》などの字形の一部をとった「片仮名」が平安時代に入って用いられるようになり、やがて漢字片仮名交じり文が登場し、平安時代末期には一つの文章様式となり、後にふれる『今昔物語集《こんじゃくものがたりしゅう》』のような説話集が生まれた。そして、この漢字片仮名交じり文は次に述べる平仮名文をおさえ、日本の文章表記の代表となった（山口二〇〇六）。

一方、平安時代の初めころには、漢字を草書体《そうしょたい》にくずした草《そう》仮名が使われるようになり、さらに草仮名をさらにくずして漢字と区別できる「平仮名」が成立した。平仮名は「おんなで（女手）」とも呼ばれ、政務など公式の場で男性が用いる漢字に対して、和歌などのより自由な私的世界から生まれた文字で、一〇世紀はじめの勅撰《ちょくせん》和歌集『古今《こきん》和歌集』には、真名序《まなじょ》とともに仮名序が紀貫之《きのつらゆき》によって記されており、その貫之が『土佐日記』を平仮名で記すなど、しだいに貴族社会に広がっていった。

とりわけ平仮名の功績は、物語・日記・随筆といった散文を中心とする宮中文学の開花をもたらしたことにある。物語文学としては、口頭伝承をもととした『竹取物語』が九世紀末にでき、『伊勢《いせ》物語』や『大和《やまと》物語』の歌物語的な要素をあわせもつ『宇津保《うつほ》物語』が生み出され、さらに宮廷社会に題材をとった物語文学の頂点である『源氏物語』に到達した。日記文学としては、『蜻蛉《かげろう》日記』や『紫式部日記』が、随筆としては『枕草子』がよく知られている。

一一世紀に入ると、『日本三代実録《にほんさんだいじつろく》』以後中断している歴史書を引き継ぐ意識で書かれた歴史物語がつくられた。藤原道長の栄華をたどった『栄華物語』は、編年体《へんねんたい》の形式をとり、史実に題材をとってはいるが、道長を中心とした物語という色彩が強い。これに対し、やや遅れて成立した『大鏡《おおかがみ》』は、文徳《もんとく》天皇から後一条《ごいちじょう》天皇までの一四代を内容とする「帝記《ていき》」と、藤原冬嗣《ふゆつぐ》から道長にいたる藤原氏の摂関・大臣二〇人の「列伝《れつでん》」からできていて、それまでにない紀伝体《きでんたい》の史書という体裁を取っている点が特徴である。『栄華物語』の作者は摂関家に仕える女性、『大鏡』は摂関家に対する批判的視点の存在などから、摂関家とはやや縁の薄い貴族（男性）ではないかと推定されている。

そして、院政時代の初めに成立した『今昔物語集』によって、説話文学は一つの頂点に到達することとなった。

浄土思想と末法思想

権力を手にし、栄華を極めた藤原道長も白河上皇も、その臨終に望んではただひたすら阿弥陀仏にすがって、来世の極楽往生を願った。現世での栄華が華やかであるほど、その半面で排した競争相手の怨念・怨霊におびえることとなった。古くは貞観《じょうがん》五年（八六三）に桓武《かんむ》天皇の弟で東宮《とうぐう》の地位を追われ後に崇道《すどう》天皇と追号《ついごう》された、早良《さわら》親王以下六人の怨霊を祭る御霊会《ごりょうえ》が朝廷の手で行われたり、菅原道真《すがわらのみちざね》の怨霊を鎮めるために北野神社が建てられるなど、怨霊思想は広く浸透していた。また、天台《てんだい》・真言《しんごん》二宗を中心とする密教の加持祈禱《かじきとう》が、日照りや洪水などの自然災害や疫病の流行などを取り除くための現世利益《げんせりやく》の手段として、貴族の世界を支配していた。しかし、仮に現世の災いが加持祈禱で取り払われたとしても、来世の安穏までは得ることはできなかった。

死後の世界に美しい浄土の世界が存在するという教えは、奈良時代以前から存在していたが、浄土信仰の中心は阿弥陀如来の極楽浄土の信仰であった。西方のはるかかなたに、光り輝き、暑くも寒くもない、蓮華《れんげ》の花が咲き競う極楽浄土の世界があり、そこはすべての人々を救うという誓いを立てた阿弥陀の浄土であり、その浄土の世界を信じ、阿弥陀の誓いを信じれば、死後この浄土に救われ、安らかな生活を送ることができる。そのためには、心のなかに阿弥陀の浄土のありさまを念じ、仏の名号を唱える念仏（南無阿弥陀仏）こそが一番大事であるという教えが、すなわち浄土教である。

この教えを広めたのが、一〇世紀半ばに諸国を遍歴して念仏をすすめた市聖空也《いちのひじりくうや》であった。『往生《おうじょう》要集《ようしゅう》』を著し、極楽往生のためにはまず念仏すべきことを説いた源信《げんしん》（恵心僧都《えしんそうず》）であり、一〇世紀後半以降、ケガレの観念を忌避しようとした貴族層はもちろん、兵・狩猟民など殺生を生業とする人々を中心とする庶民の間にも、浄土思想は広まっていった。

この浄土教の教えに基づいて極楽往生を遂げた四五人の伝記を集めたのが、慶滋保胤《よししげのやすたね》の著した『日《に》本往生極楽記《ほんおうじょうごくらくき》』で、極楽往生を願い浄土に憧れる風潮を広めた。院政期に入ると、大江匡房《おおえのまさふさ》は『日本往生極楽記』の遺漏《いろう》を補った『続本朝往生伝《ぞくほんちょうおうじょうでん》』を、三善為康《みよしためやす》は『拾遺《しゅうい》往生伝』『後拾遺往生伝』を、さらに沙弥蓮禅《しゃみれんぜん》が『三外《さんげ》往生伝』を、仁平《にんぴょう》元年（一一五一）には藤原宗友《むねとも》が『本朝新修《しんしゅう》往生伝』を編纂した。これら院政期の往生伝には、僧俗男女あわせて三百余人の伝記が収録されていて、当時の人びとの極楽浄土への願いの強さを示している。

特に、一一世紀に入り、永承七年（一〇五二）が末法《まっぽう》初年とする末法思想が広まると、いよいよ阿弥陀如来の力にすがるという考えはより強くなっていった。

ところで末法思想とは、釈迦の死後しばらくは釈迦の教えが正しく行われる時代があるが（正法《しょうほう》）、時間の経過とともに次第に釈迦の教えが弱まり（像法《ぞうほう》）、世の中が悪くなって、ついには釈迦の教えの届かない末法の世が来るという考えである。わが国では、釈迦の亡くなった年を西暦紀元前九四九年とし、正法を千年、像法を千年とみ、永承《えいしょう》七年（一〇五二）を末法初年とする考えが信じられたのである。

図35　富貴寺大堂

摂関期にはじまる埋経《まいきょう》（経塚《きょうづか》）は、弥勒菩薩が末法の世の人間界に下って再び仏法を説いて衆生《しゅじょう》を救済するという信仰に基づいて経典を地中に埋める、いわばタイムカプセルである。また、阿弥陀堂の建築、阿弥陀仏の造立も盛んにおこなわれた。藤原道長の法成寺《ほうじょうじ》、頼通《よりみち》の宇《う》治《じ》平等院鳳凰堂《びょうどういんほうおうどう》などの摂関家によるもの、院政のもとでの王権による大規模な造寺造仏、さらには地方にも波及し、陸奥《むつ》国の白水《しらみず》阿弥陀堂、平泉《ひらいずみ》の中尊寺金色堂《ちゅうそんじこんじきどう》、豊後《ぶんご》国国東《くにさき》半島の富貴寺《ふきじ》大堂などが建てられたことは有名である。

なお、この時期の仏教思想で重要なのは、浄土教の広まりとともに「本地垂迹説《ほんちすいじゃくせつ》」が生まれたことである。これは、平安時代初めに、日本在来の神々が仏教に帰依し、神の姿を残したままで仏教の世界に取り込まれた動きを前提としつつ、それとは逆に、仏教の側からも神に接近して、神を仏の化《け》身《しん》とした点に特徴がある。仏教の論理で神祇の世界を包摂・統合する考えかたである。一一世紀に成立した本地垂迹説は、一二世紀に入るころにはさらに発展していった。

「当朝は神国であるから神明《しんめい》を欽仰《きんぎょう》すべきではあるが、日輪《にちりん》であるわれわれの本地は大日如来《だいにちにょらい》つまり盧《る》舎那《しゃな》仏《ぶつ》である。衆生《しゅじょう》はこの理を悟解して、仏法に帰依《きえ》すべきである」

これは、一二世紀に成立した『東大寺要録《とうだいじようろく》』に引用された天照大神《あまてらすおおみかみ》の託宣《たくせん》であるが、この頃には皇祖神《こうそしん》たる天照大神が、みずから大日如来の化身として垂迹したことを告げるというところまで一般化していたことがわかる。

これ以後、鎌倉時代にかけて、全国各地の神社の神々は、おのおのしかるべき仏・菩薩の垂迹した化身、権現《ごんげん》とみなす動きが広まっていったのである（義江一九九六）。

3——庶民の台頭

志多良神から永長の大田楽へ

武士の登場のきっかけとなった天慶《てんぎょう》三年（九四〇）の平将門の乱が終息し、その翌年の藤原純友の乱の終息から間もない天慶八年七月、「志多良神《しだら》」と称する神輿六基をかついだ数百人の群集が歌い舞いながら、周辺の「郷々上下貴賤《ごうごうじょうげきせん》」を巻き込みながら摂津《せっつ》国川辺《かわべ》郡から豊島《てしま》郡、島下《しましも》郡・島上《しまかみ》郡と山陽道を東に向かって村送りの形でやってきて、ついに山城《やましろ》国乙訓《おとくに》郡山崎《やまざき》郷にたどりついた。そこで、群衆の中にいた一人の神がかりした女性の託宣《たくせん》によって、石清水八幡宮《いわしみずはちまんぐう》に神輿が移されるという事件がおこった（『本朝世紀』）。六基の神輿のうちの一基に「宇佐《うさ》宮八幡大菩薩御社」の神号が、また別の一基には「自在《じざい》天神」（＝菅原道真の霊）とあった。そして、群集が歌った「童謡《わざうた》」は、次のような歌詞であったと記録されている。

月は笠着る　八幡は種蒔く　いさ我等は荒田《あらた》開かむ
しだら打てと　神は宣《のた》まふ　打つ我等が命千歳
しだら米　早買はば　酒盛れば　その酒富める始めぞ
しだら打てば　牛は湧き来ぬ　鞍《くら》は打ち敷け　さ米負はせむ

反歌

朝より　陰は陰れど　雨やは降る　さ米こそ降れ
富は揺み来ぬ　富は鏁懸《くさりが》け　揺み来ぬ　宅儲けよ　畑儲けよ　さて我等は　千年栄えて

「童謡」とは、時代の変わり目にそれを予言するかのような歌のことで、そこに神意が示されると考えられていたのであるが、この歌の趣旨は、「いさ我等は荒田開かむ」という部分にあらわれているように、九世紀以降在地に勢力を持つようになった有力農民層が、自分たちが行っている荒田開発とそれによる豊饒《ほうじょう》を予祝《よしゅく》するものであった。

この志多良神の運動と歌謡は、後に農村の芸能となる「田楽《でんがく》」の基礎を形作ったこと、この歌謡が院政期に各地の村落の鎮守《ちんじゅ》における正月の予祝行事である「田遊《たあそ》び」の歌詞に組み込まれていったこと、そして「志多良神」というその性格がわからない新しい神を奉じていたことなど、この運動が律令制の社会から次代の新しい社会への転換点に位置した、民衆が主体となったものであったことが重要である。

ところで、田楽は、田植えの拍子取りから始まった、田の神をまつり、農作業を行うための神事《しんじ》の一種であったと考えられるが、摂関期頃には一定の作法・形式が出来上がって、貴族たちの鑑賞の対象にもなった。治安三年（一〇二三）、藤原道長が太皇太后彰子《たいこうたいごうしょうし》の御覧にいれるために行った田植えのようすは、『栄華物語』に次のように書かれている。

「若く、見苦しくない女ども五十〜六十人ばかりに、白い裳《も》と上着を着せ、白い笠をかぶせて、お歯黒はことに黒く、紅はことに赤く化粧させて並び立たせている。田主という老人が、そまつな衣を着て、破れた大笠をさし、だらしなく衣のひもも結ばず、足駄《あしだ》をはいている。また卑しげな女に古びた練絹《ねりぎぬ》の衣を着せ、白粉《おしろい》はまだらに塗らせ、笠を差し、足駄をはかせている。さらに田楽といって、あやしげな鼓《つづみ》を腰に結び付け、笛を吹き、ササラを打ち鳴らし、さまざまな舞を舞い、歌をうたって、いい気持ちそうに練り歩く男が十人ばかりいる」（『栄華物語』より意訳）

ここに記されたように、田楽は田植えに密着した農村の行事であったが、やがて田楽を専門とする芸人の集団が生まれた。田植えとは別に、神社の祭礼の折に余興として行われ、さらには都の中にも広まっていった。

堀河《ほりかわ》天皇の時代、永長《えいちょう》元年（一〇九六）におこった「永長の大田楽」が、京都近郊の農村に始まって下級貴族層に広まり、さらには公卿・白河上皇までも巻き込んだ大事件に発展したこと、そして、それが堀河天皇—藤原師通《もろみち》の共同政権の足下を揺さぶっていたことを物語っていたことは四四頁でふれたとおりである。田楽という農民の農業生産に根ざした芸能が、都の住人からさらに貴族層にまで広がり、民衆の抵抗の意思表示としてあらわれるにいたったことを示している（戸田一九七一・一九七九）。

『今昔物語集』と下衆

院政期における文化の特徴には、貴族の世界の外にある民衆の世界、武士や農民、あるいは都に生活する都市民衆の生活までが含まれるようになったという点がある。そのことをよく示すのが、説話集としての『今昔物語集』の誕生である（河音一九八四）。この説話集については、その編纂作業の最終時期が一二世紀初めの白河院政期であることは確かだが、その編纂がだれによって、どのような体制で行われたのかなどについては、十分明らかになっていない。内容は、古今東西の説話（現存は一〇四〇話）を集成したもので、全三一巻を天竺《てんじく》（インド）、震旦《しんたん》（中国）、本朝（日本）の三部に分けて構成されている。天竺・震旦・本朝という構成は、当時の日本人にとっては全世界の話を集成したということになる。その話の多くは仏の教えに関するものので、全体の三分の二近くを占めていて、仏教説話集の色彩が強く、中国の法話集や『日本霊異記《りょういき》』『日本往生極楽記』などにある仏教説話が下敷きになっているものも多くある。しかし、二一巻以下の本朝世俗《せぞく》部になると出典が不明なものが多くなる。それはその話が生の、いわば書き下ろし原稿だからだと考えられている。

そこでは、さまざまな地方のさまざまな階層と職業の男女が登場し、その生活、生き様を生々しく描いている。特に注目すべきは、たとえば「この男、下衆《げす》なれども思量《しりよう》あり心かしこかりける奴」(巻二八—四四)などとあるように、思量ある民衆の呼び名として「下衆」が使われている点である。今では、「下衆の勘ぐり」などとマイナスイメージで用いられることが多いが、『今昔物語集』では、思慮深い民衆の呼び名として用いられている。また、地域社会の秩序維持機能を持つ人々が「長き人々《おとなし》」(巻二九—一二)と表現されている。ここには、新しい社会を切り開こうとする民衆の姿がとらえられている。

民衆の世界を照らし出した『今昔物語集』は、一方で支配者に対する批判的視点を持ち合わせている。芥川龍之介《あくたがわりゅうのすけ》の小説「芋粥《いもがゆ》」で有名な「利仁将軍《としひと》」の話(巻二六—一七)では、鎮守府《ちんじゅふ》将軍藤原利仁が若かった時に、越前《えちぜん》国敦賀《つるが》の「勢徳《せいとく》の者」の聟《むこ》として迎えられ、富勢を誇った様を描くことで、芋粥食べたさに利仁に従って都から下向した「五位の侍」、すなわち中級貴族が「勢徳の者」＝地方領主のあまりの豪勢さに圧倒される様子を描いている。都では摂関家の侍《さむらい》として「五位の侍」同様に奉公していた利仁からは想像もできない越前国敦賀の「勢徳の者」のありさまを生き生きと描くリアルなまなざしがうかがえる。

『今昔物語集』の編纂者は貴族層だが、その視線が民衆の姿をリアルに描くことができた背景には、この時期が民衆の活力あふれる時代であり、その民衆の世界を独自の存在として認識することができたからであろう。

絵巻物と『梁塵秘抄』

平安時代後期の文化に含まれていた民衆的要素は、物語や芸能の分野だけではなく、絵画や歌謡の分野にも見ることができる。

絵画では、中国的な画題を扱った唐絵《からえ》に対し、日本の風景や風俗を画題とした大和絵《やまとえ》が摂関時代に広まり発展した。和歌などにうたわれた名所を画題として屏風絵が描かれたが、一一世紀中ごろの宇治平等院鳳凰堂の扉絵に描かれた風景画が年代のわかる大和絵として残る程度で、残念ながら現在はほとんど残っていない。

また、院政期の仏画の特徴は、繊細な描写を截金《きりがね》などの技法を用いて装飾的に描かれていることで、平安時代前期の密教絵画も多くつくられたが、浄土思想の広がりとともに、仏画にも大和絵の影響が見られるようになった。画題としては来迎図《らいごうず》や仏伝図《ぶつでんず》などがみられ、中でも『阿弥陀聖衆《しょうじゅ》来迎図』（国宝　高野山霊宝館保管）や『仏涅槃《ねはん》図』（国宝　金剛峰寺蔵）などが現存している。

やはり大和絵の発展の上では、絵巻物の出現が重要である（五味ほか二〇〇二）。そもそも、絵巻物というのは、物語・説話・縁起・年中行事などを題材に、巻物の形式で描いた絵画である。形式には、物語絵巻と説話絵巻の二種類があり、前者は両手を肩幅程度に広げた大きさで一段ごとに区切るのに対し、後者は画面が連続する形式をとる。物語絵巻のほうが早く登場し、その遺品としては『源氏物語絵巻』が一二世紀前半の成立とみられ、最も古い。説話絵巻としては、一二世紀中期から後期にかけてつくられた*『信貴山縁起《しぎさんえんぎ》絵巻』や*『伴大納言《ばんだいなごん》絵詞』、*『鳥獣人物戯画《ちょうじゅうじんぶつぎが》』がある。

また、浄土思想の広がりとともに同じ頃に『*地獄草紙《じごくぞうし》』『*餓鬼《がき》草紙』『*病《やまい》草紙』などのいわゆる六道《ろくどう》絵巻が作成されている。このほか、保元の乱後の復興した京都の風景を描いた『年中行事《ねんじゅうぎょうじ》絵巻』には、王権が主宰する行事や祭礼などを描いている。たとえば、後白河上皇によって再建された大内裏やそこで行われた内宴《ないえん》、あるいは二条天皇が父後白河上皇のもとに行幸するさま（朝覲行幸《ちょうきんぎょうこう》）などが題材とされている。

図36　朝覲行幸（『年中行事絵巻』）

これらの絵巻物の特徴は、その中に主人公である貴族たち支配者層だけではなく、多くの下級貴族やさらには一般の民衆の姿がいきいきと描写されていることである。絵師の視野には、明らかに民衆が入っているのである。

　ところで、これらの絵巻物の多くは実は後白河上皇が深く関わっていた。『年中行事絵巻』はもちろん、＊印をつけたものはその制作に後白河の意思が反映していたと考えられている。後白河上皇は当時の流行歌である「今様《いまよう》」に熱中し、一一・一二世紀の民間で歌われていた歌謡を集めた『梁塵秘抄《りょうじんひしょう》』を編纂した（渡邊一九七九・五味二〇〇二）。その中には、各地の遊女・傀儡子《くぐつ》たちや、地方を遍歴する巫女《みこ》や琵琶法師《びわほうし》など、当時の多様な階層の人々がうたった歌謡がおさめられている。時の王権を掌握したいわば最高権力者である後白河上皇が、そうした一般庶民の生み出した文化的営為に注目し、これを編纂したことは驚きに値するが、それほど民衆の文化的達成が貴族文化としての平安後期文化に影響を与え始めたということなのである。基本的には王権を中心とした貴族文化であるにもかかわらず、そこに民衆的要素が豊かに取り入れられている点にこの時期の文化の特徴があるのである。

八　保元の乱、平治の乱

1——王権の動揺

摂関家・王家の分裂

「治天《ちてん》の君《きみ》」鳥羽《とば》上皇のもとで摂関家は内紛状態に陥った。少し繰り返しになるが、保元の乱の背景となった摂関家の状況についてまとめておこう。

すでに白河上皇が藤原忠実《ただざね》をしりぞけ、子の忠通《ただみち》を関白とするなど、「治天の君」による摂関家への干渉は積極的だった。さらに、鳥羽上皇が白河上皇がしりぞけた忠実を再び登用したことは、忠実・忠通父子の不和を招くこととなった。忠実は、忠通よりもその弟頼長《よりなが》に肩入れし、かれに摂関家を継がせようとした。鳥羽上皇はこうした状況を自らつくりだしたが、さらにその状況を利用し、忠実・忠通両者をたくみにあやつった。

忠実は、近衛《このえ》天皇の摂政となっている忠通からその地位を奪って頼長に与えようとしたが、忠通は近衛天皇の生母である美福門院《びふくもんいん》の庇護のもと、これに抵抗し、鳥羽上皇も忠実の意図を認めることはしなかった。さらに、忠通は頼長が野心家で摂政の地位につけば天下の災いのもととなると鳥羽上皇に奏上した。忠実はこのことを上皇から聞き激怒、こうして忠実・忠通の関係は破局をむかえ、忠実が忠通を勘当《かんどう》、氏長者《うじのちょうじゃ》の地位を忠通から奪い、頼長に与えた。さらに忠実は上皇に請うて、頼長に内覧《ないらん》の宣旨を給わった。ここに摂政忠通、内覧頼長と、摂政・内覧が並立するという事態となったのである。

近衛天皇の死と後白河天皇の即位

こうしたなか、仁平《にんぴょう》三年(一一五四)九月、忠通が近衛天皇の意思であるとして、雅仁《まさひと》親王(のちの後白河《ごしらかわ》天皇)の皇子守仁《もりひと》親王(のちの二条《にじょう》天皇)を皇位継承者として上皇に進言した。背景には、崇徳《すとく》上皇側の皇位継承を認めない美福門院の意志が働いていた。守仁親王は幼少から美福門院のもとで養育されていて、時に十一歳。このほか皇位継承の可能性のある人物としては、崇徳上皇の皇子重仁《しげひと》親王十四歳、崇徳上皇の同母弟雅仁親王二十七歳がいた。しかし、鳥羽上皇はこの進言に同意せず、この策謀は頓挫した。

二年後の久寿《きゅうじゅ》二年(一一五五)七月、近衛天皇が十七歳で死去した。後継をめぐって、崇徳上皇は皇子の重仁親王の即位か、あるいは自分自身の重祚《ちょうそ》を期待し、一方の忠通と美福門院は守仁親王の即位をねらっていた。守仁は雅仁親王の子だが、その父も有力な後継候補であり、父をさしおいて子が即位した前例はないことから、まず雅仁を即位させ、将来は鳥羽上皇の正統的な後継者守仁を天皇にするということとなった。雅仁はあくまで中継ぎにすぎなかったのである。この期に際して、頼長側は推薦すべき皇位継承候補を持たなかったのは致命的であった。

こうして後白河天皇が即位することとなったが、これは崇徳上皇を絶望の淵に追いやったのである。しかも、この一連の段取りには、鳥羽上皇の近臣であり、雅仁親王の乳母の夫であった信西《しんぜい》（藤原通《みち》憲《のり》）の影響力があったといわれている。この決定は、頼長が妻の喪に服して朝廷の出仕を控えねばならなかった間になされたもので、さらに近衛天皇の死は頼長の呪詛《じゅそ》によるものという風聞が広まった。後白河の即位後、頼長は内覧を命じられなかった。美福門院と忠通は忠実・頼長から権力を奪うこととなり、ここに忠実・頼長優位の状況は逆転するにいたった。

このような情勢の中で、後白河天皇即位の翌年、鳥羽上皇は「不食の病」をわずらい、保元《ほうげん》元年（一一五六）五月には重体になった。上皇の死に備えて、後白河天皇方では周到な対策が立てられていた。河内《かわち》源氏の源義朝《よしとも》・義康《よしやす》・光保《みつやす》らの京武者（武士）は内裏や上皇の住まい鳥羽殿の警護にあたり、有力武士に対して後白河天皇方に味方するという誓約を書かせた。上皇は美福門院を後白河の母とあおぎ、忠通以下が天皇を助けるよう遺言した。

七月二日、上皇は不安を残しつつ鳥羽の安《あん》楽寿院《らくじゅいん》御所においてこの世を去った。五十四歳であった。臨終の父にひとめ会おうと崇徳が駆けつけたが、上皇の廷臣にはばまれ、対面はかなわず、葬儀にも参加できなかった。

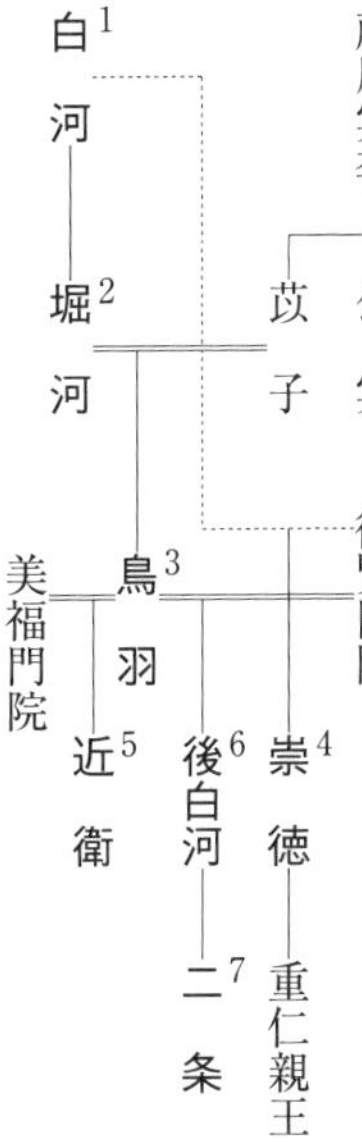

図37　天皇家略系図

保元の乱はこの九日後に起こったのである。

忠通の子慈円《じえん》は、鎌倉時代の初め、承久《じょうきゅう》年間に『愚管抄《ぐかんしょう》』を著したが、そのなかで、次の有名なくだりを記している。

保元々年七月二日鳥羽院うせさせ給て後。日本国の乱逆と云ことはをこりて後。むさ《武者》の世になりにける也けり

この書が書かれた鎌倉時代初期、慈円にとって鳥羽上皇の死去とそれにともなって起こった保元の乱、それが「武者の世」の始まりであったのである。

2—保元の乱

乱の勃発

保元元年（一一五六）七月五日、後白河は検非違使《けびいし》平基盛《もともり》（清盛《きよもり》の次男）・源義康らに命じて京中における武士の動きを禁じたが、翌六日、宇治に籠居中の頼長が京内に潜伏させていたとの疑いにより、大和源氏の源親治《ちかはる》を平基盛が捕らえた。八日に後白河は、忠実と頼長が諸国から軍兵を動員しようとしているとして、諸国司に軍兵の上京を禁じさせた。同日、隣接する頼長の邸宅・東三条殿は、怨敵調伏を祈る祈禱を行っていたとして源義朝により接収された。『保元物語』によれば、邸内で祈禱していた僧侶を尋問したところ、頼長の命で呪詛《じゅそ》していたことを白状し、

図38　保元の乱時の摂関家・源氏・平氏関係図

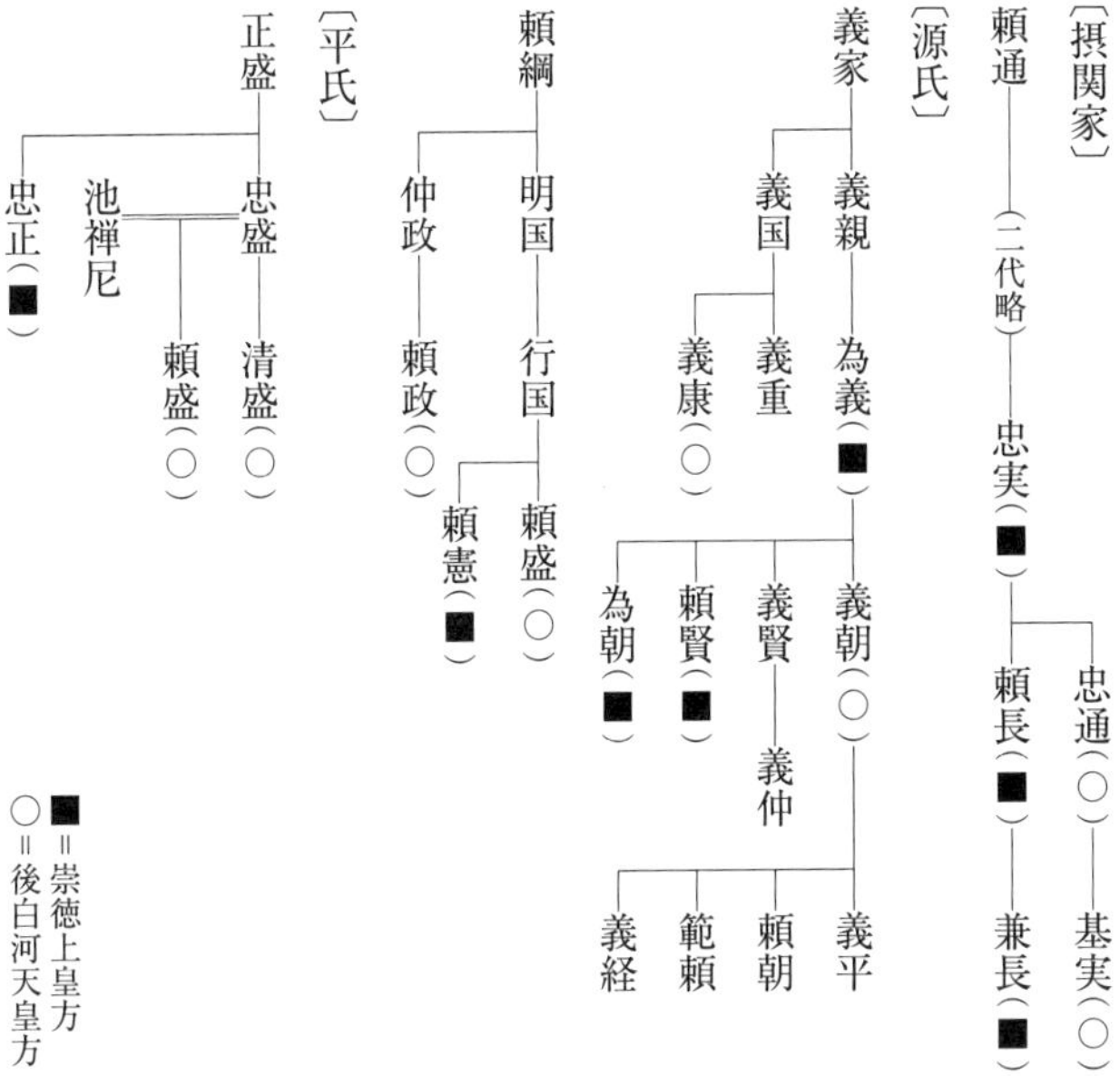

頼長に配流《はいる》が宣下《せんげ》されたという。ここに頼長のクーデター計画の証拠が露見するにいたり、頼長は宣下を受け入れて配流されるか、蜂起するかという窮地に追い込まれたのである。

九日の夜半、崇徳《すとく》上皇は鳥羽殿から白河殿に移り、十日には宇治にいた頼長も到着、兵を募った。動員されたのは、平正弘《まさひろ》以下崇徳上皇の側近、早くから忠実・頼長に仕えていた京武者の平忠正《ただまさ》や源頼憲《よりのり》、そして源為義《ためよし》一族などであった。為義は長子義朝との対立を回避しようとしていたが、崇徳の説得により参戦を決めた。このほか、興福寺の悪僧や摂関家領の武士団などが参戦の動きをみせた。いずれも摂関家の家産機構内の私兵である。

これに対して、後白河方も兵を招集した。こちらは国家権力を背景とした兵の動員がなされていて、すでに準備は整えられていた。そしてその夜、内裏から接収した東三条殿に本拠を移した。

忠通の家司《けいし》平信範《のぶのり》の日記『兵範記《へいはんき》』によれば、七月十一日早朝、平清盛の兵三〇〇騎、義朝の兵二〇〇騎、義康の兵一〇〇騎からなる後白河の軍勢は、白河殿（北殿）への夜襲を敢行、この六〇〇騎の軍勢が、国家権力の帰趨を決定することになった。平安時代初めの平城《へいぜい》上皇と嵯峨《さが》天皇の抗争――薬子《くすこ》の変――を最後に、王権は安定し、皇位をめぐる争いが戦闘によって解決されるという事態はなかったのである。

さて、白河殿（北殿）に向かった後白河軍は、二条大路を行く清盛軍、大炊御門大路《おおいみかどおおじ》を行く義朝軍、近衛大路を行く義康軍の三手に分かれて進み、ここに白河殿を警護する崇徳・頼長軍と激突するにいたった。しかし、迎え撃った崇徳・頼長軍の善戦もあり、雌雄は容易には決しなかった。そのため、後白河側は源頼政《よりまさ》・重成《しげなり》、平信兼《のぶかね》を将とする第二陣を派遣した。ここに登場する頼政は、ほぼ四半世紀後の治承《じしょう》四年（一一八〇）、以仁王《もちひとおう》とともに平氏打倒の兵を挙げた人物として有名である。

合戦の様子は、義朝が逐次送った使者によって後白河側に報告された。『愚管抄』によると、当時五位蔵人の源雅頼の日記には、

暁よせてのち打ち落としてかへり参まで。時々刻々、只今はと候。かう候といさゝかの不審もな

く。義朝が申しける使いははしりちがいて。向かいて見むやうにこそ覚えしか。ゆゝしき者にて

義朝ありけり

と記されていたという。大意は、戦闘が始まってから終わるまで、時時刻刻、「こうなっております、ああなっております」といささかの不審もなく、義朝が使わした使者の報告は、その場に出向いて見ているように思われた。義朝という者は優れた人物である、と記されていたのである。このことから、後白河方において、義朝が中心になって合戦に臨んでいたことがわかる。

さて、長引く戦闘であったが、辰の刻（午前八時頃）になって東方から煙が立ち昇るのが見えた。後白河軍が白河殿に放火したのである。ここに到って、後白河軍の勝利が決した。開戦から四時間近くを要した激闘であった。

乱の結末

敗れた崇徳上皇、頼長らは白河殿から一斉に姿をくらました。そのとき後白河方の武将源重貞《しげさだ》が放った矢が頼長の首（頰）を貫いた。頼長は瀕死の重傷を負ったが、側近たちの保護のもと宇治から奈良に逃れた父忠実のもとを目指した。しかし、十三日、対面を求めた頼長に対し、父忠実はそれを拒否する非情な態度を示した。やむなく頼長は母の兄弟千覚の房に担ぎこまれたが、翌十四日に息を引き取った。時に三十七歳。葬儀も行われることなく、奈良に近い般若野《はんにゃの》に埋葬されたが、永遠の眠りではなかった。彼の遺骸は、かつての学問の師であり、友でもあった信西の命で暴かれ、検死されるという屈辱を味わった。

頼長の子息たちや頼長与党の貴族たちも配流された。嫡男で権中納言・右大将であった兼長《かねなが》は出雲《いずも》へ流され、二年後に二十一歳でその生涯を終えた。三男の左近権中将隆長《たかなが》は伊豆《いず》に流され、その地で没した。次男で権中納言・左中将であった師長《もろなが》は土佐《とさ》に流されるが、九年後に帰京を許された。妻が美福門院《びふくもんいん》の女房で、院近臣《いんのきんしん》藤原顕頼《あきより》の女《むすめ》であったことが関係しているかもしれない。そして、琵琶の名手ということで後白河は彼を抜擢、安元《あんげん》三年（一一七七）には太政大臣まで昇進する。かつての政敵の子息を優遇するという、後白河の政治手腕、〝懐の深さ〟がそこに感じられる。しかしながら、平清盛が後白河の院政を停止したいわゆる治承三年のクーデターにより、師長は尾張《おわり》に配流され出家、子息も出家し頼長の系統は政界から完全に消え去ったのである。

こうして頼長の系統は廃絶し、忠通が摂関家の氏長者に復帰した。忠実は合戦の最中は宇治にとどまり、乱後に奈良に逃れてきた頼長との対面を拒んだとして、中立の立場をとることができた。しかし、実際には洛北の知足院《ちそくいん》に幽閉状態となり、事件の六年後、寂しくこの世を去った。かれが、中立の立場を認められ、配流されなかったのは、摂関家領の保全を図った忠通の奔走による。

ところで、忠通の氏長者への復帰については、少し説明が必要である。それは、摂関家氏長者は摂関家家長が決定するものであったにもかかわらず、保元の乱に際して氏長者たる頼長が謀反人となり、忠実も同罪となれば、氏長者の任命権は天皇が行使するほかないということである。それは、それまで摂関家が有していた自立した地位を失ったことを意味することになる。しかも、このことは摂関家の持っていた荘園の帰属にも関わる事態であったから、政治的権限だけでなく、経済的な自立性の問題でもあった。

戦いが始まった七月十一日、朝廷は早くも忠通を氏長者とする宣旨を下した。しかし、忠通は吉日に受けるといって、受諾を拒否した。一方、忠実も乱後の摂関家の建て直しに立ち上がっていた。十三日の頼長からの面会の申し出を断り、十五日には忠通に書状を送っている。内容はわからないが、自身の中立の表明と摂関家領の保全などが記されていたのではなかろうか。十七日には後白河天皇の綸旨《りんじ》が出された。そこに「宇治入道（忠実）、なお庄々の軍兵を催さしむの由、その聞こえありてえれば、件の荘園ならびに左大臣（頼長）の所領、たしかに没官《もっかん》せしめ、彼の奸濫、朝家乱逆を停止せしむべし」（『兵範記』）とあって、軍兵の動員の禁止、頼長の所領・忠実の所領の没収が命じられている。また、忠実・頼長領の預所職《あずかりどころしき》で公卿が持っているもの以外は国司の管理とすることも命じられた。忠実・頼長領の預所職に就いていた有力武士や悪僧など、摂関家の家政機構を構成していた勢力を排除することを意味していた。翌十八日の綸旨でも「左大臣及び入道前太相国、謀りて国家を危ぶめ奉る罪科軽からず」（『兵範記』）としてその所領の没収が命ぜられ、さらに忠通に対して氏長者として宇治の所領と平等院を管理することが命じられている。ここにいたって、忠通は引き伸ばしていた氏長者への就任を受諾せざるをえなくなったのであり、氏長者の任命権が朝廷によって左右されるにいたったのである。

一方で、忠実・頼長領の没収という事態を前に、忠実と忠通はその保全に力を尽くすことになる。そうしたなか、十八日には忠実から没官された宇治の所領と平等院が綸旨によって忠通に与えられた。摂関家領の処分も朝廷によって左右される事態となった。二十日には、忠実の荘園目録が忠通に送られ、本来忠通領であったが久安《きゅうあん》六年（一一五〇）の義絶《ぎぜつ》に際して頼長に与えられた荘園と、忠実が管理していた高陽院《かやのいん》領の荘園が忠通に献上された。忠実と忠通の朝廷への働きかけが奏効し、忠実は処罰を免れ、その荘園を忠通のものとすることに成功した。しかしながら、こうして頼長領を除く摂関家領の没官は阻止したが、その社会的地位の低下を免れることはできなかったのである。

頼長が父との対面を求めていた十三日、崇徳上皇は同母弟の仁和《にんな》寺覚性法親王《じかくしょうほっしんのう》を頼ったが、拒否され投降した。朝廷は二十三日、崇徳上皇を讃岐《さぬき》国に流した。この上皇配流という事件は、実に四〇〇年ぶりの事件であった。四〇〇年前の出来事とは、天平宝字《てんぴょうほうじ》八年（七六四）の恵美押勝《えみのおしかつ》の乱における淳仁《じゅんにん》天皇の淡路《あわじ》配流である。死刑が存在しない当時の貴族政権において、配流は最高刑であった。偶発的ともいってよい状況で即位し権力基盤を持たない後白河にとって、配流は崇徳の権力を完全に封じ込めるための手段であったのである。崇徳は帰京の願いも叶わないままその後八年を讃岐の地で過ごし、長寛《ちょうかん》二年（一一六四）この世を去った。仁和寺で僧となっていた嫡男重仁《しげひと》は、父に先立つ応保《おうほ》二年（一一六二）に二十三歳の短い命を終えていた。王家の嫡流たる崇徳の皇統はここに途絶えた。

乱に参加した武士の運命も過酷であった。二十八日には清盛が叔父忠正父子ら五人を、三十日には義朝が父為義と頼賢ら兄弟五人を、義康が平家弘ら兄弟父子七人をそれぞれ斬首した。『愚管抄』によると、義朝が「ヲヤノクビ切ツ」と誹《ののし》られ、死罪の実行について「カタブク（疑問を投げかける）人」もあったと記す。これらのできごとは、一般的に公的な死刑の復活としてとらえられることが多い。実際、政府の命によって罪人が死罪に処せられた先例は、大同《だいどう》五年（八一〇）に平城上皇と藤原式家《しきけ》の仲成《なかなり》・薬子《くすこ》によるクーデター未遂事件（薬子の変）で、拘禁された仲成を射殺した例である。それ以後三五〇年にわたって都において、公的な死刑は行われなかった。しかし、地方における武士の合戦などでは敗者やその一族が殺害されることは少なくなかった。平安時代における自力救済《じりききゆうさい》の社会の形成のなかで、「殺害《せつがい》」にはそれを断ち切る手段としての役割が期待されるという面もあった。だから、保元の乱における武士の処刑には、そうした武士社会の習わしが反映したということもできる。ただ、それまでとの大きな違いは、合戦の舞台が都であったこと、刑場もその周辺で、都人の注目するところとなったことである。

源氏と平氏の恩賞

七月十一日、早くも武士たちに恩賞が与えられた。清盛は播磨守《はりまのかみ》に、義朝は右《う》馬権頭《まのごんのかみ》に任命され、義朝・義康は内昇殿《うちのしょうでん》を許された。

清盛の任命された播磨守は、受領《ずりょう》の任命される国の中で伊予《いよ》国とならんで最高峰の国であった。その相当の位階は四位で、この二国に任命された者のほとんどは公卿へと昇進している。清盛がいかに厚遇されたかがわかる。十七日には清盛の申請で弟の頼盛《よりもり》・教盛《のりもり》が内昇殿を許されている。戦闘においては目立った勲功はなかったにもかかわらず、平氏一門への恩賞は手厚いものであった。

一方、戦闘において獅子奮迅の動きを示した義朝には、右馬権頭という低い官職が与えられた。義朝はこれに不満を述べたらしく（『保元物語』）、左馬頭《さまのかみ》に転任されている。清盛への恩賞と比べ、明らかにその官職は低い。従来の見解のなかには、この恩賞の格差が義朝の不満をつのらせ、やがて平治の乱の要因へとつながっていったとする見方も存在した。

しかし、この点を考えるうえで、保元の乱以前の両者の地位に、すでに大きな隔たりがあった点を見逃してはならないだろう。清盛はすでに大国安芸《あき》国の守であり、しかも天皇の居所である清涼殿の南庇への出入りすることが許されていて（内昇殿）、位階も正四位下であった。この正四位下の次は正四位上ということだが、当時正四位上は飛ばされることになっていたから、従三位《じゅさんみ》、すなわち公卿への昇進は十分あり得る地位であったのである。しかも、清盛は崇徳上皇に親近感を覚えていたものの、戦闘に際しては後白河天皇側に与《くみ》したのであり、そのことが勝敗の帰趨を決めたのである。このことから、清盛は実際の軍功の有無というよりも、後白河方の勝利に重要な役割を果たした功労者であった。摂関家の分裂・衰退、王権の分裂という事態の中で、平氏の政治的地位は上昇していくこととなる。

これに対し、義朝は従五位下という貴族の末席の地位で、その職は下野《しもつけ》国の守であった。しかも、この合戦では一族が軍功によって死んだのではなく、謀反人として処刑されるという事態になったのである。その義朝が馬寮《めりょう》の重職に任じられたうえに、河内《かわち》源氏としてはじめて内昇殿を許されたのはむしろ破格の厚遇と理解すべきであろう。こうして、義朝も後白河天皇の信任を得ることに成功し、さらに長期にわたる東国在住のなかで培った東国武士との絆を組織し、武士の棟梁《とうりょう》としての地位を得るにいたり、清盛に次ぐ存在として政界に登場したのである。

摂関家・王家の衰退

保元の乱によって最も大きな影響を受けたのは、いうまでもなく摂関家であろう。忠通は氏長者に復帰したものの、その背景には信西や美福門院の力が働いていたのであり、旧来の摂関としての政治的地位は後退せざるをえなかった。その氏長者への復帰は後白河の発した宣旨によるものであり、摂関家の氏としての自立性は弱まったといわざるをえない。また、所領の没収を免れた忠実から忠通への所領の譲与には成功したものの、源為義はじめ荘園に配属された武士団を失ったことから、摂関家の所領支配は動揺することになった。さらには、氏長者としての摂関家と、氏寺としての興福寺悪僧との連携も崩壊したのであり、鳥羽院政期において大きな勢力を有した権門摂関家はその支配権力を解体させられるにいたったのである。

一方の王家も、崇徳上皇の皇統を無きものにしたとはいえ、その権力に異変をきたしていた。崇徳の皇統にかわって正統の後継者となった守仁《もりひと》親王は、保元三年（一一五八）に即位して二条《にじょう》天皇となるが、十六歳と若く、また後白河はその父とはいえあくまで中継ぎとしての即位という立場であったため、院政を行って政務を取り仕切るほどの権威を持てなかったのである。後白河に近臣として仕えたのは、信西一門のほか、藤原信頼《のぶより》・成親《なりちか》などの伝統的院近臣家や、村上源氏の源師仲《もろなか》、武士の源義朝など、待賢門院《たいけんもんいん》関係の者であった。しかも、王家領についてみると、鳥羽上皇や美福門院が集積した所領の多くは、二人の間に生まれた皇女八条院《はちじょういん》に伝えられていた。平氏一門はじめ鳥羽上皇の近臣の多くは、この八条院に関わっていたから、後白河は治天の君としての所領支配の面でもその力をそがれていたのである。鳥羽院政下で治天の君の所領として蓄積された王家領は、その後各女院や皇族の分割するところとなり、王家は次第に求心力を失っていった。こうして、鳥羽上皇の死去を契機に発生した保元の乱は、権門としての王家の解体をもたらしたのである。

こうしたなかで、政治の表舞台に登場したのが院近臣であり、そのなかで主導権を握ったのが信西であった。

院近臣信西の台頭

保元の乱の背後で政権を切り盛りし、乱後の政務を事実上牛耳った男、それが信西である。

彼は、俗名を藤原通憲といい、藤原氏南家貞嗣流《なんけさだつぐりゅう》の系譜を引く、代々大学頭《だいがくのかみ》を務めた学者の家に生まれた。父実兼《さねかね》が早世したため、彼は学者への道を断念、血縁のある高階経敏《たかしなのつねとし》の養子となり、高階通憲として朝廷に出仕した。この高階家は、為家《ためいえ》・為章《ためあき》などの院近臣を輩出した家であり、通憲も待賢門院の院司《いんのつかさ》から鳥羽上皇の院庁の職員である院司へと進み、受領を務める院司受領として活躍した。しかし、それ以上の出世は閉ざされており、生家の学者の家としての家風によって育まれた学識を背景に、出家によってこの状況を打開しようとした。天養《てんよう》元年（一一四四）七月、通憲三十九歳の時のことである。彼は出家の心境を、

ぬぎかふる衣の色は名のみして、心をそめぬことをしぞ思ふ

（私は、出家して墨染めの衣に着替えたが、それは名ばかりのことで、心まで染めるつもりはない）

とうたっている（『月詣和歌集』『新編国歌大観』二巻私家集編）。出家といえば現実の政治世界から離れる、世俗から離れる、という意味もあるが、院政下の法皇がそうであったように、逆に現実の秩序から超越し、権力を握るという野心すらうかがうことができるのである。

すでに述べたように、院政下で勢力を有するようになった院近臣には、大国の受領を歴任することで院に対して経済的奉仕をつとめる大国受領系の院近臣と、朝廷の中枢、太政官の弁官《べんかん》や天皇の側近たる蔵人頭《くろうどのとう》などを歴任して、天皇や院に近侍して政務の実務を担う実務官僚系の院近臣の二つのタイプが存在した。前者には院の乳母の縁者などが多く、院の寵愛により勢力を得た者が多い。平治《へいじ》の乱に際して信西と対立した後白河院の近臣藤原信頼はこのタイプである。

一方、後者はその性格上、縁故の有無ではなく、政務に有能であることが求められたことはいうまでもない。藤原氏北家《ほっけ》流の高藤《たかふじ》流である藤原為房《ためふさ》は、白河上皇の近臣として勢力を有したが、その次男顕隆《あきたか》は白河上皇の厚い信頼を得て「夜の関白」と呼ばれるほどの権力を持ち、その地位を嫡男顕頼《あきより》に継承していた。

ところが、久安《きゅうあん》四年（一一四八）に顕頼が死去する。しかしその子光頼《みつより》、惟方《これかた》は、父の院近臣としての地位を引き継ぐにはいまだ若かったことが、信西にとって幸運をもたらした。為房流に継承されてきた院近臣の地位を、信西は奪い取ることになったのである。信西とその嫡男俊憲《としのり》（俊憲は高階重仲《しげなか》の娘と信西の間に生まれた）はこうした状況の中で、鳥羽上皇と内覧《ないらん》頼長との政務の取次ぎを独占するようになる。信西が鳥羽上皇死去に際してその葬儀の段取りを整え、後白河と組んで保元の乱を遂行したのはこうした背景があったのである。

後白河「親政」と信西の政治

保元の乱で崇徳上皇の系統を滅ぼした後白河天皇は「親政」を始めた。親政とはいっても中継ぎの天皇である後白河には権力は無く、また経済的基盤である荘園も頼長の持っていた荘園を後院《ごいん》領に組み込んだくらいで、かつて鳥羽院政下で治天の君たる院の有していた院領荘園は、美福門院やその皇女八条院のものとなっていたのである。したがって、中継ぎ天皇として実権を握れない後白河天皇、事実上の王家の家長でありながら、院近臣の出であることから経済的背景があるものの権威に欠けた美福門院・守仁親王というバランスのなかで、院近臣たる信西が実権を握るという、院近臣政治にとって新たな事態が生まれたのである。

こうしたなかで、後白河天皇のもと、信西は政治改革に手をつけた。その概要は、内裏・大内裏という王権を支える空間を再建して儀礼を整え、朝廷政治の秩序を回復させ、朝廷の存立する京（京都）の都市空間を整備し、記録所を設置して徹底した荘園整理を行う中で、公領・荘園を基盤とした支配秩序を確立させようとするものだった。

その手始めが、保元元年（一一五六）閏九月二十三日の保元の荘園整理令（保元新制）である。第一条の冒頭で、「九州の地は一人の有なり、王命のほかに何ぞ私威を施さん」――国土は天皇のものである。天皇の命令以外の私的なおこないは何の権威もない――と宣言した。クーデターによって政権を確立した後白河天皇にとって、自らの権力の正当性を全国に宣言する必要があったのであり、そのために王土王民《おうどおうみん》（全国土の支配権は天皇にあり）を宣言したのである。

第一条：（前記した部分に続いて）後白河天皇が践祚《せんそ》した久寿《きゅうじゅ》二年（一一五五）七月二十四日以後に、宣旨なしに設立された荘園は停廃せよ。

第二条：本免田《ほんめんでん》以外の加納《かのう》・出作《でさく》で国司の命に従わないものはすべて停止せよ。ただし、後白河天皇の宣旨、白河・鳥羽両院の院庁下文《いんのちょうくだしぶみ》を有するものは、それを提出して後白河天皇の裁可をまて。

第三条：伊勢・石清水など七社に神人《じにん》（神社で神に神饌を奉仕する者）の名簿を提出させ、本神人以外は解任せよ。

第四条：興福寺・延暦寺・園城寺《おんじょう》など五寺の悪僧の濫行（暴力）を停止せよ。

第五条：国司に下知し、大寺社の末寺末社と称する国内寺社の濫行を停止せよ。

第六条：伊勢・石清水など二十二社は、社領と年間神事経費の細目を提出せよ。

第七条：東大寺・興福寺・延暦寺・園城寺も、寺領と年間仏事経費の細目を提出せよ。

第一条は、王土王民の宣言であったが、荘園整理の基準を後白河の即位日である久寿二年七月二十四日に置いている点に、自らの政権が果たすべき課題への自負があらわれている。第二条は、加納・出作などと称して荘園の領域を拡大していくことを禁止したが、加納田であっても宣旨ならびに白河・鳥羽両院庁下文を有する荘園は、領家がその証文を進上して裁許を待つこととしている。第三条～七条は寺社統制の条文で、神人・悪僧の濫行停止と寺社領・仏事神事の用途の注進を命じている。

この荘園整理令を実施するにあたり、十月に記録荘園券契所《きろくしょうえんけんけいじょ》（記録所）が設置された。信西はその長官（上卿）に嫡男俊憲の岳父《がくふ》（妻の父）の閑院《かんいん》流の左大臣藤原公教《きんのり》を、次官（弁）には俊憲を、為房流の藤原惟方や村上源氏の源雅頼《まさより》らをともに任命している。さらに、翌保元二年二月には内裏・大内裏の造営（再建）を進めるために造内裏《ぞうだいり》行事所《ぎょうじしょ》が置かれた。行事所は、記録所が荘園整理令第一条の基準にしたがって各荘園の証拠文書（券契）を審査し確定した荘園・公領に対して、行事所から造営費用を賦課する臨時の役所である。

『愚管抄』には、この造営事業に際して信西が並々ならぬ姿勢で遂行したようすが次のように記されている。

諸国七道少しの煩いも無く。さはさはとただ二年が程につくり出だしてけり。その間手ずから終夜算を置ける。後夜方には算の音鳴りける。声すみて尊とかりけるなど人沙汰しけり。さてひしと功程を考へて。諸国に少な少なと宛てて。誠にめでたくなりにけり。
〈信西が自ら徹夜をして明け方までソロバンをはじいて計算し、全国〈諸国七道〉に広く薄く公平に割り当てて〈少な少なと宛てて〉、少しの煩いも無く造営を二年ほどで成し遂げた〉

信西が大内裏・内裏造営にいかに力を入れていたのかがわかるとともに、記録所が信西の政権基盤となっていたことがわかる。実際、保元の造内裏役賦課はそれまでよりも徹底したもので、行事所が国別に必要な資材・人夫・食料を計算しているのみならず、各国内の個々の荘園・公領への割り当ても行っている。

保元二年（一一五七）十月八日、後白河天皇は新たにでき上がった内裏に移り、三五ヵ条からなる新制を発布した。新制とは、一〇世紀以降天皇の代替わりや天変地異などを契機に発布されるようになった複数の条文からなる法令である。

冒頭に神事仏事興行令《しんじぶつじこうぎょうれい》を置き、過差《かさ》の禁止、下級官人の服務励行、京内の秩序の確立などが命ぜられた。そこには、信西の理想とする儀礼国家の再建という方向性をうかがうことができる。そして、この新たに造られた大内裏・内裏を舞台とした儀式の再興が次々にうちだされていった。

十一月には長らく置かれることの無かった漏刻器《ろうこくき》（水時計）が設置され、政務・儀式遂行のもととなる「時間」の管理を目指した。その後、内宴《ないえん》、相撲節《すまいのせち》など断絶や中断していた年中行事が復活されるなど、儀礼国家再建への施策が進められていった。

後白河天皇が即位して四年目の保元三年八月、三十二歳になっていた後白河は十六歳の長子守仁親王に譲位した。二条天皇である。この代替わりに、六十二歳の関白藤原忠通は辞任、長男基実《もとざね》が関白となった。歳は二条天皇と同じ十六歳。

後白河院政と信西

この譲位は守仁親王の養母美福門院が信西に働きかけて、両者の密談によって決定されたらしく、忠通は後白河から譲位の意思を聞いて初めて知ることとなった。忠通の家司平信範《のぶのり》の日記『兵範記』には、この譲位は「仏と仏の評定《ひょうじょう》」で決まり「余人は沙汰に及ば」なかったと記されている。「仏」とは出家者の意で、「仏と仏」とは美福門院と信西のことである。院政のもとで皇位は父院が単独で決めていたことと比べると、王家が分裂していたことを物語っている。

即位の事情から、中継ぎの天皇という性格を与えられた後白河であったが、ここに白河・鳥羽の例にならって、二条天皇の父として院政を行おうとしたのであり、保元の乱以後の政局を握り、大内裏・内裏の造営をはじめ政治改革を実行してきた信西も、この後白河院政を利用し、院近臣による政治を継続しようとしたと思われる。

信西は譲位の前日に行われた除目《じもく》で、長男の俊憲を右中弁《うちゅうべん》・蔵人頭に、次男貞憲《さだのり》を右少弁に任じ、院・天皇・関白・前関白・太政官の間の連絡調整にあたらせ、政権中枢部の情報を掌握した。先述したように信西は実務官僚系の院近臣として為房流の地位を奪った。一方で、後白河の乳母紀二位《きのにい》（朝子）が生んだ成範・脩範は院近臣のもう一つのタイプである大国受領として活躍した。とりわけ成範は、保元二年、左少将を兼ねた上に、清盛にかわって大国の頂点播磨守に任命されたのである。信西及びその一門は、保元の乱における勝利を背景に発言力を持つようになり、後白河、美福門院・守仁親王の双方と密接な関係をもつなかで、他の院近臣諸家を圧倒する勢力を持つようになったのである。しかし、その一方でそれまでの勢力を失った院近臣諸家の反発も当然のことであった。しかも、いかに有能であったとはいえ、信西が台頭した背景には、白河、後白河院政期のような「治天の君」が不在であったこと、また、保元の乱を経て、摂関家の政治的権力が無力化したという問題が存在していた。したがって、信西の権力が、この時期の諸勢力の微妙な力のバランスの上に成り立っていたという面を見逃してはならないであろう。

3―平治の乱

信西と信頼

平治の乱は、一般的に、藤原信西に対する藤原信頼・源義朝の遺恨、信西と手を結んだ平清盛と義朝との、武士同士での対立に原因があるとされてきた。しかし、この乱の背景には、後白河院政派、二条天皇親政派のそれぞれに属した院近臣の動向など、もう少し複雑な朝廷内部の勢力関係がからんでいる。すなわち、急激に台頭した新興勢力信西一門と、白河・鳥羽院政以来の伝統的院近臣家との対立がその根本にあったのである。

まず、後白河院政派の信西に対抗していた二条天皇親政派についてみると、鳥羽上皇の直系としての地位を継承することを意識していた二条天皇派（美福門院《びふくもんいん》・二条天皇派）にとって、後白河は「中継ぎ」の天皇であり、二条天皇の親政を理想としていた。この二条天皇派の中心は、藤原経宗《つねむね》・惟方であった。経宗は二条天皇生母懿子《いし》の弟（外戚《がいせき》）で美福門院の院司《いんのつかさ》であり、二条の即位前に権大納言に任じられた。惟方は美福門院の甥で生母は二条の乳母、二条の即位に際して参議に任じられた。この二条天皇派は、確かに後白河院政派の信西と対抗する関係にあったが、信西の政治路線を否定するものではなく、まして力によって排除しようとは考えてもいなかったのである。

こうしたなかで、後白河院政派の院近臣のなかに、信西に対抗する勢力が生まれてきた。鳥羽院の近臣であった藤原忠隆《ただたか》の子信頼が、後白河上皇の偏愛ともいうべき扱いによって飛躍的な昇進を果たしたのである。特に保元の乱後には著しい昇進ぶりで、保元二年三月から一年間の間に、位階は従四位下から、正四位上に上がり、官職は右近衛中将《うこのえちゅうじょう》、左中将《さちゅうじょう》、蔵人頭《くろうどのとう》を経て参議にまでのぼった。その後も昇進は続き、後白河の譲位の前日に正三位《しょうさんみ》、権中納言《ごんちゅうなごん》に任じられるにいたったのである。当時二十六歳、先任の公卿五人を飛び越えての昇進であった。しかも、信頼のみの昇進ではなかった。彼の一門も昇進を果たしているのである。

信頼について、『平治物語』は次のように記している。

中関白道隆《みちたか》の八代の後胤、播磨三位基隆《もとたか》の孫、伊与三位忠隆《ただたか》の子也。文にもあらず、武にもあら

図 39　藤原信頼（左，『平治物語絵巻』）

ず、能もなく芸もなく、只朝恩にのみほこり、父祖は年《とし》闌《たけ》齢《よわい》傾《かたむ》け、纔《わずか》に従三位までこそ至りしが、是は后の宮の宮司、蔵人頭、宰相（参議）、中将、衛府督《えふのかみ》、検非違使別当より纔に三箇年が間に経上て、歳二十七にして中納言右衛門督《うえもんのかみ》にいたれり。一人（摂政・関白）御子息の外は凡人に取ては、かかる例いまだなし。昇進かかはらず、俸禄（給料）も又思がごとし。又家に絶てはひさしき大臣大将に望みをかけて、大方おほけなき（目に余る）振舞をす。みる人めをおどろかし、聞人耳をそばだてり。微子加《びしか》（中国の春秋戦国時代の寵臣）にも過ぎ、安禄山《あんろくざん》にも超たり。余桃《よとう》の罪を恐れず、但栄花にのみほこりけり

この通りの人物ということになれば、過度の寵愛がもたらした昇進ということになる。『愚管抄』では、「アサマシキ程ニ御寵アリケリ」と形容されているが、「寵」とは言うまでもなく男色関係を念頭に置いた表現である。これらによれば、信頼は政治的には無能でありながら、後白河上皇との男色関係によって破格の出世を遂げたということになる。従来、こうした昇進は『平治物語』の見方を反映して、後白河の寵愛によるものと考えられてきたが、昇進の背景には、先祖を遡ると藤原道長《みちなが》の兄道隆にまでたどりつく家柄と、父祖も院近臣として活躍しており、家格的には信西よりも上であったこと、そして正四位

下の位階のままで参議に就任していることから、それなりの実務能力があったためではないかと考えられている。

信頼は、さらに大臣・近衛大将《このえのだいしょう》への任官を望んでいたが、『平治物語』によると、このことを後白河上皇から諮問《しもん》された信西は、「信頼が大臣の大将になり候はむに、いづれの者をかけず候べき。君の御政は先ず司召《つかさめし》（任官の儀式）を以って先とす。叙位除目に仮だに出来候ぬれば、上は天心にそむき、下は人望に背かる」と述べ、さらに古今東西の先例から言葉を選び、任官に反対した。さらに、信頼の望みを打ち砕いた信西は宿所に帰り、「人の奢りひさしからずしてほろびし事を申さんが為に、安禄山を絵にかかせて、大なる三巻の書を作てまいらせたり」したという。

すなわち、中国の唐王朝の皇帝玄宗《げんそう》の寵臣でありながら、叛乱をおこし、後に暗殺された安禄山を絵巻に描いて、後白河上皇に献上したという。絵巻による讒訴《ざんそ》である。なお『平治物語』のこの記事が事実であることは、後に九条兼実《くじょうかねざね》がその日記『玉葉《ぎょくよう》』で信西の記した安禄山の絵巻について書き留めていることからわかる。

ただし、この『平治物語』にみえる近衛大将への昇進に関する一件は、『平家物語』にみえる鹿ヶ谷《ししがたに》事件とよく似た話で、いずれかが他方を真似た可能性や、あるいはそもそも作り話であったのではないかと指摘する説（元木二〇〇四）もある。

平氏と源氏、信頼と義朝

保元の乱後の平氏一門の昇進はめざましかった。清盛は播磨守に任命後、保元三年には大宰大弐《だざいのだいに》（事実上の長官）に任じられ、弟教盛は昇殿を許され、左馬権頭《さまのごんのかみ》・大和《やまと》守となった。さらに弟頼盛《よりもり》も昇殿を許され、安芸《あき》守、常陸介《ひたちのすけ》、参河《みかわ》守を歴任し、あわせて右兵衛佐《うひようえのすけ》、中務権大輔《なかつかさごんのたいふ》にも任じられた。もう一人の弟経盛《つねもり》は、安芸守を経て常陸介に任じられている。清盛の子どもたちについてみると、嫡子重盛《しげもり》が中務権大輔・左衛門佐《さえもんのすけ》から遠江《とおとうみ》守に任じられ、次男基盛《もともり》は大和《やまと》守、淡路《あわじ》守に任じられた。

こうした一族の昇進を義朝と比べてみると、義朝が保元の乱で父や弟をすべて失ったのに対し、平氏一門は兄弟、子どもたちすべてが健在であり、しかも一族の結束は強固であった。

清盛に比べ、義朝の立場は微妙であった。確かに保元の乱の結果、清盛とならんで義朝も後白河天皇の信任を得ることに成功し、東国武士との絆を組織して武士の棟梁としての地位を得るにいたった。そして、清盛に次ぐ存在として政界に登場したのであるが、河内源氏一族は壊滅的な状態であり、平氏一門との差は埋めようもなかった。

たとえば、大内裏の造営についてみると、平氏一門が、清盛が仁寿殿《じじゆうでん》、頼盛が貞観殿《じようがんでん》、教盛が陰明門《いんめいもん》、経盛が淑景舎《しげいしや》の造営を担当したが、源氏では義朝が北廊を担当したのみである。造営事業に奉仕することは、造営後の官位の昇進をもたらすのであり、朝廷内部における地位の向上に関わることであった。事実、このことにより、頼盛は従四位下、教盛は正五位下、経盛は従五位上に叙され、重盛

(『平治物語絵巻』)

も清盛の譲りによって正五位下に昇進しただけである。これに対し、源氏は義朝が正五位下に昇進した。

こうした源氏の立場を盛り返そうと、義朝は信西と血縁関係を結ぶことを思い立ち、信西の子是憲《これのり》を聟《むこ》にとりたいと申し入れした。これに対し信西は、「我子ハ学生《がくしょう》(学者)也。汝ガ聟ニアタハズ」(『愚管抄』)と、断ったという。その一方で信西の子と清盛の娘との婚姻が計画された(実現はしなかったらしい)ことを聞いて義朝は大いに信西を恨んだという。

『愚管抄』が記すこの話には、考慮すべき点がある。それは、義朝が信西と血縁関係を結ぼうと考えた点については、そもそもこの時点で義朝は五位で貴族の末席であったのに対し、信西は公卿、息子もすでに参議《さんぎ》で、もともと婚姻の成立する家柄としては不釣合いであったこと、それに対し清盛と信西とはほぼ同格の家柄ということで、そもそも義朝が信

図40　三条殿夜襲

西に恨みをもつことはあまり考えられないのではないかという最近の説（元木二〇〇四）もある。

いずれにせよ、後白河院政のもとで朝廷内部に新たな対立が生まれ、それは反信西派の結束という状況を生み出すに到った。二条天皇親政派の藤原経宗・惟方、院近臣で信西と対立した信頼、信西・清盛の連携に圧倒された義朝、そしてそこに後白河院の寵臣藤原成親らが集まって、反信西勢力ができあがるにいたった。その中心に信頼と義朝がいたのである。

乱の勃発と信頼の勝利

平治《へいじ》二年（一一五九）十二月九日深夜、平清盛が熊野詣に出かけた留守に義朝と信頼は挙兵した。信頼は自ら義朝の軍勢を率いて、まず、後白河上皇の御所であった三条殿に向かった。子刻（午前〇時）とも丑刻（午前二時）ともいわれているが、夜中であることは確かである。三条殿には信西が子息らとともに常駐して仕えていたために、まずかれらを捕らえて、一挙に事を運ぼうとしたのであろう。

三条殿に着いた信頼・義朝は、まず上皇と上皇の同母姉上西門院統子《じょうさいもんいんとうし》を牛車《ぎっしゃ》に乗せ、大内裏の一本御書所《いっぽんのごしょどころ》に幽閉した。この時に、信西の妻紀二位《きのにい》は上西門院とともに三条殿を出て大内裏に脱出した。

次に、信頼らは三条殿に火を放ち、防戦する兵士はもちろん、御所内の女房たちも皆殺しにし、さらに信西の宿所姉小路西洞院《あねがこうじにしのとういん》の邸宅を焼き払った。信西を逃すまいと、邸内から逃げ出る人を女子供の別なく殺したと『平家物語』は記す。保元の乱では、戦いは賀茂川以東の京外であったが、この度は京中における初めての合戦ということになる。

信頼らの必死の捜索にもかかわらず、信西親子の行方はなかなかわからなかった。信西はといえば、おそらく信頼らの動きを事前に察知し、近江国との国境に近い山城国田原《やましろたわら》に逃れていたらしい。俊憲《としのり》・貞憲《さだのり》については、御所内にいたらしいが、火災をくぐって逃げ出すことに成功した。しかし、翌十二月十日、信西の子成範《なりのり》・貞憲らは捕らえられ、信西の子息たちはすべて解官《げかん》された。これをうけ、信頼は前関白忠通《ただみち》・関白基実《もとざね》以下公卿を非常招集し、除目《じもく》を行い、みずからは大臣の大将に就き、左馬頭義朝は従四位下の位を得、播磨守を兼任した。そして、義朝の三男でこの時初陣を飾った頼朝には右兵衛権佐《うひょうえのごんすけ》の官を与えた。

こうして、信頼・義朝のクーデターは成功をおさめ、信頼・義朝側は後白河上皇と上西門院の身柄を確保し、二条天皇のもと、信西にかわって朝廷の実権を握ることとなった。

山城国田原に逃れていた信西は、三条殿・姉小路西洞院邸焼討ちの情報を得た。『平治物語』によれば、信頼・義朝が上皇や天皇を殺害しないうちに、自らその身代わりになるという覚悟を決めたという。そして四人の供の者に「息のかよはむ程は、仏の御名をもとなへ参らせ候ばやと思えば、其の用意せよ」と命じて、穴を深く掘って四方に板を立て並べさせて、そこに入ったという。

左衛門尉藤原師光《もろみつ》はじめ供の者四人は髻《もとどり》を切り、信西はそれぞれに「西」のつく法名を与えた。師光が西光《さいこう》と名乗るようになったのはこの時からで、後に西光は信頼とともに信西を攻めた藤原成親《なりちか》の猶子《ゆうし》となり、後白河上皇第一の側近となったが鹿ヶ谷事件で成親とともに清盛に殺害されるという運命が待っている。

さて、信西が地中深く埋もれたのは、敵から逃れるための方策ではなかった。『愚管抄』によれば、かれは地中で声高く「南無阿弥陀仏」の念仏を唱えていたという。先の『平治物語』の記事とあわせると、天皇の身代わりとして死を覚悟して、遺骸を敵方に渡さないようにしたというのが真相のようである。しかし、現実は厳しい。源光保《みつやす》に見つけられ首をはねられたのである。ただ、この点をめぐっては、諸書で若干の違いがある。すでに自害していたものの首を取ったとするもの、あるいは未だ息のある状態で首を取ったとするもの、などである。

この信西の首は、十七日に検非違使に渡し、川原（賀茂川）において請け取り、大路を渡し、西の獄門前の樹に懸けられた（『百錬抄《ひゃくれんしょう》』）という。この梟首の場面は『平治物語絵巻』に描かれているが、そこでは西獄門の棟に懸けられている。

勝者となった清盛

信頼と義朝が三条殿を攻めた翌日十日、六波羅《ろくはら》から早馬が出され、熊野参詣の途上にあった清盛のもとに事件が伝えられた。このとき清盛は、「田辺の宿」（『愚管抄』）ないし「切部の宿」（『平治物語』）にいたという。お供は、次男基盛、三男宗盛と十五人の侍であった。

事件を知った清盛は、『愚管抄』によれば、「是よりただ、筑紫ざまへや落ちて、勢つくべき」と言ったというから、動揺を隠せなかったものと思われる。ここからは、あらかじめ清盛が事件を誘発するために熊野参詣に出かけたという考えは成り立たないだろう。

清盛は急遽引き返すことになるが、はじめに援軍として駆けつけたのは紀伊《きい》国の在地武士湯浅宗重《ゆあさむねしげ》で、三十七騎の武士を従えていた。熊野大社の別当湛快《たんかい》も弓矢・甲冑を提供し、協力の意を示した。さらには、帰京の途上伊勢国の武士三百余騎も参加し、『愚管抄』によれば、十七日には京の六波羅館に入ることができた。義朝はこの事態を静観せざるをえなかった。六波羅館の軍勢がすでに義朝のそれを上回っており、東国からの軍勢が上洛しなければ対抗できなかったのである。こうして、清盛が京に帰還して十日ほどの間、合戦はおこらなかった。

しかし、後白河上皇・二条天皇は信頼方のものであったから、清盛も迂闊には手を出すことができなかった。そこで目を付けたのが、藤原経宗《つねむね》・惟方《これかた》である。かれらは清盛の優勢な様を見て清盛方に通じてきたのである。清盛は両者を利用し、上皇・天皇の奪還をめざした。

清盛はまず、信頼に対して名簿を捧呈《ほうてい》し、臣従の意を示した。名簿を捧げるという行為は、従者が主人となるべき人に対して行う儀式で、「名前」を差し出すことで主従関係を結んだのである。また、清盛は惟方の人脈を利用し、御所近くで火を放って武士たちの目をそらし、その隙をねらって女房車で天皇を脱出させる策を実行させた。

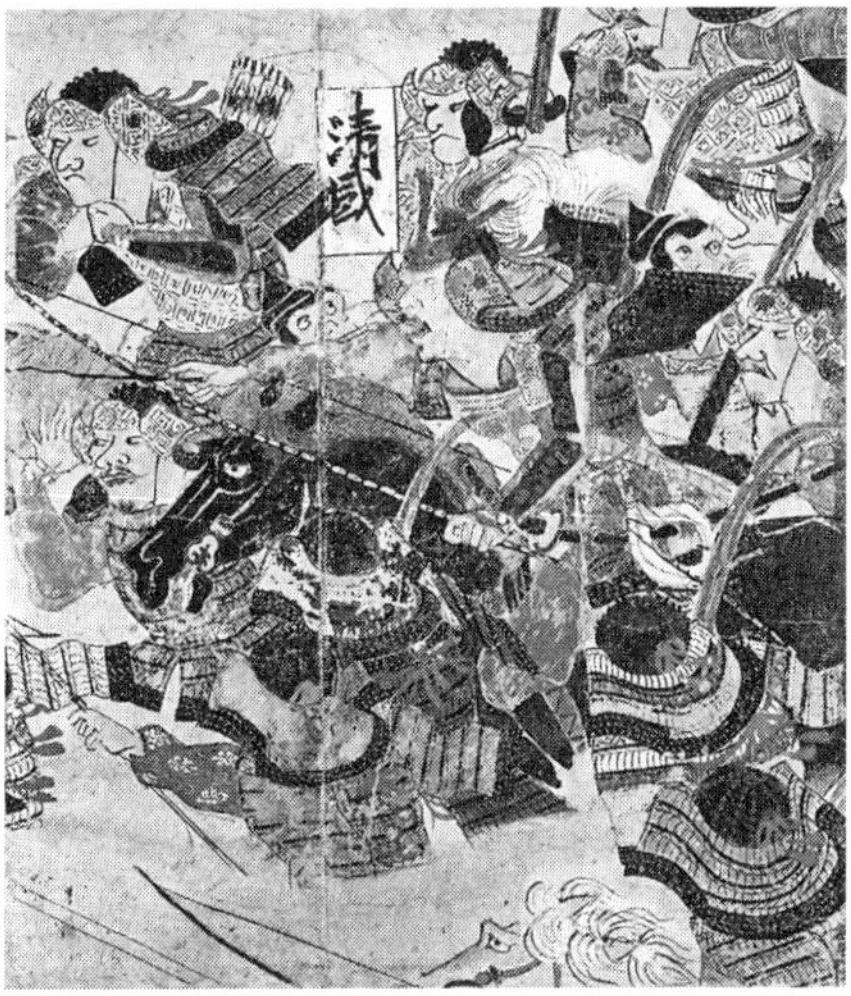

図 41　闘う平清盛（『平治物語絵巻』）

二十五日深更、天皇は清盛の計画どおり御所を抜け出し、六波羅館に入った。上皇のいる一本御書所へは、夜になって惟方が参入し、仁和寺に脱出させた。ここからわかるように、清盛は二条天皇を推戴《すいたい》して権力を奪還しようとしたのである。二条天皇を手中にした清盛は官軍に、失った信頼・義朝は賊軍に、立場は一気に逆転したのである。

清盛の六波羅館には前関白忠通、関白基実以下、公卿らのほとんどが集まった。後白河上皇、美福門院も入った。信頼は天皇・上皇を奪われて狼狽した。義朝は「日本一の不覚人なりける、人をたのみて、かかる事を、し出つる（日本一の間抜け者を頼りにしてこんなことをしてしまった）」（『愚管抄』）と罵倒したのに対し、信頼は何もいう事ができなかったという。信頼にとって叔父であり盟友でもあった惟方に裏切られるとは思いもよらないことであった。

二十六日、二条天皇がいる六波羅館から信頼・義朝追討の宣旨が出された。平清盛を総大将とする官軍は、義朝のいる内裏へと軍を進めた。清盛の嫡子重盛と舎弟頼盛の二人が軍を率い、清盛は六波羅の陣を固めた。義朝軍はこれに応戦し、いったんは平家軍を追い返した。勢いを得た源氏軍は大内裏から出て京の町の辻々で平家軍と戦った。そのすきをねらって官軍が内裏に入って占拠したため、義朝軍は本拠を失うことになった。

内裏から締め出された義朝軍は六波羅館へと向かった。この間、六条河原には源頼政《よりまさ》が陣を構えていて義朝軍に加わることになっていた。しかし、頼政が義朝との約束を破り兵を動かさなかったことから、義朝軍は六条河原で大敗を喫し、清盛軍は信頼・義朝の宿所をはじめ信頼・義朝方の家を焼き払った。

この間、信頼は内裏から抜け出し、東国に落ち延びようとする義朝の一行に追いつき同道を望んだが叶わず、置き去りにされた。仕方なく、信頼は仁和寺へと向かい覚性法親王《かくしょうほっしんのう》（鳥羽天皇第五皇子）の庇護を求めたが、保元の乱の際敗れた崇徳上皇が覚性法親王を頼って断られたのと同様、保護を断られ、二十七日、平氏方へ引き渡された。命乞いも空しく、六条河原で斬首され、二十七歳の生涯を終えた。

藤原成親も捕らえられたが、妹が清盛の嫡男重盛の妻であったことから、解官されるにとどまった。後に復権し後白河側近となったが、鹿ケ谷事件で清盛に殺される運命であった。信頼方から清盛方に寝返り、天皇・上皇の脱出に関わった藤原経宗・惟方は、乱後の処罰を免れたが、信西殺害の首謀者としての責任をとらされ（元木二〇〇四）、永暦《えいりゃく》元年（一一六〇）解官され、経宗は阿波《あわ》へ、惟方は長門《ながと》へと配流された。平治の乱の結果は、信西一門の没落のみならず、院政・親政派の壊滅をもたらし、結局は清盛がただひとり勝利を手中にしたのである。

図42　東国へ落ちる義朝（『平治物語絵巻』）

義朝と頼朝

義朝一族には苛酷な運命が待ち構えていた。六条河原の戦いで大敗を喫した義朝は、郎党わずかに十人ほどを従え、子息らを伴って東国へと落ち延びようとした。大原《おおはら》から近江《おうみ》へと進んだが、その途中二男朝長《ともなが》は負傷、十二月も末で近江から美濃《みの》へと抜けるあたりで吹雪に見舞われ、ようやくのことで美濃国奥波賀《おおはか》（現岐阜県大垣市青墓町付近）にたどり着いた。その間に三男頼朝は一行からはぐれ、行方不明となった。

ここで一行は三手に分かれた。義平《よしひら》は北陸へ、朝長は東山道を信濃へ、そして義朝は東海道を通って東国へと向かった。しかし、朝長は傷が悪化したことから途中で引き返し、結局青墓の地で死んだ。自害したとも、義朝が手にかけたともいわれている。

義朝はまず船で尾張の知多《ちた》半島へ渡り、智多（知多）郡長田《おさだ》の長田（平）忠致《ただむね》をたよった。その時義朝一行は四人ほどになっていた。そのなかに、義朝の乳母の子鎌田《かまた》正清《まさきよ》がいて、忠致はその舅（妻の父）にあたる人物であった。しかし、忠致は平氏の追及が厳しくなり、かくまっていることが露見することを恐れ、義朝・正清を討ち取ったのである。義朝三十七歳の最期であった。義朝の首は都に運ばれ、正月九日、都の東獄の門の樹に懸けられた。

北陸道を落ち延びた長子義平の様子は『平治物語』によれば、越前国足羽《あすわ》の地で父義朝の死を知り、京に帰って清盛を討とうとしたが捕らえられ、六条河原で斬首されたという。時に永暦元年正月十九日、二十歳の最期であった。

美濃の山中ではぐれた頼朝は、平頼盛の家人《けにん》に発見され、京に送り返された。当然、義朝の後継として断罪は免れなかったが、頼盛の生母で、清盛には継母にあたる池禅尼《いけのぜんに》の懇願により死罪を免れ、遠流《おんる》となった。頼朝が若くして他界した池禅尼の子家盛《いえもり》によく似ていたことから情が移ったからだという。当時十四歳の頼朝は三月に伊豆に流され、三十四歳の治承《ちしょう》四年（一一八〇）の挙兵まで、流人としての生活を送ることになった。

義朝と妻常盤御前《ときわごぜん》の間に生まれた今若《いまわか》（後の阿野全成《あのぜんじょう》）、乙若《おとわか》（後の義円《ぎえん》、円成《えんじょう》）、牛若《うしわか》（後の義経《よしつね》）の三人の男子も寺に預けられた。

まさか、この時の頼朝等が後に平家を滅ぼすことになるとは誰も想像すらできなかったに違いない。ずっと後のことであるが、頼朝は平家滅亡後、旧恩に報いるため、頼盛一族のみを赦免、いったん没収した旧領を池家に返還した。

終章　日本史の中の院政時代

平治の乱後の動向

平治の乱の結果、清盛は唯一の武家棟梁となったのはもちろんのこと、藤原信《のぶ》頼《より》以下の後白河院政派が没落し、また親政派の藤原経宗《つねむね》・惟方《これかた》が永暦《えいりゃく》元年（一一六〇）に失脚するなかで、朝廷内部で最も有力な臣下となっていった。平治の乱当時の平治元年（一一五九年）に大宰大弐《だざいだいに》（大宰府の次官）であった清盛は、翌永暦元年には正三位参議《しょうさんみさんぎ》となり、武士でははじめての公卿《くぎょう》になった。彼はその後も昇進を続け、仁安《にんあん》二年（一一六七）には公卿として最上位の太《だ》政大臣《じょうだいじん》にまで昇進するにいたった。これと並行して、平氏一族の多くも朝廷内部で高位・高官を占め、一族は栄華を極めるようになった。

清盛は太政大臣に任じられた三ヵ月ほど後に職を辞し、仁安三年（一一六八）には重病により出家した。清盛は回復した後も隠棲《いんせい》せずに、朝廷の官職の秩序にとらわれることなく、事実上の桓武平氏流の武家棟梁として後白河上皇と連携をはかりながら、政治に関与しつづけた。

平氏の政治は、基本的には朝廷の政治機構の中で行われたもので、後の鎌倉幕府のような武家による独自の政治機構を用いることはなかった。ただし、平氏の支配のなかに、鎌倉幕府につながる面があったことは重要である（上杉二〇〇三）。

たとえば、清盛が太政大臣になった年に彼の嫡男重盛《しげもり》は、権大納言の地位にありながら、東海・東山・山陽・南海の四道の賊徒《ぞくと》追捕《ついぶ》の権限を与えられた。この時、重盛は武官の職を帯していなかったが、事実上の武門の棟梁としての立場に国家的な資格が与えられたことになる。すなわち、平氏は畿内およびその近国、西国諸国の武士たちと主従関係を形成していたのであるが、それに対して国家的動員権を付与されたということになった。院政のもとで、武家の棟梁が従者を率いて国家的軍事警察機能を担うという構造がここに姿をあらわしたのである。

また、平氏はその支配下にある一部の荘園、公領に地頭を置き、家人《けにん》を地頭に任命して現地の治安維持を担わせ、さらに輪番《りんばん》で内裏《だいり》の警護にあたらせた。これは内裏大番役《おおばんやく》と呼ばれ、保元の乱後に整備されたと考えられている。

しかし、鎌倉幕府と比べた場合に、平氏の支配には限界があった。奥州藤原氏の勢力や、中央政権から除外されたとはいえ関東に源氏の地盤がなお存在していたからである。平氏は前記の国家的動員権を背景に東国武士を家人化していったが、それは桓武平氏によって東国の武士支配が実現したことを意味するものではなかった。それは、平清盛の死を契機とした平氏政権の崩壊、治承《ちしょう》・寿永《じゅえい》の内乱の過程で源氏による武家政権が生まれることになったからである。

ところで、平氏政権が崩壊して鎌倉幕府が成立するという政治史の流れは、自明のことなのであろうか。序章でふれた領主制論の立場からは、古代的貴族政権に対して、新しい中世社会の担い手である在地領主たちのうちたてた鎌倉幕府の成立は、時代を前進させる、古代から中世への社会的政治的変動であった、という位置づけが与えられた。

鎌倉幕府成立の意味

しかし、鎌倉幕府の成立を全く違う視点からとらえる議論が、入間田宣夫によって提起されることになった（入間田一九八四）。

入間田は鎌倉幕府の根幹たる守護・地頭制について次のようにいう。「鎌倉幕府とは何か。日本の中世社会にとって幕府はどうしてもなくてはならない存在だったのであろうか。日本における領主制発展の唯一のコース、その必然的帰結として、鎌倉幕府の守護・地頭制度を位置付けてきた。これまでのすべての研究には、なにかしら重大な欠陥があったのではないか」（九三頁）。「東国武士団による軍事占領と東西交渉の灼熱のなかから生み出された守護・地頭制度はあまりにもユニークな存在であった。それは古代末期の諸制度からの継承と連続というよりはむしろ、否定と断絶の産物であった」（一〇二〜一〇三頁）。守護・地頭制は平安時代までの歴史の流れの中から必然的に生み出されたものではないというのである。

そして、日本における鎌倉幕府、すなわち武人政権の成立について、日本を除く東アジアの国々では、文人が統治するという政治理念が優位であったのに対し、日本において鎌倉幕府という武人政権が誕生したのは異常なできごとであり、こうした武人政権の誕生をもって東洋的古代からの脱却と評価したのが石母田正らの領主制論であったとして、領主制論が武人政権に対する積極的評価を与えたことを確認する。

次に、日本のみが武人政権を成立させたことは、文人優位の東アジア世界の中での異端であり、それは、歴史の歩みとして最善のものではなく、その農民支配も理想的なものとはいえなかったとして、東国武士が主導する武人政権とは違う国家体制もありえたのではないか、そして、もし平氏政権が崩壊しないで存続していたら、同じ武士の政権ではあっても、その後の歴史の歩みは異なったものになったのではないか、と論じた。

最後に入間田は、日本における鎌倉幕府成立の意味について次のように述べている。「さまざまな可能性を圧殺することによって成立した東国武士団の政権は、日本の中世国家にたいして、きわめて大きな偏りと翳りをもたらすこととなった。武人政権の誕生が日本の歴史に及ぼした否定的影響はかぎりなく大きい。文よりも武を尊ぶこの国の気風が近代にいたるまでも払拭されきれず、あの侵略戦争の触媒となり、今日においてもまた甦りの気配のあるを見よ」（一一二頁）

この入間田の考えは、治承・寿永の内乱の過程で平氏政権が崩壊し、鎌倉幕府が成立したことを、平安時代からの歴史の必然的到達点として評価せず、いったんそれ以前の歴史と切り離した上で、「偶然の出来事」としてとらえた点に特徴がある。この点について述べることは、本巻の主題から離れるが、川合康は、こうした入間田説に影響を受けながら、鎌倉幕府の成立は「全国的内乱の予期せぬ結果だった」と述べている（川合一九九六）。

院政の歴史的意義

序章で述べたように、院政の歴史的意義について、かつては古代貴族政権としての院政、古代国家の最終形態としての院政という評価が与えられ、武士はそれを打ち破って鎌倉幕府という中世国家を樹立したと評価されていたが、一九六〇年代の権門体制論の登場を契機に、中世国家を形成した母胎《ぼたい》としての院政という評価へと大きく転換することになったのである。したがって、古代政権としての院政に対抗して武士が登場したのではなく、武門・武士は院政の中に胚胎《はいたい》し、その中で成長したということになるのである。

この院政と武士の関係で画期となる事項として本巻では、承平《じょうへい》・天慶《てんぎょう》の乱を契機とした武門の形成という視点から、これまでの通説でふれられてきた平忠常《ただつね》の乱、前九年合戦、後三年合戦などにおける河内源氏の発展と、院政のもとでの伊勢平氏の発展を取り上げ、それが摂関、院政政治のもとでの武門の成長の過程で起こった事件であることを述べた。

ところで、保元の乱後の後白河親政のもとで出された保元新制七ヵ条の第一条には先にふれたように、「九州の地は一人の有なり、王命のほか何ぞ私威を施さん」とあり、国土のすべては一人、すなわち天皇の所有物だと宣言している。これを、王土王民思想による王権の至高性の宣言と評価し、中世的王権が確立したものと考えるのが一般的である（宮地二〇〇八）。

しかし、遠藤基郎はこの時表明された「王土王民思想」は、保元の乱後における後白河親政の正当性を獲得するためのもので、「何より朝廷内部に向けて発信されたもの」ときわめて政治史的にリアルな評価をしている。

そして、より重要な問題として、後三条親政による延久新制と、保元の乱後の後白河親政下の保元新制の共通性、いいかえると保元新制のもとでの後三条新制への回帰という視点を提起している。遠藤は、後白河親政のもとで行われた記録所の開設は、後三条親政にならったもので、それに内裏再建、新制という点を加えた三点セットは、保元新制以外では、後三条新制のみであったことに注目している（遠藤二〇〇四）。後三条親政の成立から説き始めた院政の歩みは、ここに至って再び後三条親政の歴史的位置を確認することになる。

一方、先に述べた「武人政権」が成立し、鎌倉期以降長期にわたって存続した点について、高橋昌明は「創られた北方の「脅威」」＝「エミシ」の存在を指摘する。奈良・平安初期の陸奥国司・按察《あぜ》使《ち》・鎮守将軍、一〇世紀後半から一一世紀始めの陸奥における平氏、秀郷流藤原氏などの軍事貴族の鎮守府将軍就任、前九年合戦に題材をとった『陸奥話記』における「征夷」観念の存在、さらには後三条親政期の延久元年から二年にかけてのいわゆる「延久蝦夷合戦」によって王権は強化されたと指摘する。そして、「北の「脅威」と王権は武家育ての母であり、父である」とし、頼朝の征夷大将軍就任もその延長線上に位置づける（高橋昌明二〇〇四）。重要なのは、ここでも後三条親政が重要な画期としてとらえられることである。院政の成立と武士の登場にとって、後三条親政の位置がどのようなものであったか、再確認する必要があるが、それはこれから果たすべき、古くて新しい問題である。

基本文献紹介

『愚管抄』《ぐかんしょう》

鎌倉時代前期、九条兼実の弟で天台座主の慈円により著された歴史書。全七巻。承久の乱目前の承久二年（一二二〇）に著されたと考えられている。慈円独特の「道理」を重視した歴史観に基づいた記述がなされている。『吾妻鏡』に見えない事績も多く含み、史料として重要である。『新訂増補国史大系』『日本古典文学大系』に所収されている。

『古事談』《こじだん》

鎌倉時代初期、村上源氏の末流源顕兼により編まれた説話集。全六巻。顕兼は建保三年（一二一五）に没しており、これが成立の下限とされる。『扶桑略記』『小右記』『中外抄』など多くの文献から故事を抄出し、年代をおって配列している。後三条院から白河院などの院政期の話を多く載せている。『新訂増補国史大系』『新日本古典文学大系』に所収されている。

『後二条師通記』《ごにじょうもろみちき》

関白となった藤原師通の日記。二十二歳で内大臣となった永保三年（一〇八三）から、関白在任中に三十八歳で没した康和元年（一〇九九）まで十七年にわたる記事があるが、五年分が欠けている。平安時代末期の宮廷社会を窺う上で貴重な史料といえる。自筆本一巻、古写本二十九巻が陽明文庫に所蔵され、国宝に指定されている。『大日本古記録』に所収されている。

『今昔物語集』《こんじゃくものがたりしゅう》

平安時代後期の説話集。収録の説話・人物から十二世紀前半の成立と考えられる。全三十一巻であるが、そのうち巻八、十八、二十一の三話は現在どの写本からも確認できず、当初からの欠巻と考えられている。千話以上が収録されており、全体の構成は天竺・震旦・本朝（日本）の三国から成り、仏教を軸に当時の全世界観を表現しようとしたものである。世俗的な部分の記述は他にみられないものも多く、文学的評価に加え、史料的な価値も高い。摂関・院政期を考える上で不可欠の史料といえる。岩波文庫、『新日本古典文学大系』『新訂増補国史大系』などに収められている。

『台記』《たいき》

藤原頼長の日記。保延二年（一一三六）から久寿二年（一一五五）までの間が、部分的に現存する。詳細な記事が特徴で、保元の乱にいたるまでの政治動向を知る重要な史料である。『増補史料大成』『史料纂集』所収。

『中右記』《ちゅうゆうき》

平安時代後期の貴族、右大臣藤原宗忠の日記。家名「中御門」と官名「右大臣」の各一字をとり、日記名としている。寛治元年（一〇八七）から保延四年（一一三八）までの記事が伝わるが、欠けている部分もある。院政前期の政治・社会状況を知る上での基本史料である。『増補史料大成』『大日本古記録』に所収されている。

『百錬抄』《ひゃくれんしょう》

鎌倉時代後期に編纂された安和元年（九六八）から正元元年（一二五九）までの編年体の史書。編者未詳。現存は一七巻。『新訂増補国史大系』所収。

『扶桑略記』《ふそうりゃっき》

平安後期に成立した史書。皇円著。神武天皇から堀河天皇までを編年体で記す。『新訂増補国史大系』、『改定史籍集覧』所収。

『平治物語』《へいじものがたり》

鎌倉期に成立した軍記物語。作者未詳。鎌倉中期頃までに原形が成立したものと思われる。平治の乱のありさまを描くが、読み込む際には、史実と創作的叙述とを区別する必要がある。この物語をもとに、『平治物語絵巻』が描かれた。『新日本古典文学大系』に所収。

『兵範記』《へいはんき》

摂関家（忠通、基実）の家司もつとめた兵部卿平信範の日記。日記名は官名と氏から一字をとったもの。信・範の偏からとった『人車記』などともいう。長承元年（一一三二）から承安元年（一一七一）

の間の一七年間分が知られ、また筆者自筆の清書本二五巻も伝わる。保元の乱をはじめとする平安時代後期の社会情勢が詳しくわかる。自筆本の紙背文書も摂関家の家政に関する一級史料となっている。『増補史料大成』などに所収されている。

『保元物語《ほうげんものがたり》』

鎌倉期に成立した軍記物語。作者未詳。鎌倉中期頃までに原形が成立したものと思われる。保元の乱の合戦のありさまを描くが、読み込む際には、史実と創作的叙述とを区別する必要がある。『新日本古典文学大系』に所収。

『陸奥話記《むつわき》』

平安後期の軍記物語。作者は未詳。前九年合戦のようすを源頼義の戦功を中心に記述する。『日本思想体系8古代政治社会思想』や『群書類従』第二〇に所収のほか、現代思潮社の古典文庫『陸奥話記』がある。

略年表

西暦	和暦	事項
九四〇	天慶 三	1・11 平将門の乱鎮定に功績があった者に官爵を約した官符が出される。2月 平将門の乱、平貞盛・藤原秀郷らにより鎮圧。
九四一	天慶 四	10月 藤原純友の乱、小野好古らにより鎮圧。
九六九	安和 二	3・25 安和の変、源高明・藤原千晴ら失脚。
九八三	永観 元	8月 奝然、渡宋。12・11 奝然、太宗に謁見。
一〇〇三	長保 五	寂照、渡宋。以後天台山大慈寺再建など三一年にわたり国境を越えた活動を行う。
一〇一九	寛仁 三	3~4月 刀伊入寇。対馬、壱岐、筑前の沿海で死者三五〇名を越える。
一〇二八	長元 元	5月 平忠常の乱起こる。6・5 平忠常・常昌追討の宣旨が出される。6・21 平直方・中原成道、追討使・追討使次官に任命される。
一〇二九	長元 二	12・8 中原成道、追討使次官を解任。
一〇三〇	長元 三	7・8 平直方、追討使を解任。9・2 源頼信、追討使に任命。
一〇三一	長元 四	4月 源頼信、平忠常を降伏させる。
一〇五一	永承 六	俘囚の長・安倍頼良、納税を拒否し国司の軍勢を破る。
一〇五二	永承 七	安倍頼良、陸奥守源頼義に降伏し、名を頼時に改める。
一〇五六	天喜 四	前九年合戦起こる。8・3 源頼義に安倍頼時追討の宣旨下る。
一〇五七	天喜 五	7・26 安倍頼時、安倍富忠の伏兵により落命。11月 源頼義、黄海の合戦で安倍貞任軍に大敗。
一〇六一	康平 四	4月 源頼義、陸奥守の任期を終えるも現地に留まる。
一〇六二	康平 五	8・9 清原氏、源頼義へ助勢。9・17 安倍貞任、厨川柵で敗死（前九年合戦終わる）。
一〇六三	康平 六	2・25 清原武則、従五位下鎮守府将軍に任じられ、安倍氏の旧領を吸収。

西暦	和暦	事項
一〇六八	治暦四	4・19 後冷泉天皇死去、後三条天皇践祚。藤原頼通、関白を教通に譲り宇治に隠棲。
一〇六九	延久元	2~3月 延久の荘園整理令、記録荘園券契所設置。翌年にかけ、「蝦夷」を攻める。
一〇七二	延久四	4・3 大内裏大極殿完成。9・29「延久の宣旨升」制定。12・8 後三条天皇譲位、白河天皇践祚、実仁親王立太子。
一〇七三	延久五	5・7 後三条上皇死去。
一〇七五	承保二	9・25 藤原教通死去。9・26 藤原師実、内覧となる。
一〇七七	承暦元	12・18 法勝寺の党舎完成供養が行われる。
一〇八一	永保元	清原氏惣領・真衡と、家衡・清衡ら一族間で対立が表面化。
一〇八三	永保三	9月 陸奥守源義家、清原氏の内紛に介入(後三年合戦)。
一〇八五	応徳二	2月 清原真衡死去。11・8 実仁親王死去。
一〇八七	寛治元	11・26 白河天皇譲位、善仁親王立太子、践祚(堀河天皇)。藤原師実、摂政となる。12・26 源義家、金沢柵にて清原家衡・武衡らを討ち取る(後三年合戦終わる)。
一〇九一	寛治五	6・12 源義家、弟義綱と紛争を起こし、随兵の入京を禁止される。
一〇九四	嘉保元	3・9 藤原師実、関白職を師通に譲る。
一〇九六	永長元	5~7月「永長の大田楽」畿内を中心に大流行。8・7 郁芳門院死去。8・9 白河上皇出家。
一〇九八	承徳二	10・23 源義家、正四位下となり昇殿を許される。
一〇九九	康和元	6・28 藤原師通死去。8・28 藤原忠実、内覧となる。
一一〇一	康和三	7月 源義親、大宰大弐大江匡房に住民殺害・公物収奪の罪で告発される。
一一〇六	嘉承元	7月 源義家死去。
一一〇七	嘉承二	7・19 堀河天皇死去。宗仁親王践祚(鳥羽天皇)。12・19 平正盛に源義親追討の宣旨下る。
一一〇八	天仁元	1月 平正盛、源義親を討ち取り但馬守に遷任(以後、瀬戸内海沿岸の「熟国」の受領を歴任)。

一一〇九	天仁 二	2月 源義家四男義忠、殺害。義忠殺害犯として源義綱一族粛正。義綱、佐渡へ流刑後殺害。
一一一三	永久 元	12・26 藤原忠実、関白となる。
一一二〇	保安 元	11・12 白河上皇、藤原忠実の内覧を停止。
一一二一	保安 二	1・22 藤原忠実、関白を辞任。3・5 藤原忠通、関白となる。4月 平正盛死去。
一一二三	保安 四	1・28 白河上皇、鳥羽天皇を退位させ顕仁親王（崇徳天皇）を即位させる。
一一二九	大治 四	7・7 白河上皇死去。藤原忠実、鳥羽上皇の意を受け政界に復帰。
一一三二	長承 元	1・14 藤原忠実、再び内覧となる。3・13 平忠盛、内昇殿を許される。
一一四一	永治 元	12・7 鳥羽上皇、崇徳天皇から躰仁親王（近衛天皇）へ譲位させる。
一一四四	天養 元	7・27 藤原通憲（信西）出家。
一一五〇	久安 六	1・10 藤原頼長養女多子、入内。9・26 藤原忠実、忠通より氏長者の地位を取り上げ、頼長に与える。
一一五三	仁平 三	1・15 平忠盛死去。
一一五五	久寿 二	7・23 近衛天皇死去。7・24 雅仁親王践祚（後白河天皇）。
一一五六	保元 元	7・2 鳥羽上皇死去。7・5 後白河天皇、京中における武士の動きを禁じる。7・6 源親治、平基盛により捕らえられる。7・8 後白河天皇、諸国司に軍兵の動員を禁止させる。7・10 崇徳上皇、白河殿に平忠正・源為義らを召集。7・11 後白河天皇方、白河殿への夜襲を敢行し、崇徳上皇方敗走。7・14 藤原頼長死去。7・23 崇徳上皇、讃岐国へ配流。閏9・23 保元の荘園整理（保元新政）実施。
一一五七	保元 二	10・8 後白河天皇、三五ヵ条の新制を発布。
一一五八	保元 三	8・11 守仁親王践祚（二条天皇）。藤原忠通、関白を辞任し十六歳の長男・基実に譲る。
一一五九	平治 二	12・9 藤原信頼・源義朝、三条殿を襲撃（平治の乱）。12・26 信頼・義朝追討の宣旨下り義朝軍、六条河原の戦いで大敗。

参考文献

飯田悠紀子『保元・平治の乱』教育社、一九七九年
池享編『銭貨―前近代日本の貨幣と国家』青木書店、二〇〇一年
石井進「院政時代」『講座日本史 二』東京大学出版会、一九七〇年
石井進「院政」『日本歴史大系一 原始・古代』山川出版社、一九八四年
石井進「十二―十三世紀の日本」『岩波講座 日本通史』七、岩波書店、一九九三年
石母田正『古代末期政治史序説』未来社、一九六四年
石母田正『中世的世界の形成』岩波書店、一九八五年
板橋源『北方の王者 平泉藤原氏三代の栄耀夢の跡』秀英出版、一九八二年
伊藤喜良『中世王権の成立』青木書店、一九九五年
井上光貞『日本浄土教成立史の研究』山川出版社、一九五六年
井上光貞ほか『日本歴史大系一 原始・古代』山川出版社、一九八四年
井原今朝男『日本中世の国政と家政』校倉書房、一九九五年
井原今朝男「宋銭輸入の歴史的意義―沽価法と銭貨出挙の発達―」『銭貨―前近代日本の貨幣と国家』青木書店、二〇〇一年
井原今朝男「十一世紀、東国における国衙支配と坂東諸国済例の形成」『論集 東国信濃の古代中世史』岩田書院、二〇〇八年
井原今朝男・牛山佳幸編著『論集 東国信濃の古代中世史』岩田書院、二〇〇八年

弥永貞三編『貴族と武士』集英社、一九七四年
入間田宣夫「守護・地頭と領主制」歴史学研究会・日本史研究会編『講座日本歴史3　中世1』東京大学出版会、一九八四年
入間田宣夫『武者の世に』集英社、一九九一年
入間田宣夫「延久二年北奥合戦と諸郡の建置」『東北アジア研究』一号（後に入間田二〇〇五所収）、一九九七年
入間田宣夫『都市平泉の遺産』山川出版社、二〇〇三年
入間田宣夫『北日本中世社会史論』吉川弘文館、二〇〇五年
上島亨「一国平均役の確立過程」『史林』七三―一、一九九〇年
上島亨「法勝寺創建の歴史的意義」高橋昌明編『院政期の内裏・大内裏と院御所』文理閣、二〇〇六年
上杉和彦『源頼朝と鎌倉幕府』新日本出版社、二〇〇三年
上横手雅敬『源平の盛衰』講談社、一九六九年
上横手雅敬『日本中世政治史研究』塙書房、一九七〇年
上横手雅敬「院政期の源氏」御家人制研究会編『御家人制の研究』吉川弘文館、一九八一年
上横手雅敬『平家物語の虚構と真実』塙書房、一九八五年
上横手雅敬「平氏政権の諸段階」安田元久編『中世日本の諸相　上』吉川弘文館、一九八九年
上横手雅敬・元木泰雄・勝山清次『院政と平氏、鎌倉政権』中央公論新社、二〇〇二年
遠藤基郎「院政の成立と王権」歴史学研究会・日本史研究会編『日本史講座3　中世の形成』東京大学出版会、二〇〇四年
遠藤基郎『中世王権と王朝儀礼』東京大学出版会、二〇〇八年
大石直正「平安時代後期の徴税機構と荘園制」『東北学院大学論集一』、一九七〇年

大石直正「平安時代の郡・郷の収納所・検田所について」『日本古代・中世史の地方的展開』吉川弘文館、一九七三年
大石直正『奥州藤原氏の時代』吉川弘文館、二〇〇一年
大隅和雄『愚管抄を読む―中世日本の歴史観―』平凡社、一九八六年
大津透『律令国家支配構造の研究』岩波書店、一九九三年
大津透『古代の天皇制』岩波書店、一九九九年
大津透『道長と宮廷社会』講談社、二〇〇一年
大津透『日本古代史を学ぶ』岩波書店、二〇〇九年
大山喬平『日本中世農村史の研究』岩波書店、一九七八年
小田富士雄・平尾良光・飯沼賢司『経筒が語る中世の世界』思文閣出版、二〇〇八年
朧谷寿『清和源氏』教育社、一九八四年
朧谷寿『王朝と貴族』集英社、一九九一年
朧谷寿『藤原氏千年』講談社、一九九六年
筧敏生「太上天皇尊号宣下制の成立」『史学雑誌』一〇三―一二、一九九四年
勝山清次『中世年貢制成立史の研究』塙書房、一九九五年
加藤友康編『摂関政治と王朝文化』吉川弘文館、二〇〇二年
上川通夫『日本中世仏教形成史論』校倉書房、二〇〇七年
川合康『源平合戦の虚像を剝ぐ』講談社、一九九六年
川合康『鎌倉幕府成立史の研究』校倉書房、二〇〇四年
川口久雄『大江匡房』吉川弘文館、一九六八年
川尻秋生「武門の形成」加藤友康編『摂関政治と王朝文化』吉川弘文館、二〇〇二年

川尻秋生『平将門の乱』吉川弘文館、二〇〇七年
川尻秋生『揺れ動く貴族社会』小学館、二〇〇八年
河内祥輔『保元の乱・平治の乱』吉川弘文館、二〇〇二年
河内祥輔『日本中世の朝廷・幕府体制』吉川弘文館、二〇〇七年
河音能平『中世封建制成立史論』東京大学出版会、一九七一年
河音能平『中世封建社会の首都と農村』東京大学出版会、一九八四年
川端新『荘園制成立史の研究』思文閣出版、二〇〇〇年
岸俊男『日本古代政治史研究』塙書房、一九六六年
木村茂光『「国風文化」の時代』青木書店、一九九七年
木村茂光『中世の民衆生活史』青木書店、二〇〇〇年
木村茂光「一〇世紀の転換と王朝国家」歴史学研究会・日本史研究会編『日本史講座3　中世の形成』東京大学出版会、二〇〇四年
宮内庁書陵部『皇室制度史料』太上天皇一、吉川弘文館、一九七八年
宮内庁書陵部『皇室制度史料』太上天皇二、吉川弘文館、一九七九年
宮内庁書陵部『皇室制度史料』太上天皇三、吉川弘文館、一九八〇年
宮内庁書陵部『皇室制度史料』摂政一、吉川弘文館、一九八一年
宮内庁書陵部『皇室制度史料』摂政二、吉川弘文館、一九八二年
黒田俊雄『日本中世の国家と宗教』岩波書店、一九七五年
黒田俊雄『寺社勢力—もう一つの中世社会—』岩波書店、一九八〇年
黒田俊雄『日本中世の社会と宗教』岩波書店、一九九〇年

河野房雄『平安末期政治史研究』東京堂出版、一九七九年
五味文彦『院政期社会の研究』山川出版社、一九八四年
五味文彦『平家物語　史と説話』平凡社、一九八七年
五味文彦『平清盛』吉川弘文館一九九九年
五味文彦『梁塵秘抄のうたと絵』文藝春秋社、二〇〇二年
五味文彦・佐野みどり・松岡心平『中世文化の美と力』中央公論新社、二〇〇二年
五味文彦『躍動する中世』小学館、二〇〇八年
米谷豊之祐『院政期軍事・警察史拾遺』近代文芸社、一九九三年
（財）京都市埋蔵文化財研究所　京都市埋蔵文化財研究所発掘調査概報『史跡旧二条離宮（二条城）・平安宮神祇官・平安京冷然院跡』、二〇〇二年
（財）京都市埋蔵文化財研究所　京都市埋蔵文化財研究所発掘調査報告『史跡旧二条離宮（二条城）・平安京冷然院跡』、二〇〇五年
斉藤利男『平泉』岩波書店、一九九二年
坂上康俊「関白の成立過程」笹山晴生先生還暦記念会編『日本律令論集　下巻』吉川弘文館、一九九三年
坂上康俊『律令国家の転換と「日本」』講談社、二〇〇一年
坂本賞三『日本王朝国家体制論』東京大学出版会、一九七二年
坂本賞三『摂関時代』小学館、一九七四年
坂本賞三『荘園制成立と王朝国家』塙書房、一九八五年
坂本賞三『藤原頼通の時代』平凡社、一九九一年
佐藤進一『日本の中世国家』岩波書店、一九八三年

下郡剛『後白河院政の研究』吉川弘文館、一九九九年
下向井龍彦「国衙と武士」『岩波講座　日本通史』六、岩波書店、一九九五年
下向井龍彦『武士の成長と院政』講談社、二〇〇一年
白根靖大『中世の王朝社会と院政』吉川弘文館、二〇〇〇年
関幸彦『武士の誕生』日本放送協会出版、二〇〇〇年
関幸彦『東北の争乱と奥州合戦』吉川弘文館、二〇〇六年
高橋一樹『中世荘園制と鎌倉幕府』塙書房、二〇〇四年
高橋富雄・三浦謙一・入間田宣夫『奥州藤原氏と平泉』河出書房新社、一九九三年
高橋昌明『武士の成立　武士像の創出』東京大学出版会、一九九九年
高橋昌明『清盛以前』（増補改定版）文理閣、二〇〇四年a
高橋昌明「東アジアの武人政権」歴史学研究会・日本史研究会編『日本史講座3　中世の形成』東京大学出版会、二〇〇四年b
高橋昌明『平清盛　福原の夢』講談社、二〇〇七年
詫間直樹「一国平均役の成立」『王朝国家国制史の研究』吉川弘文館、一九八七年
詫間直樹「延久度造営事業と後三条親政」『書陵部紀要』四〇、一九八八年
竹内理三『武士の登場』中央公論社、一九六五年（のち、一九七三、二〇〇四年に新書版刊）
竹内理三「院政開始をめぐる謎」『王朝の栄華』毎日新聞社、一九七八年
田中文英『院政とその時代』思文閣出版、二〇〇三年
棚橋光男『中世成立期の法と国家』塙書房、一九八三年
棚橋光男『王朝の社会』小学館、一九八八年

棚橋光男『後白河法皇』講談社、一九九五年
玉井力『平安時代の貴族と天皇』岩波書店、二〇〇〇年
辻善之助『日本仏教史　第一巻　上世編』岩波書店、一九四四年
土田直鎮『王朝の貴族』中央公論社、一九六五年（のち、一九七三、二〇〇四年に新書版刊）
土田直鎮「摂関政治と貴族文化」『日本歴史大系一　原始・古代』山川出版社、一九八四年
土田直鎮『奈良平安時代史研究』吉川弘文館、一九九二年
角田文衛『待賢門院璋子の生涯』朝日新聞社、一九八五年
寺内浩『受領制の研究』塙書房、二〇〇四年
戸川点「前九年合戦と安倍氏」十世紀研究会編『中世成立期の政治文化』東京堂出版、一九九九年
戸田芳実『日本領主制成立史の研究』岩波書店、一九六七年
戸田芳実「荘園体制確立期の宗教的民衆運動」『歴史学研究』三七八（後に戸田一九九一所収）、一九七一年
戸田芳実『中右記　躍動する院政期の群像』そしえて、一九七九年
戸田芳実『初期中世社会史の研究』東京大学出版会、一九九一年
戸田芳実『日本中世の民衆と領主』校倉書房、一九九四年
西山良平『都市平安京』京都大学学術出版会、二〇〇四年
野口実『坂東武士団の成立と発展』弘生書林、一九八二年
野口実『中世東国武士団の研究』高科書店、一九九四年
野口実『武家の棟梁の条件』中央公論新社、一九九四年
野口実『伝説の将軍　藤原秀郷』吉川弘文館、二〇〇一年
野口実『源氏と坂東武士』吉川弘文館、二〇〇七年

橋本義彦『藤原頼長』吉川弘文館、一九六四年
橋本義彦『貴族の世紀』講談社、一九六九年
橋本義彦『平安貴族社会の研究』吉川弘文館、一九七六年
橋本義彦『平安貴族』平凡社、一九八六年
林屋辰三郎『古代国家の解体』東京大学出版会、一九五五年
春名宏昭「太上天皇制の成立」『史学雑誌』九九―二（後に春名一九九七所収）、一九九〇年
春名宏昭『律令国家官制の研究』吉川弘文館、一九九七年
平泉澄「日本中興」『建武中興』建武中興六百年記念会、一九三四年
平田耿二「十世紀後半における公領の収取体系について」『上智史学』二〇、一九七五年
福島正樹「中世成立期の国家と勘会制」『歴史学研究』五六〇、一九八六年
福島正樹「「百姓」返抄の成立と王朝国家」『歴史評論』四六四、一九八八年
福島正樹「中世的税制への移行」『長野県史　通史編　第一巻　原始古代』、一九八九年
福島正樹「家産制的勘会の成立と展開」『史学雑誌』一〇一―二、一九九二年
福島正樹「四度公文・抄帳・結解」平田耿二教授還暦記念論文集『歴史における史料の発見』一九九七年
福島正樹「財政文書からみた中世国家の成立」十世紀研究会編『中世成立期の政治文化』一九九九年
福田豊彦『中世成立期の軍制と内乱』吉川弘文館、一九九五年
北條秀樹『日本古代国家の地方支配』吉川弘文館、二〇〇〇年
保立道久『平安王朝』岩波書店、一九九六年
保立道久『平安時代』岩波書店、一九九九年
堀内明博「白河街区における地割とその歴史的変遷」高橋昌明編『院政期の内裏・大内裏と院御所』文理閣、二〇〇〇

六年
本郷恵子『京・鎌倉　ふたつの王権』小学館、二〇〇八年
三浦周行「院政に関する一考察」『史学』七—一、一九二七年
三浦周行『日本史の研究』新輯三　岩波書店、一九八二年
美川圭「公卿議定制からみた院政の成立」『史林』六九—四（後に美川一九九六所収）、一九八六年
美川圭『院政の研究』臨川書店、一九九六年
美川圭「京・白河・鳥羽」元木泰雄編『院政の展開と内乱』吉川弘文館、二〇〇二年
美川圭『白河法皇　中世を開いた帝王』日本放送協会出版、二〇〇三年
美川圭『院政』中央公論新社、二〇〇六年
宮地正人『日本史』山川出版社、二〇〇八年
村井章介『中世の国家と在地社会』校倉書房、二〇〇五年
元木泰雄「十一世紀末期の河内源氏」古代学協会編『後期摂関時代史の研究』吉川弘文館、一九九〇年
元木泰雄『武士の成立』吉川弘文館、一九九四年
元木泰雄『院政期政治史研究』思文閣出版、一九九六年
元木泰雄『藤原忠実』吉川弘文館、二〇〇〇年
元木泰雄「源義朝論」『古代文化』五四—六、二〇〇二年
元木泰雄『保元・平治の乱を読みなおす』日本放送協会出版、二〇〇四年
元木泰雄編『院政の展開と内乱』吉川弘文館、二〇〇二年
森克己『新訂　日宋貿易の研究』国書刊行会、一九七五年
安田元久『源義家』吉川弘文館、一九六六年

安田元久『院政と平氏』小学館、一九七四年
安田元久『後白河上皇』吉川弘文館、一九八六年
山内晋次「日宋の荘園内密貿易説に関する疑問」『歴史科学』一一七（後に山内二〇〇三所収）、一九八九年
山内晋次「日宋貿易の展開」加藤友康編『摂関政治と王朝文化』吉川弘文館、二〇〇二年
山内晋次『奈良平安期の日本と東アジア』吉川弘文館、二〇〇三年
山岸常人「法勝寺の評価をめぐって」『日本史研究』四二六、一九九八年
山口仲美『日本語の歴史』岩波書店、二〇〇六年
横澤大典「白河・鳥羽院政期における京都の軍事警察制度」『古代文化』五四―一一、二〇〇二年
横澤大典「源頼信」元木泰雄編『王朝の変容と武者』清文堂、二〇〇五年
義江彰夫「摂関家領の相続研究序説」『史学雑誌』七六―四、一九六七年
義江彰夫『神仏習合』岩波書店、一九九六年
吉村茂樹「院北面考」『法制史研究』二、一九五三年
吉村茂樹『院政』至文堂、一九五八年
米田雄介『藤原摂関家の誕生』吉川弘文館、二〇〇二年
龍粛『平安時代』春秋社、一九六二年
歴史学研究会・日本史研究会編『日本史講座3　中世の形成』東京大学出版会、二〇〇四年
和田英松「院政について」『国史学』一〇、一九三二年
和田英松『国史説苑』明治書院、一九三九年
渡邊昭五『梁塵秘抄の風俗と文芸』三弥井書店、一九七九年
渡辺保『源氏と平氏』（日本歴史新書増補版）、至文堂、一九六六年

あとがき

本シリーズの企画編集委員から本書執筆の話があったとき、正直、これまで私が取り組んできた仕事が、政治史と縁遠いものであったこと、また、地方の博物館勤務のなかで最新の情報にともすると疎くなる状況ということもあり、多少迷いもあった。

通史を捉えなおすことも新たな課題と考え執筆をお受けしたのであるが、そこから先、筆が遅々として進まない状況がかなり長い間続くことになった。

吹っ切れたのは、政治の流れにそって、先行研究を可能な限り取り入れながら、理解しやすく叙述する、そういうあたりまえの気持ちにたどり着いたからである。おかげで、たくさんのことを勉強させていただいた。特に、元木泰雄、美川圭両氏の研究には多くを負うことになった。この場をお借りしてその学恩に感謝したい。

本書を執筆するにあたって、いつも気になっていた著作は、竹内理三『日本の歴史6　武士の登場』（中央公論社　一九六五年）であった。一九七三年に中公文庫として文庫化され、二〇〇四年には新装改版されて現在も読み継がれている、平安時代後期の通史としての古典的著作である。そこには、日本の戦後歴史学が形作った「領主制論」に基づく、明快な叙述がなされている。一九六〇年代以降の権門体制論などの新たな国家論の登場による貴族政権の性格の見直し、あるいは新たな武士論の登場による武士の社会的役割の再検討などによって、竹内氏の著作は「古典」として位置付けられるようになった。しかし、だからといって現段階で竹内氏の通史叙述を超える新たな枠組みでの通史が完成しているかといえば、武士論をめぐる論争や、古代から中世への過渡期の位置付けをめぐる論争など、実は未解決な課題が山積しているのが実状であろう。

私が携わっている博物館業務の観点から見ると、展示を通じて観覧者に一定の主張を理解してもらうためには、骨太の展示骨子に基づいた明確な展示意図の設定が求められるのである。史料調査に基づいて展示をするのは当然であるが、逆に展示をすることで新たな調査課題や研究課題が明らかにされるという面もある。これは、「展示」を叙述に置き換えれば、そのまま通史叙述についても言えることではないかと思う。私自身の非力のため、吸収しきれていない研究が多く残されていて、それを叙述に反映させることができなかったという部分もあろうかと思うが、ひとまずここで区切りをつけ、残された課題は今後の宿題とさせていただきたい。

また、本書は政治史の叙述が中心になったことから、本来専門としている財政史や税制史、文化史など政治史以外の部分は限られたスペースの中で叙述することになった。また、院政期の地域政治史の成果を取り込むことができなかったのは残念である。これらについては、いずれの時期にか、より体系的なものをまとめることができればと思う。
最後に、遅々とした原稿執筆を叱咤激励し、辛抱強く待っていただいた吉川弘文館の編集部のみなさんにはこの場をお借りしてお礼を申し上げます。また、わがままなわたしを支えてくれ、今日までともに歩んでくれた家族にもこの場を借りて感謝することをお許しいただければ幸いです。

二〇〇九年四月十三日

福島正樹

著者略歴

一九五四年　長野県に生まれる
一九八四年　上智大学大学院文学研究科史学専攻博士後期課程単位取得満期退学
現　在　信州大学大学史資料センター特任教授

〔主要著書〕
財政文書からみた中世国家の成立（『中世成立期の政治文化』東京堂出版、一九九九年）
古代における善光寺平の開発について（『国立歴史民俗博物館研究報告』第九六集、二〇〇二年）

日本中世の歴史2　院政と武士の登場

二〇〇九年（平成二十一）七月一日　第一刷発行
二〇一九年（平成三十一）四月一日　第三刷発行

著　者　福《ふく》島《しま》正《まさ》樹《き》
発行者　吉川道郎
発行所　株式会社　吉川弘文館
郵便番号一一三—〇〇三三
東京都文京区本郷七丁目二番八号
電話〇三—三八一三—九一五一〈代表〉
振替口座〇〇一〇〇—五—二四四
http://www.yoshikawa-k.co.jp/
印刷＝株式会社　三秀舎
製本＝誠製本株式会社
装幀＝蔦見初枝

ISBN978-4-642-06402-6

日本中世の歴史

刊行のことば

歴史上に生起するさまざまな事象を総合的に理解するためには、なによりもそれらを創り出している大きな潮流を捉える必要があろう。そのため、これまでもいわゆる通史を目指したいくつもの取り組みがなされてきた。「歴史研究にたずさわるものにとって、『通史』の叙述は究極の目標であり課題でもある」ともいわれるように、意図するか否かは別としても、歴史研究は常に通史の書き換えを目指しているといえよう。

しかし、それら近年の通史は、一九七〇年代以降の社会史研究が生み出した研究対象の拡大と多様化という成果を積極的に組み入れようと努力した結果、通史の部分と各論とのあいだの不整合という弱点をかかえざるを得なかった。

本シリーズは、これらの成果を受け継ぎながらも、日本の中世を対象として、政治史を中心とした誰にでも分かりやすいオーソドックスな通史を目指そうと企図された。第1巻において中世全体の時代像を示し、第2巻から第7巻までは現在の研究状況を反映させ、院政期から江戸時代初期までを範囲として最新の研究成果をふまえた基本的な論点をわかりやすく解説した。

次代を担う若い読者はもちろん、新しい中世史像を求める多くの歴史愛好家の方々に、歴史を考える醍醐味を味わっていただけるならば幸いである。

企画編集委員　木村茂光
池　享

日本中世の歴史

1 中世社会の成り立ち　木村茂光著
2 院政と武士の登場　福島正樹著
3 源平の内乱と公武政権　川合　康著
4 元寇と南北朝の動乱　小林一岳著
5 室町の平和　山田邦明著
6 戦国大名と一揆　池　享著
7 天下統一から鎖国へ　堀　新著

定価各2600円（価格は税別）
吉川弘文館